WISSENSCHAFTLICHE BEITRÄGE AUS DEM TECTUM VERLAG

Reihe Rechtswissenschaften

Band 11

Vorläufige und sichernde Maßnahmen im schiedsrichterlichen Verfahren

von

Mark Tell Krimpenfort

Tectum Verlag
Marburg 2001

Die Deutsche Bibliothek - CIP-Einheitsaufnahme

Krimpenfort, Mark Tell:
Vorläufige und sichernde Maßnahmen im schiedsrichterlichen Verfahren
/ von Mark Tell Krimpenfort
- Marburg : Tectum Verlag, 2001
(Wissenschaftliche Beiträge aus dem Tectum Verlag :
Reihe Rechtswissenschaften ; Bd. 11)
Zugl: Marburg, Univ. Diss. 2001
ISBN 978-3-8288-8292-8

© Tectum Verlag

Tectum Verlag
Marburg 2001

Inhaltsverzeichnis

§ 1 Einleitung

I. Reform des Schiedsverfahrensrechts

Art. 1 Nr. 7 des Gesetzes zur Neuregelung des Schiedsverfahrensrechts (Schiedsverfahrens-Neuregelungsgesetz- *SchiedsVfG*)[1] vom 22. Dezember 1997 führte im Rahmen der Änderung der Zivilprozeßordnung eine Neufassung des im zehnten Buches geregelten schiedsrichterlichen Verfahrens mit sich. Diese Gesamtreform des Schiedsverfahrens trat gemäß Art. 5 I SchiedsVfG[2] zum 01. Januar 1998 in Kraft. Sie novellierte damit die diesbezüglich im wesentlichen unveränderte Zivilprozeßordnung vom 30. Januar 1877, die als Teil der sogenannten Reichsjustizgesetze am 01. Oktober 1879 verkündet worden war.[3]

> Bezüglich der bisherigen Novellierungen des Schiedsverfahrensrechts sind hier lediglich das Gesetz zur Änderung einiger Vorschriften der Zivilprozeßordnung über das schiedsrichterliche Verfahren vom 25. Juli 1930[4] und die sogenannte „kleine Reform",[5] die im Zusammenhang mit der Neuregelung des Internationalen Privatrechtes vom 25. Juli 1986 praktisch jedoch nur einige technische Randkorrekturen des Schiedsrechtes herbeiführte, erwähnenswert.[6]

Solch ein gravierender Einschnitt in die bisherige Rechtssituation wirft zahlreiche Fragen auf. Wobei in diesem Zusammenhang insbesondere im Vordergrund steht, ob und inwieweit damit ein Abrücken von der überkommenen Gesetzeslage einhergeht. Anliegen der vorliegenden Arbeit soll es nunmehr sein, einen Einzelpunkt der Novellierung, namentlich den Regelungsbereich des einstweiligen Rechtsschutzes, herauszugreifen und im neuen Recht vor

---

[1]   BGBl. 1997 I Nr. 88 ausgegeben zu Bonn am 30. Dezember 1997 S. 3224-3241.

[2]   Art. 5 I SchiedsVfG: „Dieses Gesetz tritt mit Ausnahme des Art. 1 Nr. 1 und des Artikels 2 §§ 29 bis 31 am ersten Tage des auf die Verkündung folgenden Kalendermonates in Kraft".

[3]   RGBl. S. 83. Allerdings in der Fassung der Neubekanntmachung aufgrund des Art. 9 des Gesetzes zur Wiederherstellung der Rechtseinheit auf dem Gebiete der Gerichtsverfassung, der bürgerlichen Rechtspflege, des Strafverfahrens und des Kostenrechtes vom 12. September 1950 BGBl. S. 455, 533.

[4]   RGBl. 1930, 361.

[5]   BGBl. 1986 I S. 1142, 1152

[6]   Vgl. *Glossner* Neues Schiedsverfahrensrecht ZRP 1995, 70; *Kreindler/Mahlich* Das neue deusche Schiedsverfahrensrecht aus ausländischer Sicht NJW 1998, 563, 564; *Labes* Das neue deutsche Recht der Schiedsgerichtsbarkeit MDR 1997, 420; *Real* UNCITRAL-Modellgesetz ZvglRWiss 89 (1990), 407 m.w.N. Zudem *Blomeyer* Betrachtungen über die Schiedsgerichtsbarkeit, FS Rosenberg S. 58.

dem Hintergrund der bisherigen Normsituation transparent zu machen. Hinsichtlich des näheren Verständnisses ist es jedoch, wie sich im folgenden zeigen wird, unabdingbar, zunächst Entstehungsgeschichte, Anlaß und Zielsetzung der Reform im summarischen Abriß kurz darzustellen. Denn nur ein solches Durchdringen gewährt ein abgesichertes Auffinden der teleologischen und historischen Auslegungsgesichtspunkte der hier in Betracht zu ziehenden schiedsverfahrensrechtlichen Normen.

1. Entstehungsgeschichte des Schiedsverfahrens-Neuregelungsgesetzes

Das Inkrafttreten der Neuregelung markiert den Schlußpunkt langjähriger Bestrebungen im Gesetzgebungsverfahren. Denn zur Vorbereitung des Reformvorhabens wurde bereits im September 1991 vom Bundesministerium der Justiz (BMJ) eine Kommission (Kommission zur Neuordnung des Schiedsverfahrensrechts) unabhängiger Sachverständiger eingesetzt. Wobei diese zur Wahrung praktischer Belange und Interessen unter Beteiligung der Länder, des Deutschen Richterbundes, der Bundesrechtsanwaltskammer, des Deutschen Anwaltsvereins, sowie der Deutschen Institution für Schiedsgerichtsbarkeit und des Deutschen Industrie- und Handelstages ernannt worden waren.[7] Die Tätigkeit der Kommission, die von ihr am 30. Oktober 1991 aufgenommen worden war,[8] endete im Februar 1994.[9] Als Arbeitsergebnis legte sie einen Bericht mit einem Diskussionsentwurf (*Bericht der Kommission*) zur Neuregelung des zehnten Buches der ZPO vor.[10] Anzumerken ist ferner, daß der Kommission während der Entwurfsphase eine zweite Arbeitsgruppe zur Seite stand. Diese war Mitte 1992 von der Deutschen Institution für Schiedsgerichtsbarkeit e.V. (DIS) eingesetzt worden, um das Reformprojekt zu unterstützen.

---

[7] Die Ernennung erfolgte durch Schreiben des Bundesministers der Justiz vom 18. September 1991. Der Nachweis der kommissionsangehörigen Mitglieder findet sich unter Seite 7 des Berichtes der Kommission zur Neuordnung des Schiedsverfahrensrechts mit einem Diskussionsentwurf zur Neuregelung des Zehnten Buches der ZPO und Begründungen zu den einzelnen Vorschriften, herausgegeben vom Bundesministerium der Justiz, Februar 1994 (*Bericht der Kommission*).

[8] Am 30. Oktober 1991 fand die konstituierende Sitzung der Kommission unter Vorsitz des Ministerialdirektors a. D. Professor Dr. Walter Rolland statt.

[9] Am 07. Februar 1994 wurde der Bericht der damaligen Bundesministerin der Justiz, Frau Leutheusser-Schnarrenberger, übergeben.

[10] Bis zur Fertigstellung dieses Berichtes hatte die Kommission sieben, jeweils zwei bis dreitägige, Sitzungen abgehalten.

Über diese parallel wirkende Arbeitsgruppe der DIS fand damit auch der „Entwurf eines Gesetzes über die Internationale Handelsschiedsgerichtsbarkeit für die Bundesrepublik Deutschland", der bereits im November 1989 von ihrem Rechtsvorgänger – dem Deutschen Institut für Schiedsgerichtswesen e.V.- erstellt worden war, Eingang in die Endfassung des Diskussionsentwurfes.[11]

Auf der Basis des Diskussionsentwurfes erstellte das BMJ zum Juli 1995 nach umfangreicher Beteiligung weiterer Träger öffentlicher Belange einen im Wortlaut nahezu identischen Referentenentwurf. Dieser wurde durch Beschluß des Bundeskabinettes vom 19. März 1996 zum Gesetzesentwurf der Bundesregierung.

Die Bundesregierung ihrerseits übersandte diesen dem Bundestag am 11. Juli als Entwurf eines Gesetzes zur Neuregelung des Schiedsverfahrensrechts zur Beschlußfassung.[12] Der Deutsche Bundestag leitete den Entwurf in seiner 128. Sitzung am 10. Oktober 1996 in erster Lesung ohne Aussprache an den Rechtsausschuß weiter.[13] Der Rechtsausschuß beriet die Vorlage in seiner 100. Sitzung vom 12. November 1997 abschließend und nahm sie mit geringfügigen Änderungen[14] einstimmig an (*Bericht des Rechtsausschusses*).[15] Anschließend erfolgte am 25. November 1997 die zweite und dritte Lesung im Bundestag[16] und auch der Bundesrat stimmte dem Entwurf im zweiten Durchgang[17] am 19. Dezember 1997 zu.[18]

Die endgültige Ausfertigung des SchiedsVfG erfolgte am 22. Dezember 1997 und wurde im Bundesgesetzblatt vom 30. Dezember 1997 verkündet[19].

---

[11] Übernahme des UNCITRAL-Modellgesetzes über die Internationale Handelsschiedsgerichtsbarkeit in das deutsche Recht, herausgegeben vom DIS im November 1989, S. 47-63.

[12] Diesem Gesetzesentwurf der Bundesregierung wurde zudem eine umfangreiche Begründung (*Begründung BT-Drucks. 13/5274 S. 21ff.*) beigefügt.

[13] Vgl. den Bericht des Rechtsausschusses vom 24. November 1997, BT-Drucks. 13/9124 S. 43.

[14] Verursacht u.a. durch die Aufnahme eines Beschlusses der verfahrensrechtlichen Abteilung des 61. Deutschen Juristentages.

[15] Bericht des Rechtsausschusses BT-Drucks. 13/9124 S. 43.

[16] Der Deutsche Bundestag hat in seiner 205. Sitzung am 25. November 1997 aufgrund der Beschlußempfehlung und des Berichtes des Rechtsausschusses den von der Bundesregierung eingebrachten Entwurf zum SchiedsVfG angenommen.

[17] Erster Durchgang: Bundesratdrucksache 211/96 vom 22. März 1996.

[18] Bundesratdrucksache 947/97 vom 28. November 1997.

[19] BGBl. 1997 I S. 3224-3241.

2. Anlaß der Reform

Mit diesem Regelwerk ist in Deutschland ein Weg beschritten worden, der sich schon seit Jahren als weltweiter Trend der nationalen Gesetzgeber abzeichnet, ihre Vorschriften auf dem Gebiet des Schiedsverfahrensrechts neu zu konzipieren.[20]

Dieser Trend läßt sich am Beispiel der Gesetzgebung der Deutschen Demokratischen Republik belegen. In der ehemaligen DDR existierte bereits eine Neufassung des Schiedsverfahrensrechtes. Dies brachte konkret die Verordnung über das schiedsgerichtliche Verfahren vom 18. Dezember 1975[21] mit sich. Die Regelung des § 208 I ZPO[22] wurde aber im Zuge der Wiedervereinigung wieder aufgehoben. Im europäischen Bereich bestätigt sich dieser Trend in der *Schweiz* auf Bundesebene durch das Schiedsgerichtsbarkeitskonkordat vom 27. August 1969 und auf internationaler Ebene durch das Bundesgesetz über das internationale Privatrecht vom 18. Dezember 1987; in *Österreich* durch die Zivilverfahrensnovelle vom 02. Februar 1983; in den *Niederlanden* mit dem Reformgesetz vom 02. Juli 1986; in Bulgarien mit dem Gesetz über die internationale Handelsschiedsgerichtsbarkeit, Ges.Bl. Nr. 60 vom 05. August 1988; in *Spanien* durch das Ley de Arbitraje vom 05. Dezember 1988; in *Frankreich* mit dem Dekret Nr. 81-500 vom 12. Mai 1991; in *Schottland* mit dem am 01. Januar 1991 in Kraft getretenen Law Reform Act 1990 (Schedule 7); in der *Russischen Föderation* durch das Gesetz über die internationale Handelsschiedsgerichtsbarkeit vom 07. Juli 1993; in *England* mit dem Arbitration Act vom 04. April 1979 sowie dem am 31. Januar 1997 in Kraft getretenen New Arbitration Act 1996 und in *Belgien* durch das Gesetz vom 19. Mai 1998 zur Änderung der Bestimmung des Gerichtsgesetzbuchs bezüglich der Schiedsgerichtsbarkeit.

Der Anlaß der nationalen Reform erklärt sich dabei daraus, daß sich das deutsche Schiedsverfahrensrecht zwar durchaus auf modernem Stand befand, sich jedoch aufgrund der mangelnden Detaillierung und Lückenhaftigkeit[23] der

---

[20] Vgl. die Nachweise bei *Hoffmann* Die Novellierung des deutschen Schiedsverfahrensrechts IPRax 1986, 337ff.

[21] DDR GBl. 1976 I Nr. 1 S. 8-10

[22] DDR GBl. I Nr. 29 S. 533

[23] Vgl. Bericht der Kommission S. 2; *Berger* Das neue deutsche Schiedsverfahrensrecht DZWir 1998, 45; *Gottwald* Das neue deutsche Schiedsverfahrensrecht DStR 1998, 1017; *Kreindler/Mahlich* aaO. S. 564; *Lörcher* Das neue Recht der Schiedsgerichtsbarkeit DB 1998, 245; *Winkler/Weinand* Deutsches Internationales Schiedsverfahrensrecht BB 1998, 597.

bisherigen Normen nur Fachleuten, die mit den Feinheiten des deutschen Rechts vertraut waren, erschloß.[24]

Die bisherige Aktualität des nationalen Schiedsverfahrensrechts drückte sich u.a. in der Ratifizierung völkerrechtlicher Verträge, wie das UN-Übereinkommen vom 10. Juni 1958 über die Anerkennung und Vollstreckung ausländischer Schiedssprüche,[25] sowie das Europäische Übereinkommen vom 21. April 1961 über die internationale Handelsschiedsgerichtsbarkeit,[26] aus.

War zunächst der Stein durch die zu Recht kritisierte mangelnde Durchschaubarkeit der §§ 1025ff. ZPO a.F. ins Rollen gekommen,[27] so zeigte sich jedoch schon zu Beginn des Entwurfsverfahrens, daß mit der Novellierung des Schiedsverfahrensrechtes weitere Ziele verfolgt werden sollten.

3. Zielsetzungen der Reform

Das Hauptanliegen der Reform bestand darin, daß ein zeitgemäßes und den internationalen Rahmenbedingungen angepaßtes Recht[28] das Ansehen der Bundesrepublik Deutschland als Austragungsort internationaler Schiedsstreitigkeiten fördern sollte.[29] Dahinter verbarg sich letztlich die Hoffnung, daß insbesondere Rechtsstreitigkeiten, die der internationalen Schiedsgerichtsbarkeit unterliegen, häufiger als bisher in Deutschland ausgetragen würden.[30] Konkret wollte man dies durch die Übernahme eines weltweit bewährten und vertrauten Normgefüges, namentlich dem UNCITRAL-Modellgesetz über die internationale Handelsschiedsgerichtsbarkeit (ModG),[31] erreichen. Gerade die

---

[24] Begründung BT-Drucks. 13/5274 S. 22; Bericht des Rechtsausschusses BT-Drucks. 13/9124 S. 43.

[25] BGBl. 1961 II S. 121.

[26] BGBl. 1964 II S. 425.

[27] Vgl. den Bericht des Rechtsausschusses BT-Drucks. 13/9124 S. 43.

[28] Bericht der Kommission S. 8; Begründung BT-Drucks. 13/5274 S. 22; Bericht des Rechtsausschusses BT-Drucks. 13/9124 S. 49.

[29] *Osterthun* Das neue deutsche Recht der Schiedsgerichtsbarkeit TranspR 1998, 177; *Schumacher* Das neue 10. Buch der Zivilprozeßordnung BB 1998 (Beilage 2) S. 6; *Smid* Schiedsgericht und Rechtserkenntnis DZWir 1995, 397.

[30] Dieser weltweite Wettlauf um den Schiedsmarkt setzt sich jedoch der Kritik aus, durch die Stärkung der Autonomie der Schiedsgerichte im Zuge der Liberalisierung die staatliche Kontrolle über Gebühr zurückzuschrauben, vgl. *Sonnauer* Die Kontrolle der Schiedsgerichte S. 1f.

[31] UNCITRAL-Model Law on International Commercial Arbitration; UN-Dokument A/Res/40/72. Text in englischer Fassung und deutscher Übersetzung abgedruckt bei Lionnet Handbuch der internationalen und nationalen Schiedsgerichtsbarkeit S. 346ff.

Reputationssteigerung durch das ModG sollte die Hemmschwelle für internationale Schiedsparteien, Deutschland als Austragungsort zu wählen, herabsenken.[32]

Dieses Modellgesetz wurde von einer internationalen Arbeitsgruppe erstellt, welche im Jahre 1981 vom Ausschuß der Vereinten Nationen für Internationales Handelsrecht (UNCITRAL) eingesetzt worden war. Es wurde vom UNCITRAL-Ausschuß am 21. Juni 1985 angenommen und durch Resolution der Vollversammlung der Vereinten Nationen vom 11. Dezember 1985 der Prüfung durch alle Staaten empfohlen „in view of desirability of uniformity of the law of arbitral procedures and the specific needs of international commercial arbitration practice".[33]

Im Zuge der Erhöhung der Benutzerfreundlichkeit sollte diesem Wiedererkennungseffekt darüber hinaus noch die Rechtsvereinheitlichung des nationalen und internationalen Schiedsrechtes zur Seite gestellt werden.[34] Infolge der tatsächlichen Umsetzung dieser Erwägungen wurde das Modellgesetz nahezu vollständig rezipiert.[35] Diese Transformierung brachte dabei im wesentlichen zwei bedeutsame Änderungen mit sich: die Aufgabe der Verfahrenstheorie zugunsten des im Ausland durchweg geltenden Territorialitätsprinzipes[36] und die nunmehr für das Schiedsgericht bestehende und hier zu untersuchende Möglichkeit, einstweilige Maßnahmen zu erlassen.[37] Durch die Übernahme der Art. 9 und insbesondere Art. 17 UNCITRAL-Modellgesetz, der eine Befugnis des Schiedsgerichtes zur Anordnung vorläufiger Maßnahmen vorsieht, hielt somit der einstweilige Rechtsschutz auch im nationalen deutschen Schiedsrecht in den Vorschriften der §§ 1033, 1041 ZPO n.F.[38] Einzug.

---

[32] Bericht der Kommission S. 9; Bericht des Rechtsausschusses BT-Drucks. 13/9124 S. 45.

[33] Vgl. zur Entstehungsgeschichte und zur Übernahme des ModG in das deutsche Recht, *Berger* Das neue Recht der Schiedsgerichtsbarkeit S. 6-12; *Böckstiegel* Das UNCITRAL-Modell-Gesetz RIW 1984, 670ff.; Deutsches Institut für Schiedsgerichtswesen, Übernahme des UNCITRAL-Modellgesetzes; *Lörcher* Schiedsgerichtsbarkeit ZRP 1987; 230ff.; *Schwab* Das Uncitral-model law, FS Nagel S. 427ff.; *Sanders* Introduction of UNCITRAL's Model Law Jahrbuch für die Praxis der Schiedsgerichtsbarkeit Band 4 (1990), 121ff.

[34] Damit ging man über die Vorschläge des Modellgesetzes, das ja nur für den internationalen Bereich konzipiert worden war, weit hinaus, vgl. Bericht der Kommission S. 11, 14.

[35] Vgl. den Bericht des Rechtsausschusses BT-Drucks. 13/9124 S. 44.

[36] Nun verankert in §§ 1025, 1061 ZPO n.F.

[37] Vgl. den Bericht des Rechtsausschusses BT-Drucks. 13/9124 S. 43.

[38] §§ ohne Gesetzesangabe sind Vorschriften der ZPO in ihrer novellierten Form.

II. Hintergrund der Bearbeitung

1. Schwerpunkt der Betrachtung

Das Anliegen der vorliegenden Bearbeitung besteht nunmehr darin, Ausmaß und Umfang der staatlichen Neuregelung des einstweiligen Rechtsschutzes im schiedsrichterlichen Verfahren darzustellen.[39] Dabei soll die bisherige Rechtslage nur insoweit betrachtet werden, als sie dem näheren Verständnis der gesetzlichen Situation de lege lata dienlich sein kann. Den Schwerpunkt der Betrachtung wird zum einen die Bestimmung der Befugnis des Schiedsgerichtes hinsichtlich der Anordnung vorläufiger und sichernder Maßnahmen, zum anderen das Zusammenspiel seiner Kompetenzen mit denen der staatlichen Gerichte bilden. Insbesondere das Ineinandergreifen der schiedsrichterlichen Anordnung und der Notwendigkeit der gerichtlichen Vollziehungszulassung bedarf hierbei eingehender Erörterung. Zudem soll aus praktischer Sicht gefragt werden, ob durch die Kodifikation und Ausgestaltung des einstweiligen Rechtsschutzes im schiedsrichterlichen Verfahren ein gleichwertiges Instrumentarium zum staatlichen Rechtsschutz geschaffen wurde.[40]

Die angesprochene Bestrebung des Gesetzgebers zur Verfahrensgleichwertigkeit zeichnet sich unter anderem auch in der Regelung des § 1055 ab. Denn hiernach hat der Schiedsspruch nach wie vor in der Hauptsache unter den Parteien die Wirkungen eines rechtskräftigen gerichtlichen Urteils, vgl. schon § 1040 ZPO a.F. Dieses im SchiedsVfG zum Ausdruck kommende Verständnis der Schiedsgerichtsbarkeit findet seine Wurzeln zudem in der höchstrichterlichen Rechtsprechung zur bisherigen Gesetzeslage. So urteilte der Bundesgerichtshof im Hinblick dessen, daß ein Schiedsgericht zwar keine öffentliche Gewalt ausübe, keine Hoheitsakte setze, dennoch gleichwohl materielle Rechtsprechung sei.[41] In Ansehung des § 1040 ZPO a.F. sei der Schiedsrichter wie der staatliche Richter zur Entscheidung eines Rechtsstreits berufen, so daß er wie dieser endgültig und bindend aussprechen könne, was rechtens sei. Wobei das Schiedsgericht dabei an die Stelle des staatlichen Gerichts trete und diesem nicht bloß vorgeschaltet sei. Die Gleichwertigkeit der Verfahren zeigt sich zudem nicht nur in der gesetzlichen Anerkennung des Ergebnisses des schieds-

---

[39] Diese Darstellung soll dabei unbeschadet der Übergangsregelungen des Art. 4 § 1 SchiedsVfG, die insbesondere hinsichtlich der Einordnung der Bestimmung des § 1041 erörterungsbedürftig sind, erfolgen. Vgl. hierzu *Musielak/Voit* Vorbemerkung zu §§ 1025ff. Rdn. 2 und § 1041 Rdn. 7.

[40] Vgl. zu der Angleichung der beiden Rechtsschutzwege *Aden* Auf dem Weg zu einer internationalen Kultur der Handelsschiedsgerichtsbarkeit NJW 1997, 1493, 1494.

[41] BGH NJW 1976, 109f.

richterlichen Hauptentscheides, sondern auch in der gleichwertigen Ausgestaltung der schiedsrichterlichen Eilbefugnisse. In der Fassung des § 1041 I wird sichtbar, daß dem Schiedsgericht die dahingehende Befugnis weder durch eine Parteiermächtigung noch aufgrund einer vereinbarten institutionellen schiedsgerichtlichen Verfahrensordnung welche eine derartige Ermächtigung in genereller Form enthält, sondern vom Gesetzgeber selbst eingeräumt wird. Damit kommt zum Ausdruck, daß die Kompetenz zur Anordnung vorsorglicher Maßnahmen von der deutschen Rechtsordnung auch gleichwertig zum staatlichen Rechtsschutz anerkannt wird.[42] Ferner belegen die eng umgrenzten Möglichkeiten der Aufhebung des Schiedsspruches gemäß § 1059, daß nicht nur die schiedsrichterlichen Verfahrensergebnisse, sondern auch das Verfahren selbst einen gesetzlichen Gleichwertigkeitsstatus besitzen soll.

Effektivität – vor allem Rechtzeitigkeit – und Handhabbarkeit sind dabei die Parameter, die in Anbetracht des Wesens und der Funktion dieses besonderen Erkenntnisverfahrens als maßgebliche Beurteilungskriterien den Ausschlag geben sollen. Aus Gründen der transparenteren Vergleichbarkeit der hier zu betrachtenden Eilverfahren und zur angemessenen Befassung mit den deutschen Regelungen zum schiedsrichterlichen Eilrechtsschutz sollen die Probleme der Vollziehbarerklärung einer Anordnung eines Schiedsgerichts mit Schiedsort im Ausland ausgeklammert werden. Indem § 1025 II die Regelungen des § 1041 nicht auch zwingend dann für anwendbar erklärt, wenn der Ort des Schiedsverfahrens im Ausland liegt oder noch nicht bestimmt ist, dürfen die Vorschriften des 10. Buches der Zivilprozeßordnung in dem hier zu bearbeitenden Themenkreis grundsätzlich nicht mit einbezogen werden. Die vorgenommene Themeneingrenzung ist somit förderlich, dem Regelungsgehalt der §§ 1025ff. den nötigen Betrachtungsraum zu verleihen.

2. Praktische Bedeutung der Neuregelung

Die praktische Bedeutung der Neuregelung wird sich zwar nicht mit repräsentativem Zahlenmaterial belegen lassen, da die Schiedsverfahren vertraulich sind und selbst die durch die ständigen Schiedsgerichtsorganisationen veröffentlichten Zahlen mangels Erfaßbarkeit der ad-hoc-Schiedsgerichtsbarkeit kein genaues Bild abgeben werden. Dennoch wird sich bereits im Vorfeld der Untersuchung unbeschadet des Fehlens eines quantitativen Kriteriums sagen lassen, daß die Vorteile der Schiedsgerichtsbarkeit im Hauptver-

---

[42] Vgl. *Schwab/Walter* Schiedsgerichtsbarkeit Kap.17a. Rdn. 1.

fahren[43] grundsätzlich einen ebenso hohen Stellenwert im einstweiligen Rechtsschutz einnehmen werden. Zu denken ist dabei vor allem an die sachliche Kompetenz des Schiedsgerichtes, die Kostenersparnis,[44] die Nichtstaatlichkeit, die Neutralität, die flexiblere Verfahrensgestaltung,[45] die rasche Herbeiführung einer Entscheidung[46] und die größere Akzeptanz des Schiedsgerichtes mit der Folge eines Mehrs an freiwilliger Erfüllung[47].[48] Hier ist einzuräumen, daß sich die im Hauptverfahren geltenden Vorteile der Schiedsgerichtsbarkeit vereinzelt auch im staatlichen einstweiligen Rechtsschutz wiederfinden lassen. Zu denken ist dabei beispielsweise an den Vorteil der Vertraulichkeit innerhalb der schiedsrichterlichen Verfahren.[49] Da das Verfahren vor dem Schiedsgericht grundsätzlich nicht öffentlich ist,[50] entsteht grundsätzlich dann ein Vorteil des Schiedsverfahrens, wenn vermieden werden soll, dass in der Öffentlichkeit das Ansehen der Partei leidet, oder daß

---

[43] Hierzu eingehend *Jagenburg* Schiedsgerichtsbarkeit zwischen Wunsch und Wirklichkeit, FS Oppenhoff S.151ff. und *Stumpf* Vor- und Nachteile des Verfahrens vor Schiedsgerichten gegenüber dem Verfahren vor Ordentlichen Gerichten, FS Bülow S. 218ff. Vgl. darüber hinaus *Kohler* Die moderne Praxis des Schiedsgerichtswesens in der Wirtschaft; *Mandelkow* Schiedsgerichtsverfahren in Bausachen BauR 1997, 785, 786ff.; *Prütting* Schlichten statt Richten JZ 1985, 261ff.

[44] Vgl. den exemplarischen Kostenvergleich bei *Schwytz* Kosten und Kostenentscheidung im schiedsgerichtlichen Verfahren BB 1974, 673ff. Für diesen Effekt sorge insbesondere der Wegfall des Instanzenzuges, vgl. auch *Schwab/Walter* aaO. S. 5. AA. *Lachmann* Handbuch für die Schiedsgerichtspraxis Kap.4 Rdn. 41ff., Kap.22. Nach seinen Erhebungen sei ein Schiedsgerichtsverfahren bei niedrigen und mittleren Streitwerten nur in seltenen Fällen kostengünstiger als ein Prozeß vor den staatlichen Gerichten. AA. wohl auch *Gruber* Die bundesdeutschen Gerichte und der internationale Wirtschaftsverkehr ZRP 1990, 172f. und *Kohler* aaO. S. 74f.

[45] Vgl. § 1034 II ZPO a.F. bzw. nunmehr § 1042 III. Vgl. zudem *Schütze/Tscherning/Wais* Rdn. 337.

[46] Vgl. *Glossner* Schiedsverfahren oder Zivilprozeß Jahrbuch für die Praxis der Schiedsgerichtsbarkeit 1 (1987), 251; *Nagel* Gedanken über die Beschleunigung des Schiedsverfahrens, FS Firsching S. 131ff. Vgl. zu den Hintergründen der Verfahrensdauer in der staatlichen Gerichtsbarkeit *Weth* Die Justiz-ein ungeliebtes Kind NJW 1996, 2467ff.

[47] *Berges* Die Schiedsgerichtsbarkeit als Aufgabe treuhänderischer Rechtspflege KTS 1960, 97, 98.

[48] Vgl. allgemein zu den Vorteilen der Schiedsgerichtsbarkeit *Baumbach/Lauterbach/Hartmann* Grundz. § 1025 Rdn. 7; *Lachmann* aaO. Kap.2. *Schütze* Schiedsgericht und Schiedsverfahren Rdn. 9ff. *Schwab/Walter* aaO. Kap.1 Rdn. 8f. jeweils m.w.N.

[49] Vgl. *Kohler* aaO. S. 79; *Nagel* Durchsetzung von Vertragsansprüchen im Auslandsgeschäft S. 22; *Sonnauer* aaO. S. 11.

[50] *Schwab/Walter* aaO. S. 5.

Geschäftsgeheimnisse in die Öffentlichkeit gelangen.[51] Eingedenk der Vorschriften der §§ 921 I, 937 II und des § 172 GVG wird dieser Vorteil jedoch durch die Gewährleistung des Ausschlusses der Öffentlichkeit im staatlichen Verfahren des einstweiligen Rechtsschutzes egalisiert.[52] Zudem wird die Vorteilhaftigkeit des Eilschiedsverfahrens um einen weiteren Punkt geschwächt. Denn gerade im Eilrechtsschutz wird es wichtig sein, ohne zeitliche Verzögerung einen entscheidungsbefugten Spruchkörper anrufen zu können. Diesem Anliegen ist staatlicherseits durch die fortlaufende Erreichbarkeit der Gerichte Rechnung getragen. Die sofortige Erreichbarkeit der Schiedsgerichte ist im Falle der noch nicht bewirkten aber unabdingbar notwendigen Konstitution der Schiedsrichter jedoch aus rein verfahrenspraktischen Gründen ausgeschlossen, vgl. §§ 1034ff. Die von einem Schiedsgericht zu verfügende Maßnahme des einstweiligen Rechtsschutzes ist demzufolge erst möglich, wenn das Schiedsgericht nach einem aufwendigen und zeitaufwendigen Verfahren konstituiert ist.[53] Als weiterer übergreifender Nachteil entpuppt sich zumeist die in der Rechtspraxis zu verzeichnende Parteinähe der Schiedsrichter. Diese rührt daher, dass Parteivertreter zu Schiedsrichtern ernannt werden oder ernannte Schiedsrichter sich im Falle ihrer Bestellung der ernennenden Partei gegenüber verpflichtet fühlen.[54]

Ungeachtet dessen dürfte die hier betrachtete Gesetzesentwicklung insbesondere der nationale und internationale Handel begrüßen. Denn schon Radbruch konstatierte die Neigung des Handelsstandes – dem gerade die Fortentwicklung und das Anschwellen der Schiedsgerichtsbarkeit zugeschrieben wird –,[55] durch Vereinbarung der Entscheidung durch mit der Branche vertraute Schiedsrichter seine Rechtsverhältnisse und Rechtsstreitigkeiten der Rechtsprechung der ordentlichen Gerichte zu entziehen.[56] Die nachfolgenden Ausführungen zur Neuregelung des Schiedsverfahrensrechts sollen jedoch nicht den Blick darauf verstellen, daß die Schiedsgerichtsbarkeit keine moderne Erscheinung der heute aufstrebenden alternativen Streiterledigungsmethoden

---

[51] *Nagel* aaO. S. 22.

[52] Siehe unten § 3 II 6. a).

[53] Vgl. *Schlosser* Neues Deutsches Recht der Schiedsgerichtsbarkeit S.175.

[54] Vgl. *Nagel* aaO. S.12

[55] Vgl. *Blomeyer* aaO. S. 51, 54f.; *Westermann* Gesellschaftsrechtliche Schiedsgerichte, FS Fischer S. 865.

[56] *Radbruch* Einführung in die Rechtswissenschaft S. 113.

ist,[57] die so bezeichnet werden, weil ihnen die Möglichkeit inhärent ist, eine Streitigkeit anders zu lösen als durch einen Prozeß vor einem staatlichen oder einem Schiedsgericht,[58] sondern daß sie bereits existierte, als noch keine festgefügte staatliche Gerichtsorganisation bestand.[59] Nicht nur bei allen indogermanischen Völkern war diese Übergangsstufe[60] zwischen Selbsthilfe und staatlicher Gerichtsbarkeit bekannt,[61] sondern auch der römische iudex war in der Zeit des klassischen Rechts privater Schiedsrichter.[62]

3. Verfassungsrechtliche Dimension der Schiedsgerichtsbarkeit

In heutiger Zeit ist die verfassungsrechtliche Zulässigkeit der Schiedsgerichtsbarkeit weitgehend anerkannt. So läßt sich beispielsweise gegen eine verfassungsrechtliche Zulässigkeit der Schiedsgerichtsbarkeit nicht vorbringen, daß gemäß Art. 92, 1.HS. GG die rechtsprechende Gewalt nur den staatlichen Richtern anvertraut ist. Indem aus dem Kontext des Satzes 2 hervorgeht, daß Richter im Sinne des § 92 GG nur der staatliche Richter ist, ließe sich hier zwar vertreten, daß in Ansehung dieses Wortlautes das Grundgesetz ein dahingehendes Rechtsprechungsmonopol der staatlichen Gerichte

---

[57] Alternative Streiterledigungsmethoden haben vorwiegend in den USA – beispielsweise in der Form der conciliation, mediation oder des mini-trials – Verbreitung unter dem Namen ADR (alternativ dispute resolution) gefunden. Vgl. hierzu *Köpe* Strukturelle und dogmatische Überlegungen zu Alternativen Streiterledigungsmethoden S. 63f.; *Duve* Was ist eigentlich Alternative Dispute Resolution (ADR)? BB 1998, 15ff.

[58] *Walter* Dogmatik der unterschiedlichen Verfahren zur Streitbeilegung ZZP 103 (1990), 141, 142; *Kornblum* Aktuelle Probleme der privaten Schiedsrechtsgeschäfte JA 1979, 393, 394.

[59] *Habscheid* Das Problem der Unabhängigkeit der Schiedsgerichte NJW 1962, 5, 7: „Am Anfang der Rechtsentwicklung steht der private Schiedsrichter". Vgl. auch *Bornhak* Schiedsvertrag und Schiedsgericht nach geschichtlicher Entwicklung und geltendem Recht ZZP 30 (1902), 1, 4; *Krause* Die geschichtliche Entwicklung des Schiedsgerichtswesens in Deutschland; *Ramm* Schiedsgerichtsbarkeit, Schlichtung und Rechtsprechungslehre ZRP 1989 136, 137ff.; *Ziegler* Das private Schiedsgericht im antiken römischen Recht.

[60] *Schönke* Das Schiedsgerichtsverfahren S. 7.

[61] *Strupp* Die internationale Schiedsgerichtsbarkeit S. 1.

[62] *Habscheid* Schiedsgerichtsbarkeit und Staatsaufsicht KTS 1959, 113. Darüber hinaus *Ochmann* Das schiedsrichterliche Verfahren GRUR 1993; 255: „Zitate von Demosthenes und Aristoteles belegen, daß bereits in Griechenland jener Zeit (etwa 382-322 v. Chr.) gewisse Rechtsstreitigkeiten von einem Schiedsrichter anstelle eines staatlichen Richters entschieden werden durften".

postuliere.[63] Dem ist jedoch entgegen zu halten, daß aus historischer Sicht die Schiedsgerichtsbarkeit bereits in der ZPO verankert war und es deshalb anzunehmen sei, daß der Verfassungsgeber mit dem Inkrafttreten des Grundgesetzes vom 23. Mai 1949 diese privative Form der Streitentscheidung duldete[64] oder zumindest nicht konkludent aufheben wollte.[65] Ferner bestehen auch hinsichtlich Art. 20 II GG keine grundsätzlichen verfassungsrechtlichen Bedenken. Denn auch aus Art. 20 II GG kann nicht gefolgert werden, daß die Wahrnehmung von Rechtsprechungsaufgaben Ausübung von Staatsgewalt ist, die einer auf die Gesamtheit des Volkes zurückzuführende Legitimation bedarf.[66] Zumal aus der Gesamtkonzeption des Grundgesetzes ein staatliches Rechtsprechungsmonopol nicht zu entnehmen ist.[67] Daß also die Schiedsgerichtsbarkeit in einer auf Privatautonomie aufgebauten Rechtsordnung keiner ausdrücklichen Zulassung durch den Gesetzgeber mehr bedarf, hat ferner auch der Bundesgerichtshof in seinem Beschluß vom 17. Juni 1952 klar ausgesprochen.[68]

---

[63] Vgl. auch *Sonnauer* Die Kontrolle der Schiedsgerichte durch die staatlichen Gerichte S. 21.

[64] *Baur* Betriebsjustiz JZ 1965, 163, 164.

[65] *Sonnauer* aaO. S. 22.

[66] *Stober* Staatsgerichtsbarkeit und Schiedsgerichtsbarkeit NJW 1979, 2001.

[67] Vgl. *Maunz-Dürig* GG, Art. 92 Rdn. 149ff.; *Münch* Grundgesetz Art. 92 Rdn. 3.

[68] BGHZ 6, 248ff. Vgl. zudem *Habscheid* Schiedsverfahren und freiwillige Gerichtsbarkeit ZZP 66 (1954), 188ff.

§ 2 Zuständigkeit

I. Zuständigkeit des Schiedsgerichtes

1. Kompetenz zum Erlaß einstweiliger Maßnahmen gemäß §§ 1025ff.a.F.

Die bisherige Gesetzeslage gemäß der §§ 1025-1048 ZPO a.F. schwieg zu dem bis dato sehr umstrittenen Problem, ob die Schiedsgerichte im Rahmen des einstweiligen Rechtsschutzes zum Erlaß vorläufiger oder sichernder Maßnahmen befugt sind. Als opinio communis galt aber bislang, daß die Schiedsgerichte keine Kompetenz zur Anordnung derartiger Maßnahmen besitzen können.[1]

Diese generalisierende Bewertung rechtfertigt sich zumindest bis Mitte der achtziger Jahre.[2] Erst in den letzten Jahren setzte sich mehr und mehr das Verständnis durch, daß das Schiedsgericht derartige Eilmaßnahmen anordnen konnte, sofern diese sich als materiell-rechtliche Verpflichtung aus dem Vertrag der Schiedsparteien selbst ergaben. Mangels Exequaturmöglichkeit dergleicher schiedsrichterlicher Eilentscheidungen hing ihre Durchsetzbarkeit aber von dem freiwilligen Folgeleisten des Anspruchsverpflichteten ab.

Selbst dann, wenn die Parteien dem Schiedsgericht in der Schiedsvereinbarung ausdrücklich die Befugnis zugewiesen hatten, Maßnahmen des vorläufigen Rechtsschutzes erlassen zu dürfen, wurde hierin keine wirksame Zuständigkeitsbegründung für eine solche schiedsrichterliche Anordnungskompetenz gesehen.[3] In Ermangelung einer solchen Vereinbarungsmöglichkeit konnten die Schiedsparteien somit nach bisheriger Anschauung weder ein ausschließlich zuständiges Eilschiedsverfahren noch ein – beispielsweise das

---

[1]   Vgl. u.a. *Baur* Arrest und einstweilige Verfügung DB DDR Report 1990, 3176; *Bork* Internationale Schiedsgerichtsbarkeit in Deutschland S. 300; *Dütz* Einstweiliger Rechts- und Interessenschutz in der Betriebsverfassung ZfA 1972, 247, 266; ders. Vorläufiger Rechtsschutz im Arbeitskampf BB 1980, 533, 540f.; *Münzberg* Die Schranken der Parteivereinbarung S. 67; *Semler* Einstweilige Verfügungen bei Gesellschaftsauseinandersetzungen BB 1979, 1533; *Schwab/Walter* Schiedsgerichtsbarkeit Kap.17a. Rdn.1 jeweils m.w.N.

[2]   Vgl. *Calavros* Das UNCITRAL-Modellgesetz S. 96; *Schlosser* Einstweiliger Rechtsschutz durch staatliche Gerichte im Dienste der Schiedsgerichtsbarkeit ZZP 99 (1986), 241ff. jeweils m.w.N. Vgl. zudem noch in jüngster Zeit den Bericht der Kommission S. 18, 136 und die Begründung BT-Drucks. 13/5274 S. 44.

[3]   Vgl. LG Frankfurt NJW 1983, 761, 762; *Jeong-Ha* Einstweilige Maßnahmen in der Schiedsgerichtsbarkeit S. 29ff.; *MünchKomm/Maier* § 1034 Rdn. 27; *von Beringe* Grenzen der Schiedsgerichtsbarkeit DB 1954, 776, 777; *Schwab/Walter* Schiedsgerichtsbarkeit 5.Aufl. Kap. 7 Rdn. 7.

staatliche Gericht unterstützendes- zusätzliches Eilschiedsverfahren begründen. Über dem geschlossenen Schiedsvertrag der Parteien hing infolgedessen das Damoklesschwert der dichotomen Aufspaltung der Gerichtsbarkeit.

Von dieser Thematik ist hingegen die grundsätzliche Unzulässigkeit der Aufspaltung des Rechtsstreits zu unterscheiden. Denn dabei steht allein im Vordergrund, ob eine Vereinbarung wirksam ist, die es ermöglichen soll, daß sowohl das ordentliche Gericht als auch das Schiedsgericht tätig werden und die Gerichte ihre Aufgabe in der Weise teilen, daß jedes Gericht einen Teil der Rechtsfragen beantwortet, deren Beantwortung insgesamt den Rechtsstreit entscheidet.[4]

Diese Gefahr der Aufspaltung der Gerichtsbarkeit rückte zumindest immer dann in das Blickfeld der involvierten Parteien, wenn im Verlaufe des schiedsrichterlichen Verfahrens, aber auch außerhalb eines solchen, vor Schiedshängigkeit der eigentlichen Streitsache ein Bedürfnis nach einstweiligem Rechtsschutz für eine Partei entstand. Denn nun war die sich um einstweiligen Rechtsschutz bemühende Partei aufgrund der überkommenen herrschenden Rechtsansicht einerseits gehalten, hinsichtlich etwaiger Eilmaßnahmen die staatlichen Gerichte anzurufen, andererseits aber mußte sie die Klage zur Hauptsache im Hinblick auf § 1027a ZPO a.F.[5] vor dem Schiedsgericht erheben. Der Beklagte beziehungsweise der Antragsgegner konnte sich somit im Arrest- und Verfügungsprozeß nicht auf § 1027a ZPO a.F. berufen.[6]

Seitens der Schiedsgerichtsbarkeit konnte dem Bedürfnis nach einstweiligem Rechtsschutz aber teilweise dadurch Tribut gezollt werden, daß der Sache nach Maßnahmen des einstweiligen Rechtsschutzes in Form von kurzfristigen Teilschiedssprüchen erlassen worden sind. Denn das Schiedsgericht konnte – und kann auch nach der Novelle – einen Schiedsspruch als Teilschiedsspruch erlassen, wenn die Voraussetzungen des § 301 analog vorlagen respektive vorliegen, wobei es bereits vormals anerkannt war, daß auch dieser Teilschiedsspruch der gerichtlichen Vollstreckbarerklärung zugänglich ist.[7]

[4] Vgl. BGH NJW 1960, 1462f.; *Lachmann* Handbuch für die Schiedsgerichtsbarkeit Rdn. 166.

[5] § 1027a ZPO a.F.: „Wird das Gericht wegen einer Rechtsstreitigkeit angerufen, für die die Parteien einen Schiedsvertrag geschlossen haben, so hat das Gericht die Klage als unzulässig abzuweisen, wenn sich der Beklagte auf den Schiedsvertrag beruft".

[6] Vgl. BGH NJW 1994, 136.

[7] Vgl. *Sieg* Die Vollstreckbarerklärung von Schiedssprüchen, die den Streit nicht endgültig erledigen JZ 1959, 752. Vgl. insgesamt zur bisherigen Handhabung *Kohl* Vorläufiger Rechtsschutz S. 5f.

Diejenige Partei, die beispielsweise aus prozeßökonomischen Gründen bestrebt war, auch die Klageschrift an das staatliche Gericht zu richten, lief hiernach Gefahr, daß ihr Begehren in Form eines Prozeßurteiles als unzulässig abgewiesen wurde. Selbst dann, wenn die beklagte Partei die klägerische Forderung vor dem staatlichen Prozeß anerkannte, im Prozeß mit Wirkung des § 138 III nicht bestritt[8] und sich ausschließlich nur mit der getroffenen Schiedsgerichtsklausel des § 1027a ZPO a.F. verteidigte, mußte aufgrund des durch die Einrede entstehenden Prozeßhindernisses von Amts wegen die Rechtsfolge der Unzulässigkeit ausgesprochen werden.[9]

Nur ausnahmsweise ergab sich der Rechtsprechung zufolge aus Treu und Glauben gemäß § 242 BGB eine Einwendung des Klägers gegenüber der Erhebung der Unzulässigkeitseinrede des Beklagten.[10] So sollte beispielsweise der Beklagte arglistig handeln, der im Erkenntnisverfahren die Einrede des Schiedsvertrages erhob, aber keine Mittel zur Durchführung des Schiedsverfahrens besaß,[11] beziehungsweise der im Wege eines venire contra factum proprium bereits zuvor geltend gemacht hatte, daß das ordentliche Gericht zuständig sei,[12] oder der später im Vollstreckbarkeitsverfahren die Zuständigkeit des Schiedsgerichtes bemängelte.[13]

Diese Auffassung herrschte indessen nicht allein in Deutschland vor. Es entsprach respektive entspricht der traditionellen Haltung vieler Staaten, daß ein Schiedsgericht zwar über die Schiedssache im anhängigen Hauptverfahren selbst entscheiden kann, ihm aber die Befugnis zum Erlaß einstweiliger Maßnahmen fehlt.[14] Von bezeichnender Klarheit ist diesbezüglich beispielsweise Art. 818 Codice di Procedura Civile, der im 8. Kapitel der italienischen Zivilprozeßordnung expressis verbis statuiert, daß die Schiedsrichter weder Hinterlegungsanordnungen noch andere einstweilige Maßnahmen gewähren dürfen.[15]

---

[8] Gemäß § 138 III wird das Bestehen der Forderung grundsätzlich als zugestanden fingiert, die Beweisbedürftigkeit entfällt und die Behauptung des Klägers muß im Urteil als wahr berücksichtigt werden, vgl. BGH NJW-RR 1989, 898, 900.

[9] Vgl. OLG Düsseldorf BB 1977, 1523.

[10] Siehe zum ausnahmsweisen Wegfall des § 242 BGB aber auch BGHZ 50, 191.

[11] Vgl. BGH JZ 1988, 315.

[12] Vgl. OLG Köln JMBl NRW 1985, 261.

[13] Vgl. RGZ 40, 403; 43, 407.

[14] Vgl. die Nachweise bei *Gottwald* Internationale Schiedsgerichtsbarkeit S. 61.

[15] Art. 818 Codice di Procedura Civile vom 10. August 1995: „Gli arbitrii non possono concedere sequestri, ne altri provvedimenti".

a) Literaturmeinung

In Ansehung der nationalen Vorschriften, die in den §§ 1025ff. ZPO a.F. die dahingehende Frage weder ausdrücklich bejahten noch negierten und demnach insoweit lückenhaft waren[16], wurden in Deutschland die unterschiedlichsten Argumente angeführt, um die vorbenannte Grundhaltung zu untermauern.

aa) Fehlende gesetzliche Regelung zur Vollstreckbarerklärung

Einen wichtigen Gesichtspunkt steuerte hier die nach vormaliger Rechtslage fehlende gesetzliche Regelung zur Vollstreckbarerklärung rein vorläufiger schiedsrichterlicher Eilentscheidungen bei.[17] Denn gemäß der §§ 1039, 1042 I, 1045 I, 1046 ZPO a.f. konnten ausweislich ihres Wortlautes nur endgültige, der formellen Rechtskraft fähige Schiedssprüche im Sinne des § 1040 ZPO a.f. für vollstreckbar erklärt werden.[18] Aus dieser richtigen Erkenntnis wurde jedoch der vorschnelle Schluß gezogen, daß somit nicht nur eine Vollziehung eines schiedsrichterlichen Eilspruches de lege lata ausgeschlossen sei, sondern daß deshalb diese Eilbefugnisse im Schiedsverfahren generell nicht bestehen würden. Indem also das vormalige Schiedsverfahrensrecht einstweiligen Anordnungen des Schiedsgerichtes keine Exequaturmöglichkeit bieten würde, wurde gefolgert, daß einstweilige Schiedsmaßnahmen in Gänze von Gesetzes wegen unzulässig seien.[19] So könne es insbesondere nicht vom Gesetz gewollt sein, daß der Antragsteller immer dann mit seinem Rechtsschutzbegehren ins Leere liefe, wenn der Antragsgegner die freiwillige Befolgung der ihm auferlegten einstweiligen Maßnahme verweigern würde.[20] Ferner würden einstweilige schiedsrichterliche Anordnungen in Anbetracht des § 794 I 1 Nr. 4 ZPO a.f. gerade keinen Vollstreckungstitel aus sich selbst heraus bilden.[21] Dies sei ausschließlich den gerichtlichen Arrestbefehlen und einstweiligen Verfügungen vorbehalten, die

---

[16] Vgl. ferner die Begründung BT-Drucks. 13/5274 S. 22 zu weiteren Gesetzeslücken, die im Rahmen des SchiedsVfG für ausfüllungsbedürftig erachtet worden sind.

[17] Vgl. nunmehr § 1041 II 1 i.V.m. § 1062 I Nr. 3.

[18] So insbesondere § 1046 ZPO a.F.: „Das im § 1045 I bezeichnete Gericht ist auch für die Vollstreckbarerklärung von Schiedssprüchen ...zuständig...". Vgl. zudem *Schuschke/Walker* Rdn. 24; *Thomas/Putzo* 20. Aufl. § 1042 Rdn. 1.

[19] Vgl. *Schwab* aaO. S. 434; Schuschke/Walker aaO. Rdn. 24. Vgl. zudem bereits RGZ 85, 391, 393.

[20] Vgl. *Schwab* Das Uncitral model law, FS Nagel S. 427, 434.

[21] Vgl. BGH NJW 1993, 735.

damit allein die Grundlage einer den einstweiligen Rechtsschutz verwirkli-
chenden Zwangsvollstreckung schaffen könnten.[22]

Die heutige Fassung des § 794 I 1 Nr. 4a spricht jetzt ganz allgemein von Entscheidungen, die Schiedssprüche für vollstreckbar erklären. Durch die Formulierung
sollte im Gegensatz zur bisherigen Rechtslage klargestellt werden, daß Vollstrek-
kungstitel allein die Entscheidung über die Vollstreckbarkeit des Schiedsspruches
ist, nicht aber dieser selbst.[23]

Darüber hinaus sollte auch die geschichtliche Entwicklung des Vollstreckbarerklärungsverfahrens belegen, daß eine Vollstreckbarerklärung einstweiliger
Maßnahmen der Schiedsgerichtsbarkeit nicht möglich sei.[24] Denn aus der ge-
schichtlichen Entwicklung ergebe sich, daß das Vollstreckbarerklärungsver-
fahren nur für endgültige, d.h. der Rechtskraft fähige Schiedssprüche gedacht
gewesen sei. In keiner Phase der gesetzlichen Entwicklung sei dieses Verfahren auch für nicht endgültige Schiedssprüche vorgesehen. Nur auf den endgültigen Schiedsspruch, der der materiellen Rechtskraft fähig ist, würden sich
die Vorschriften über das Zustandekommen des Schiedsspruchs und über seine Wirkungen beziehen.[25]

Die Verfechter dieser Argumentationen übersahen jedoch, daß selbst die
fehlende Möglichkeit der Vollstreckung die Schiedsgerichte nicht daran hätte
hindern können, Maßnahmen des einstweiligen Rechtsschutzes zu erlassen.
Denn aus dem bloßen Fehlen einer gesetzlichen Vollstreckungsmöglichkeit
resultiert nicht auch gleichzeitig eine dahingehende fehlende Kompetenz zum
Erlaß von schiedsrichterlichen Eilmaßnahmen. Gerade die Schiedsparteien,
die bereit waren, freiwillig den schiedsrichterlichen Anordnungen nachzukommen, oder die die Möglichkeit besaßen, eine Vollziehung im Ausland zu
erreichen, würden sonst ohne zwingenden Grund zur Wahrung ihres Interesses an einem effektiven Rechtsschutz genötigt werden, die staatlichen Gerichte anzurufen. Das Argument der fehlenden gesetzlichen Regelung zur
Vollstreckbarkeit einstweiliger schiedsrichterlicher Maßnahmen ist somit
untauglich, der Schiedsgerichtsbarkeit die Möglichkeit der Anordnung einst-

---

[22] Vgl. *Schwab* aaO. S 434. Vgl. grundsätzlich *Schellhammer* Zivilprozeß Rdn. 2002;
     Rosenberg/Gaul/Schilken Zwangsvollstreckungsrecht § 13 I und § 74 III 1.

[23] Vgl. Begründung BT-Drucks. 13/5274 S. 29.

[24] Vgl. *Schwab* Einstweiliger Rechtsschutz und Schiedsgerichtsbarkeit, FS Baur
     S. 627, 630.

[25] *Schwab* aaO. S. 630.

weiliger Maßnahmen insgesamt zu verwehren. Die Verfechter der vorbenannten Meinung unterschieden somit nicht klar zwischen der tatsächlich bestehenden gesetzlichen Vorgabe der Unmöglichkeit der staatlichen Vollziehung schiedsrichterlichen Eilanordnungen und der sich hier im Vorfeld der
Vollziehung stellenden Frage, ob diese überhaupt vom Schiedsgericht angeordnet werden können.

bb) Eidesstattliche Versicherung

Auch die dem Schiedsgericht nicht zur Verfügung stehende Möglichkeit der
Abnahme eidesstattlicher Versicherungen sollte zur prinzipiellen Unzulässigkeit schiedsrichterlicher Eilmaßnahmen führen. Die Unmöglichkeit der Zulassung eidesstattlicher Versicherungen im Rahmen des Schiedsverfahrens
ergab sich dabei aus der fehlenden gesetzlichen Regelung in den
§§ 1025ff. ZPO a.F. Denn die durch die eidesstattliche Versicherung herbei-
zuführende Glaubhaftmachung genüge nur, soweit sie vom Gesetz ausdrücklich zugelassen werde.[26] Indem es im staatlichen Eilverfahren im Gegensatz
zum Schiedsverfahren gemäß §§ 920 II, 936, 294 jedoch ausreiche, die streitigen erheblichen Tatsachen glaubhaft zu machen, schaffe diese Erweiterung
des numerus clausus der Beweismittel auf die eidesstattliche Versicherung[27]
dabei gerade im einstweiligen Rechtsschutz einen nicht zu verkennenden
Vorteil.[28] Denn im Gegensatz zu Normalprozeß und Schiedsverfahren, die
den Vollbeweis gemäß § 286 I 1 einforderten,[29] werde hier damit eine Bewei-
serleichterung zugelassen, anhand derer die Parteien die Tatsachen als lediglich sehr wahrscheinlich belegen müßten.[30] Im Hinblick auf die Unent-
behrlichkeit der Glaubhaftmachung in Verfahren über einstweilige Maßnahmen, leite sich daraus konsequenterweise der gesetzliche Hinweis auf die
fehlende Kompetenz des Schiedsgerichtes zum Erlaß dergleicher Eilmaßnahmen ab.[31] Angesichts der hohen Bedeutung des Parteiinteresses an dem
grundsätzlichen Bestehen eines effektiven Rechtsschutzes kann aber auch
dieses Argument nicht überzeugen. Denn es überzeugt nicht, warum die Par-

---

[26] Vgl. *Rosenberg/Schwab/Gottwald* Zivilprozeßrecht § 112 II 2.

[27] Vgl. hierzu BGH NJW 1988, 2045.

[28] Vgl. *Erman* Eilmaßnahmen aus §§ 117; 127 HGB und Schiedsvertrag, FS Möhring
      S. 1, 15.

[29] Vgl. hierzu BGH NJW-RR 1994, 567; BVerfG NJW 1994, 2279.

[30] Vgl. hierzu *Hirtz* Darlegungs- und Glaubhaftmachungslast im einstweiligen Rechts-
      schutz NJW 1986, 110.

[31] Vgl. *Erman* aaO. S. 14.

teien, denen ja nach wie vor die weiteren Beweismittel offenstehen, nur aufgrund der fehlenden Möglichkeit, eidesstattliche Versicherungen als Beweismittel vorzulegen, gleich ganz auf einstweiligen Rechtsschutz in der Schiedsgerichtsbarkeit verzichten sollten.

cc) Gewährung rechtlichen Gehörs

Eine weitere Überlegung für die Versagung der in Rede stehenden Befugnis bestand darin, die Unterschiedlichkeit der Verfahren hinsichtlich der Gewährung rechtlichen Gehörs als Ansatzpunkt heranzuziehen. Indem einstweilige gerichtliche Anordnungen gemäß §§ 921 I, 936, 937 II grundsätzlich auch ohne Anhörung des Antragsgegners erfolgen könnten,[32] während für das schiedsrichterliche Verfahren die Gewährung rechtlichen Gehörs zwingend in den §§ 1034 I, 1041 I Nr. 4 ZPO a.F. vorgeschrieben sei,[33] ergäben sich auch hieraus unvereinbare Anordnungsvoraussetzungen.[34] In Erkenntnis der in jedwedem Schiedsverfahren geltenden Unabdingbarkeit rechtlichen Gehörs wurde demnach die dadurch eventuell entstehende Verzögerung des Eilverfahrens zum Anlaß genommen, der Schiedsgerichtsbarkeit diese Form des Rechtsschutzes gänzlich zu versagen. Aber auch dieses Verzögerungsargument spricht ausschließlich für einen geschwächten effektiven Rechtsschutz innerhalb des schiedsrichterlichen Verfahrens und nicht für seine gänzliche Unzulässigkeit. Das hier an vielen Stellen zitierte Argument des effektiven Rechtsschutzes ist zudem nicht als Argument gegen eine schiedsrichterliche Befugnis zum Erlaß einstweiliger Maßnahmen zu verwenden. Das Gebot des effektiven Rechtsschutzes erfordert in diesem Themenkreis lediglich, daß der Zugang zu den staatlichen Gerichten auch dann zu eröffnen ist, wenn das Schiedsgericht zwar Anordnungen treffen kann, diese aber einer Vollstreckung nicht zugänglich sind.

dd) Konstituierung des Schiedsgerichtes

Zudem widerspreche eine weitere Besonderheit des schiedsgerichtlichen Verfahrens den Erfordernissen des einstweiligen Rechtsschutzes. Indem das Schiedsgerichtsverfahren notwendigerweise eine gewisse Zeitspanne erfordere, um überhaupt das zuständige (ad hoc) Schiedsgericht gemäß der

---

[32] Vgl. Rosenberg/Schwab/Gottwald aaO. § 86 IV m.w.N. Diese Eilverfahren widersprechen zudem nicht dem Grundsatz von Art. 103 I GG, vgl. BVerfGE 9, 89.

[33] BGH WM 1985, 1487 m.w.N.

[34] Vgl. *Schwab* aaO. S. 637.

§ 1028ff. ZPO a.F. bilden zu können,[35] stehe die Konstituierung des Schiedsgerichtes der Effizienz des Verfahrens entgegen.[36] Insbesondere weil der einstweilige Rechtsschutz gerade ob seiner Dringlichkeit von der Kürze und Schnelligkeit des Erkenntnisverfahrens abhängig sei.[37] Dieses Argument ist in seiner vollen Tragweite nicht anzuerkennen. Auch hier ist lediglich von einer Schwächung der Effektivität zu sprechen.

ee) Gesetzeslücke

Schlußendlich verneinte man die Zulässigkeit einstweiliger schiedsrichterlicher Maßnahmen allein in Ansehung der hier bestehenden Gesetzeslücke der §§ 1025ff. ZPO a.F. Denn wegen der großen Schwierigkeiten, die sich im Rahmen eines Ineinandergreifens der einstweiligen Maßnahmen des Schiedsgerichtes und seines endgültigen Schiedsspruches hier in praxi ergeben würden, hätte dieses positiv-rechtlich besonders geregelt werden müssen.[38] Aus dem argumentum e contrario indiziere somit auch dies den Willen des Gesetzes, schiedsrichterliche Eilmaßnahmen nicht zuzulassen.[39] Diesem Argument ist jedoch entgegenzuhalten, daß das Gesetz andererseits auch keinen gesetzlichen Ausschluß der fraglichen Zuständigkeit aufweist. Zudem ist dieses vermeintliche Indiz in Ansehung der hohen Bedeutung der Effektivität des einstweiligen Rechtsschutzes nicht ausreichend, den Schluß zu rechtfertigen, daß schiedsrichterliche Eilmaßnahmen in toto unzulässig seien.

b) Rechtsprechung

Diese Rechtsansicht der Unzuständigkeit der Schiedsgerichte zum Erlaß einstweiliger Maßnahmen wurde insbesondere von der Rechtsprechung favorisiert. Erste Erwähnung fand diese Auffassung in einer Entscheidung des Reichsgerichtes,[40] das eher beiläufig feststellte, daß „die ordentlichen Gerichte daher auch unbedenklich zur Sicherung solcher Ansprüche, über welche ein Schiedsvertrag geschlossen ist, Arreste anordnen und einstweilige Verfügungen erlassen können, während solche natürlich außerhalb der Zu-

---

[35] Vgl. hierzu *Heimann-Trosien* Über die Auswahl und Bestellung von Schiedsrichtern, FS Heusinger S. 271; *Schwab* Schiedsrichterernennung und Schiedsrichtervertrag, FS Schiedermair S. 499.

[36] Vgl. *Gottwald* aaO. S. 62.

[37] Vgl. *Gottwald* aaO. S. 62.

[38] Vgl. *Baur* Neuere Probleme der privaten Schiedsgerichtsbarkeit S. 24f.

[39] So im Ergebnis *Baur* aaO. S. 25.

[40] RGZ 31, 370, 374f. Vgl. auch OLG Dresden JW 1917, 867.

ständigkeit des Schiedsgerichtes liegen".[41] Auch der Bundesgerichtshof erkannte in seinem Urteil vom 22. Mai 1957[42] darauf, „daß für den Erlaß einstweiliger Verfügungen die Zuständigkeit des Schiedsgerichtes fehlt und die Parteien auch nicht im Schiedsvertrag das Schiedsgericht ermächtigen konnten, einstweilige Anordnungen und Verfügungen zu erlassen".[43] Diese ausnahmslose Proklamation der fehlenden schiedsrichterlichen Eilbefugnis fand jedoch in den einschlägigen gerichtlichen Entscheidungen zumeist keinerlei Begründung. Vielmehr wurde auf bereits ergangene Urteile hingewiesen, ohne daß sich jedoch auch hier eine nähere dogmatische Erklärung finden ließe.[44] Lediglich in einer Entscheidung des Kammergerichtes aus dem Jahre 1921 wird darauf rekurriert, daß es sich insoweit um Maßnahmen handele, die durch besondere, zunächst nicht voraussehbare Verhältnisse nötig würden, andererseits aber ein rasches Eingreifen erforderten, weshalb diese „Tatsache" gegen eine Auslegung spreche, eine vertragsmäßige Ausdehnung des Schiedsgerichtes für derartige Fälle anzunehmen.[45]

Diese Ansicht blieb jedoch nicht frei von Anzweifelungen. So wich beispielsweise das Landgericht Frankfurt a.M. in seiner Entscheidung vom 26. Juli 1982 von der höchstrichterlichen Rechtsprechung ab. Der urteilende Spruchkörper sah die Zuständigkeit der staatlichen Gerichte zum Erlaß von einstweiligen Verfügungen konkurrierend neben der Zuständigkeit der Schiedsgerichte.[46] Mit dieser Entscheidung des Landgerichtes setzte man sich jedoch nicht zwingender Weise in diametralen Gegensatz zu den vorgenannten Rechtsprechungsbeispielen. Denn diese wurde im Kern so verstanden, daß die staatlichen Gerichte nicht grundsätzlich den Schiedsgerichten die Möglichkeit zum Erlaß von Eilmaßnahmen absprechen wollten. Vielmehr seien die Urteile so zu deuten, daß diese als bloße Hinweise verstanden werden müßten und zwar in der Form, daß ein Schiedsgericht naturgemäß keine einstweiligen Verfügungen oder Arreste im Sinne der ZPO erlassen könne. Damit würden die Gerichte aber nicht die Frage beantworten, ob und gegebe-

---

[41] Vgl. zudem OLG Marienwerder LeipzZ 1919, 501; OLG Hamburg OLGRspr. 23, 167; OLG Frankfurt a.M. NJW 1959, 1088; OLG Hamm MDR 1971, 53; OLG Frankfurt a.M. NJW 1973, 2208; LG Duisburg WM 1988, 1483, 1484.

[42] Urteil des BGH vom 22. Mai 1957 Az.: V ZR 236/56.

[43] Abgedruckt in ZZP 1971, 427, 436; Ferner BGH LM Nr. 8 zu § 1041 ZPO.

[44] Vgl. obig genannte Entscheidungen.

[45] Abgedruckt in JW 1921, 251.

[46] LG Frankfurt a.M. Az: 2/8 0 180/82 abgedruckt in NJW 1983, 761, 762.

nenfalls unter welchen Voraussetzungen das Schiedsgericht Schiedssprüche erlassen könne, deren materieller Inhalt einer Eilanordnung entspreche.[47] Auch wenn grundsätzlich richtig sei, daß im Sinne der Rechtsprechung eine dem Arrest vergleichbare einstweilige Maßnahme vom Schiedsgericht nicht erlassen werden könne, sollte man sich deshalb nicht verleiten lassen, einstweilige Maßnahmen in der Schiedsgerichtsbarkeit allgemein für unwirksam zu halten.[48]

2. Bisherige Ansichten zum Verhältnis der Gerichtsbarkeiten

Auch in der vormaligen Literaturmeinung finden sich die unterschiedlichsten Sichtweisen wieder. Dabei erstaunt zunächst, daß der Themenbereich nicht sorgfältig unterschieden wurde. Die Dreistufigkeit der Fragestellung in der Eilentscheidungsbefugnis des Schiedsgerichts, der Vollstreckung durch das staatliche Gericht und des Ausschlusses staatlicher Gerichte bei der Gewährung einstweiligen Rechtsschutzes wurde in der Form zumeist außer Acht gelassen. Ausgehend von der angesprochenen Gesetzeslücke zu der Frage, ob Schiedsgerichte Maßnahmen des einstweiligen Rechtsschutzes treffen können oder nicht, wurde der dargestellte einheitliche Themenbereich von einigen Autoren lediglich in zwei gänzlich andere Bereiche unterteilt, die jedoch nicht die Klärung des Gesamtproblems erlaubten.[49] Dabei wurde zum einen diskutiert, ob ein Schiedsgericht zuständig ist, exakt das zu schaffen, was die Zivilprozeßordnung rechtstechnisch unter Arrest und einstweiliger Verfügung versteht, und zwar in dem dort geregelten besonderen Verfahren.[50] Zum anderen wurde problematisiert, ob das Schiedsgericht auf anderem Wege eine „lebensmäßig im wesentlichen ebenbürtige Hilfe"[51] gewähren kann. Vereinzelt wurde in diesem Zusammenhang sodann im Ergebnis festgestellt, daß die Zivilprozeßordnung dem Schiedsgericht nicht verbiete, einstweiligen Rechts-

---

[47] *Aden* Der einstweilige Rechtsschutz im Schiedsgerichtsverfahren BB 1985, 2277, 2278.

[48] *Walter* Dogmatik der unterschiedlichen Verfahren zur Streitbeilegung ZZP 103 (1990), 143, 145.

[49] So z.B. von *Aden* aaO. S. 2279; *Brinkmann* Schiedsgerichtsbarkeit und Maßnahmen des einstweiligen Rechtsschutzes S. 25ff.; *Erman* aaO. S. 3ff.; *Laschet* Schiedsgerichtsbarkeit und einstweiliger Rechtsschutz ZZP 99 (1986), 279f.; *Schlosser* aaO. S. 249; *Schütze* Handbuch des Schiedsverfahrensrechts S. 55.

[50] Vgl. zur Gesetzeslage unten § 4 II 1.

[51] *Erman* aaO. S. 3

schutz durch vorläufige Anordnungen zu gewähren.[52] Wobei diese dann vom ordentlichen Gericht gemäß §§ 1040, 1042, 1045, 1046 ZPO a.f. analog für vorläufig vollstreckbar erklärt werden sollten.[53] Allzuhäufig fand diese an sich notwendige Differenzierung jedoch nicht statt, und es wurde generell nur auf das Verhältnis der gerichtlichen zur schiedsrichterlichen Zuständigkeit bezüglich der Anordnungskompetenz einstweiliger Maßnahmen abgestellt. Dabei kristallisierten sich mit den unterschiedlichsten Begründungen und Herleitungen im wesentlichen vier verschiedene Grundansichten heraus.

Neben der im Einklang mit der Rechtsprechung stehenden Sichtweise der ausschließlichen Zuständigkeit der staatlichen Gerichte zum Erlaß einstweiliger Maßnahmen,[54] trat die Auffassung einer konkurrierenden, beziehungsweise einer ausschließlichen, Zuständigkeit der Schiedsgerichte in diesem Bereich.[55] Zuletzt wurde, um Extremlösungen zu vermeiden und eventuelle Nachteile für die Parteien zu umgehen, vermittelnd die Subsidiarität der gerichtlichen Zuständigkeit in den Vordergrund gestellt.[56]

a) Ausschließliche Zuständigkeit des staatlichen Gerichtes

Die ausschließliche Zuständigkeit des Gerichtes wurde in Ansehung des § 1025 ZPO a.F. mit der fehlenden Kompetenz der Schiedsgerichte zum Erlaß nicht endgültiger Entscheidungen[57] begründet.[58] In Anbetracht dieser Vorschrift habe das Schiedsgerichtsverfahren nur die endgültige Entscheidung einer Rechtsstreitigkeit zum Gegenstand. Das Arrestverfahren diene aber gerade nicht der endgültigen Entscheidung, sondern lediglich der Siche-

---

[52] Vgl. *Aden* aaO. S. 2279; *Erman* aaO. S. 5; *Schlosser* aaO. S. 249.

[53] Vgl. *Kühn* Vorläufiger Rechtsschutz und Schiedsgerichtsbarkeit Jahrbuch für die Praxis der Schiedsgerichtsbarkeit S. 47, 62.

[54] Vgl. *Laschet* aaO. S. 287; *Maier* Handbuch der Schiedsgerichtsbarkeit S. 207f.; *Schwab* Schiedsgerichtsbarkeit S. 330; *Dunkl* Handbuch des vorläufigen Rechtsschutzes S. 591; *Reimer* Die kaufmännischen Schiedsgerichte Deutschlands S. 36; *Thomas* Das privatrechtliche Schiedsgerichtsverfahren S. 15.

[55] *Lichtenstein* Fälle der Unzulässigkeit der Schiedseinrede nach deutschem Recht NJW 1957, 570ff.

[56] *Nicklisch* Instrumente der Internationalen Handelsschiedsgerichtsbarkeit zur Konfliktregelung bei Langzeitverträgen RIW/AWD 1978, 633ff.

[57] § 1025 ZPO a.F.: „Die Vereinbarung, daß die Entscheidung einer Rechtsstreitigkeit durch einen oder mehrere Schiedsrichter erfolgen solle, hat insoweit rechtliche Wirkung, als die Parteien berechtigt sind, über den Gegenstand des Streits einen Vergleich zu schließen".

[58] Vgl. *von Beringe* aaO. S. 777.

rung künftiger Ansprüche.[59] Demzufolge wurde anhand dieser positiven Normierung des § 1025 ZPO a.f. eine Eilbefugnis der Schiedsrichter abgelehnt. Des weiteren wurde die Unzulässigkeit schiedsgerichtlicher einstweiliger Maßnahmen aus der prinzipiellen Unterschiedlichkeit des Wesens der Schiedsgerichtsbarkeit und des Eilverfahrens hergeleitet.[60]

b) Konkurrierende Zuständigkeit

Befürworter einer – kraft besonderer Vereinbarung – konkurrierenden Zuständigkeit des Schiedsgerichtes begründeten ihre Auffassung damit, daß es nicht einzusehen sei, warum die Parteien nicht befugt sein sollten, das Schiedsgericht zu vorläufigen Anordnungen zu ermächtigen, auch wenn diese nicht staatlich vollstreckt werden könnten.[61] Weiterhin sei aus der besonderen Natur des Schiedsverfahrens zu folgern, daß nicht allein die staatlichen Gerichte für den Erlaß einstweiliger Maßnahmen zuständig seien.[62]

c) Ausschließliche Zuständigkeit des Schiedsgerichtes

Hinsichtlich der ausschließlichen Zuständigkeit des Schiedsgerichtes wurde vorgebracht, daß es den Parteien nicht nur frei stehe, eine konkurrierende Zuständigkeit von Schiedsgericht und Staatsgericht zum Erlaß einstweiliger Verfügungen zu begründen. Vielmehr könnten diese dem Schiedsgericht selbst die ausschließliche Zuständigkeit einräumen.[63] Zu diesem Schluß gelangte man mit der Begründung, daß die Möglichkeit, die Klagbarkeit eines Anspruches ganz abbedingen zu können, im Wege eines argumentum a maiore ad minus dazu führe, daß die Zuständigkeit staatlicher Gerichte von den Parteien derogiert und statt dessen die eines Schiedsgerichtes statuiert werden könne.[64] Dementsprechend sei davon auszugehen, daß die Parteien durch eine „erweiterte Schiedsvereinbarung" auch für Arrest und einstweilige Verfügung die Zuständigkeit des Schiedsgerichtes begründen können.[65]

---

[59] Vgl. *von Beringe* aaO. S. 777.

[60] Vgl. *Jeong-Ha* aaO. S. 167.

[61] Vgl. Rosenberg/Schwab/Gottwald aaO. § 174 I 3.

[62] Vgl. *Brinkmann* aaO. S. 41.

[63] Vgl. *Lindacher* Schiedsgerichtliche Kompetenz zur vorläufigen Entziehung der Geschäftsführungs- und Vertretungsbefugnis bei Personengesellschaften ZGR 1979, 201, 214.

[64] Vgl. *Lindacher* aaO. S. 214.

[65] Vgl. *Lichtenstein* aaO. S. 571.

d) Subsidiarität der gerichtlichen Zuständigkeit

Zur Bewahrung der Effizienz des einstweiligen Rechtsschutzes wurde als vierte und letzte Grundauffassung die Subsidiarität der gerichtlichen Zuständigkeit für gut befunden. Die ordentlichen Gerichte sollten mit anderen Worten also immer dann zuständig sein, wenn ein schneller Rechtsschutz durch die Schiedsgerichte nicht erreichbar sei.[66] So sei es insbesondere aus Gründen der Prozeßökonomie sehr sinnvoll, durch eine entsprechende Schiedsklausel die Kompetenz des Schiedsgerichtes auch auf die Anordnung einstweiliger Maßnahmen zu erstrecken, allerdings unbeschadet einer subsidiär bestehen bleibenden Zuständigkeit der staatlichen Gerichte.[67]

3. Kompetenz zum Erlaß einstweiliger Maßnahmen gemäß § 1041

Durch die jüngste Statuierung des einstweiligen Rechtsschutzes in den §§ 1041, 1062 I Nr. 3, 1063 III 1 ist nunmehr die bisherige Lücke – wenn man so will, mit einem Federstrich des Gesetzgebers – im schiedsrichterlichen Verfahren geschlossen worden. Damit ist der oben aufgezeigte Meinungsstreit bezüglich der Anordnungskompetenz des Schiedsgerichtes hinsichtlich einstweiliger Maßnahmen dahingehend gelöst worden, daß das Schiedsgericht die Befugnis erhält, Maßnahmen des einstweiligen Rechtsschutzes zu erlassen.[68] So jetzt § 1041 I 1: „Haben die Parteien nichts anderes vereinbart, so kann das Schiedsgericht auf Antrag einer Partei vorläufige oder sichernde Maßnahmen anordnen, die es in bezug auf den Streitgegenstand für erforderlich hält". Dadurch ist die Forderung nach einer Neufassung des zehnten Buches der ZPO, die schon geraume Zeit bestand, – zumindest für den hier zu betrachtenden Bereich – vom Gesetzgeber grundsätzlich erfüllt worden.

II. Zuständigkeit des staatlichen Gerichtes

1. Kompetenz zum Erlaß einstweiliger Maßnahmen

a) Die Regelung des § 1033

Der zivilverfahrensrechtlichen Regelung des § 1033 kommt hinsichtlich der Kompetenz der staatlichen Gerichte zum Erlaß einstweiliger Maßnahmen ei-

---

[66] Vgl. *Kühn* aaO. S. 61.

[67] *Nicklisch* aaO. S. 638.

[68] Vgl Begründung BT-Drucksache 13/5274 S. 44f.

ne Klarstellungsfunktion zu. Gemäß dieser Vorschrift schließt eine Schiedsvereinbarung nicht aus, daß ein Gericht vor oder nach Beginn des schiedsrichterlichen Verfahrens auf Antrag einer Partei eine vorläufige oder
sichernde Maßnahme in bezug auf den Streitgegenstand des schiedsrichterlichen Verfahrens anordnen kann.

aa) Grammatikalische Auslegung

Betrachtet man die gesamte Regelung im Sinne der grammatikalischen Auslegung als Bedeutungsträger, präzisiert hier bereits der gesetzliche Wortlaut
eindeutig, daß die Gerichte innerhalb des einstweiligen Rechtsschutzes trotz
Schiedsvereinbarung zum Erlaß einstweiliger Maßnahmen grundsätzlich zuständig sind.[69]

Dabei ist die Formulierung des § 1033 insoweit unglücklich, als die Norm nicht abstrakt zu vorläufigen oder sichernden Maßnahmen unbestimmter Art berechtigt,
sondern die Gerichte ausschließlich nach Maßgabe der §§ 916ff. in Form von Arre-
sten und einstweiligen Verfügungen entscheiden müssen.[70] Die Verwendung des
Wortduktus „vorläufige oder sichernde Maßnahme" in § 1033 wird jedoch nicht auf
ein redaktionelles Versehen oder gar auf einen systematischen Bruch hindeuten,
sondern schon hieran wird aufgrund der Identität zu § 1041 I 1 ersichtlich, daß die
neugefaßte Zivilprozeßordnung sowohl die Zuständigkeit der staatlichen Gerichte
als auch die der Schiedsgerichte im Bereich des einstweiligen Rechtsschutzes als
gleichwertig ansieht.

bb) Systematische Auslegung

Die gerichtliche Zuständigkeit zum Erlaß einstweiliger Maßnahmen er-
schließt sich ferner auch aus der Systematik des zehnten Buches der ZPO.
Ausgehend von der äußeren gesetzlichen Anordnung, die § 1033 in den
zweiten Abschnitt und damit in die allgemeinen Bestimmungen über die
Schiedsvereinbarung bettet (§§ 1029-1033), sieht das SchiedsVfG diese Regelung im unmittelbaren Kontext zu § 1032.[71] Denn während die §§ 1029-
1031 gänzlich unabhängig von einander unterschiedliche Regelungsbereiche
bezüglich der Schiedsvereinbarung zum Ziele haben, fällt bei diesen erstge-

---

[69]   So auch *Baumbach/Lauterbach/Albers* § 1033 Rdn. 1; *Lachmann* aaO. Rdn. 657;
       Lörcher Das Schiedsverfahren Rdn. 69, *Möller* Schiedsverfahrensrecht S. 52; *Schmidt*
       Neues Schiedsverfahrensrecht und Gesellschaftsrechtspraxis ZHR 162 (1998), 265,
       288; *Thomas/Putzo* § 1033 Rdn. 4.
[70]   Vgl. *Baumbach/Lauterbach/Albers* § 1033 Rdn. 2; *Schütze* Schiedsgericht und
       Schiedsverfahren Rdn. 89; *Thomas/Putzo* § 1033 Rdn. 4.
[71]   Vgl. Bericht der Kommission S. 107.

nannten Vorschriften auf, daß sie den selben Themenkomplex umreißen. Hier wie dort geht es um die Frage, ob das Bestehen einer Schiedsvereinbarung einer gerichtlichen Inanspruchnahme in einer Angelegenheit, die Gegenstand dieser Vereinbarung ist, entgegengesetzt werden kann. Auf der einen Seite sieht § 1032 für den Fall des gerichtlichen Hauptverfahrens vor, daß das Gericht auf Rüge des Beklagten das Rechtsschutzersuchen des Klägers als unzulässig abzuweisen hat.[72]

> Es besteht zudem weder die Möglichkeit einer vorübergehenden Aussetzung gemäß § 148 analog noch darf das Gericht den Rechtsstreit an das Schiedsgericht gemäß § 281 analog verweisen, weil es zwischen ordentlichen Gerichten und den (nicht-staatlichen) Schiedsgerichten keine wirksame Verweisung geben kann.[73]

Auf der anderen Seite hingegen ordnet § 1033 als lex specialis zu dieser grundsätzlichen staatlichen Rechtsschutzentsagung für den Bereich des einstweiligen Rechtsschutz an, daß hier ausnahmsweise die staatliche Gerichtsbarkeit beim Vorliegen einer Schiedsvereinbarung nicht ausgeschlossen ist.[74] Aus dem Bedeutungszusammenhang folgt also die Klarstellung, daß die negative Wirkung einer Schiedsvereinbarung gemäß § 1032 I für den Bereich einstweiliger gerichtlicher Maßnahmen eingeschränkt wird.[75] Indem es der Natur der Sache entspricht, daß, wenn die Notwendigkeit der Abwendung wesentlicher Nachteile vorliegt, die Einrede des Schiedsvertrages nicht zur Vereitelung der Abwendung der Gefahr benutzt werden darf,[76] galt darüber hinaus schon unter Geltung der bisherigen Rechtslage, daß die Einrede der Schiedsgerichtsbarkeit gemäß §§ 1027a, 1037, 1046 ZPO a.F.[77] für die Zulässigkeit des gerichtlichen Gesuches auf einstweiligen Rechtsschutz gemäß der §§ 916ff. keine Bedeutung hatte.[78]

---

72   Vgl. zur bisherigen Rechtslage § 1027a ZPO a.F. (zuvor § 274 II Nr. 3 ZPO in ihrer Fassung bis zum 01. Juli 1977).

73   Vgl. *Thomas/Putzo* § 281 Rdn. 1.

74   Vgl. zudem Musielak/Voit § 1033 Rdn. 1.

75   Begründung BT-Drucks. 13/5274 S. 38; *Möller* aaO. S. 54.

76   KG JW 1921, 251.

77   Vgl. auch oben § 2 I 1.

78   RGZ 30, 220; OLG Frankfurt, NJW 1959, 1088; OLG Hamm, MDR 1972, 521; LG Lübeck, NJW-RR 1988, 122; LG Duisburg RIW 1989, 58; *Schuschke/Walker* vor § 916 Rdn. 24; *Staff* Das Schiedsgerichtsverfahren S. 103; *Vollkommer* Zum Rechtsschutz von Lizenzspielern RdA 1982, 21f.; ders. Zum Lizenzerteilungsstreit im Bundesligafußball NJW 1983, 726, 727.

cc) Teleologische Auslegung

Bekräftigt wird dies zudem von der damit im Zusammenhang stehenden ratio legis des § 1033. So ergibt sich namentlich auch aus historisch-teleologischer Sicht, daß Sinn und Zweck der Regelung in oben benannter Klarstellungsfunktion zu sehen sind.[79] § 1033 beabsichtigt jedoch nicht nur eine Einschränkung des Normbereiches des § 1032 herbeizuführen. In ähnlicher Weise beabsichtigt § 1033 zudem, an der überkommenen Normsituation der originären gerichtlichen Anordnungskompetenz im Bereich des einstweiligen Rechtsschutzes festzuhalten.[80] Aus dieser Regelungsabsicht der Bewahrung des status quo geht somit ein weiterer gesetzlicher Zweck hervor. Indem § 1033 gerade an der bisherigen Rechtslage anknüpft will, wird sein gesetzlicher Zweck des weiteren darin zu erkennen sein, daß diese Regelung Fehlschlüsse vermeiden möchte, die eventuell in Anbetracht der Neueinführung des § 1041 entstehen könnten. Diese Zwecksetzung des § 1033 spiegelt sich denn auch in den näheren Normvorstellungen der an der Vorbereitung und Abfassung des Neuregelungsgesetzes Beteiligten wieder. Sowohl die eingesetzte Kommission als auch der zuständige Rechtsausschuß und die Bundesregierung erkannten, daß ein Fehlen einer dem § 1033 entsprechenden Vorschrift im Zusammenhang mit der Regelung des § 1041, insbesondere aus ausländischer Sicht zu dem Fehlschluß verleiten könnte, daß eine originäre Zuständigkeit des Gerichtes für solche Maßnahmen daneben nicht (mehr) bestehe.[81]

dd) Heranziehung des Art. 9 ModG

Die Betrachtung des wort- und inhaltsgleichen Art. 9 ModG,[82] der der Vorschrift des § 1033 als gesetzgeberisches Leitbild diente, stützt dieses Ergebnis. Auch Art. 9 ModG bringt das Prinzip zum Ausdruck, daß ein Ersuchen um gerichtliche Maßnahmen, die anhand des bestehenden Rechts verfügbar sind, mit der Tatsache vereinbar ist, daß die Parteien sich darüber geeinigt

---

[79] Vgl. *Musielak/Voit* § 1033 Rdn. 1. Siehe zu den bisherigen Rechtsansichten zudem oben § 2 I 1.

[80] Vgl. *Zöller/Geimer* § 1033 Rdn. 1.

[81] Vgl. den Bericht der Kommission S. 107 und die Begründung der Bundesregierung BT-Drucks. 13/5274 S. 38.

[82] Art. 9: „It is not incompatible with an arbitration agreement for a party to request ... from a court an interim measure of protection and for a court to grant such measure".

hatten, ihren Rechtsstreit der Schiedsgerichtsbarkeit zu unterwerfen.[83] So stellt auch Art. 9 ModG klar, daß der negative Effekt einer Schiedsvereinbarung, welcher darin besteht, die staatliche Gerichtsbarkeit gemäß Art. 8 I ModG[84] auszuschließen, hinsichtlich einstweiliger gerichtlicher Maßnahmen nicht wirksam wird.[85] Hauptgrund hierfür soll sein, daß die Gültigkeit dieser Maßnahmen nicht den Zielsetzungen der Parteien, die sich der Schiedsgerichtsbarkeit unterwerfen, widerspreche,[86] und daß diese Maßnahmen ihrerseits die Schiedsgerichte effizienter machen würden, indem sie die von ihnen erwarteten Ergebnisse in der Hauptsache sicherstellten.[87]

ee) Rechtsvergleichende Aspekte

Aus dem Blickwinkel der Rechtsvergleichung ist des weiteren anzuführen, daß die durch § 1033 bewirkte Modifikation in vielen Rechtsordnungen vorkommt.[88] Wobei diese Einschränkung von den jeweiligen staatlichen Gerichten auch in ihrer Spruchpraxis zum Ausdruck gebracht wird. So merkte beispielsweise der High Court of Hong Kong in seiner Entscheidung vom 02. März 1992 an, daß das Gericht unter Geltung des Art. 9 ModG trotz wirksamer Schiedsvereinbarung ermächtigt sei, einstweilige Maßnahmen zu gewähren.[89] Ähnlich entschied der Federal Court of Canada im Jahre 1993 in Ansehung des auf Bundesebene geltenden Commercial Arbitration Act vom 17. Juni 1986. Den §§ 4 II, 5, 6 des kanadischen Gesetzes über die Internationale Handelsschiedsgerichtsbarkeit folgend,[90] sah sich der Gerichtshof als

---

[83] UN-Report A/40/17 para 96 Satz 4 zu Art. 9.

[84] Art. 8 I ModG: „A court before which an action is brought in a matter which is the subject of an arbitration agreement shall, if a party so requests not later than when submitting his first statement on the substance of the dispute, refer the parties to arbitration unless it finds that the agreement is null and void, inoperative or incapable of being performed."

[85] UN-Commentary A/CN.9/264 para 1 Satz 3 zu Art. 9.

[86] Vgl. *Calavros* aaO. S. 55.

[87] Vgl. UN-Commentary A/CN.9/264 para 1 Satz 4 zu Art. 9.

[88] Vgl. die Nachweise bei *Hußlein-Stich* aaO. S. 52.

[89] Interbulk Ltd. v. Safe Rich Industries Ltd., veröffentlicht im Internet unter http://www.un.or.at/clout, case 42. Vgl. zudem die Entscheidung dieses High Courts, Katran Shipping Co. Ltd. v. Kenven Transportation Ltd., case 39.

[90] In Kanada ist das UNCITRAL-Modellgesetz vom Bund und von den anglo-amerikanischen Provinzen und Territorien übernommen worden, vgl. *Nöcker* Das neue Schiedsverfahrensrecht in Kanada RIW 1988, 363.

befugt an, im streitigen Fall ungeachtet des Bestehens einer Schiedsvereinbarung einstweilige Maßnahmen zu erlassen.[91]

Zwar bezieht sich diese Entscheidung auf das internationale Schiedsverfahrensrecht, da aber in Kanada – wie auch in Deutschland – auf Bundesebene nicht zwischen nationalen und internationalen Schiedsverfahren differenziert wird, kommt ihr aus rechtsvergleichender Sicht auch für das nationale Recht ein hoher Stellenwert bei. Im Gegensatz zu den kanadischen Provinzen wurde auf Bundesebene dabei deshalb kein Sondergesetz für die internationale Handelsschiedsgerichtsbarkeit für notwendig erachtet, weil für die Verfasser des Bundesgesetzes maßgebend war, daß der kanadische Staat selbst nur eine sehr beschränkte sachliche Zuständigkeit besitzt – die sachliche Zuständigkeit beschränkt sich auf die Bereiche Seerecht und auf Vertragsverhältnisse, an denen Bundesbehörden oder –unternehmen beteiligt sind – und das hier nicht noch zwischen internationalen und Binnenverfahren unterschieden werden sollte.[92]

b) Die Regelung des § 1041

Auch die Regelung des § 1041 beschränkt sich nicht auf die Bestimmung der originären Zuständigkeit der Schiedsgerichte zum Erlaß einstweiliger Maßnahmen. Diese Vorschrift gewährt auch hinsichtlich der Frage, ob die staatlichen Gerichte[93] trotz bestehender Schiedsvereinbarung auf Antrag einer Partei einstweiligen Rechtsschutz gewähren dürfen, Aufschluß und ist somit für das oben gewonnene Ergebnis unterstützend heranzuziehen. Denn die dahingehende Einschränkung des § 1041 II 1, daß das Gericht „die Vollziehung einer [schiedsrichterlichen] Maßnahme nach Absatz 1 zulassen kann, sofern nicht schon eine entsprechende Maßnahme bei einem Gericht beantragt worden ist", ist nur dann verständlich, wenn auch die staatlichen Gerichte selbst nach dem gesetzlichen Leitbild zum Erlaß einstweiliger Maßnahmen befugt sein sollen. So deutet der Wortlaut des § 1041 daraufhin, daß Absatz 2 Satz 1 zwischen dem Gericht, das über die Vollziehung der schiedsrichterlichen Eilmaßnahme zu befinden hat, und dem Gericht, bei dem eine entsprechende, das heißt einstweilige, Maßnahme beantragt worden ist, zu unterscheiden

---

[91]   Delphi Petroleum Inc. v. Derin Shipping and Training Ltd. vom 03. Dezember 1993, clout case 68. Darüber hinaus British Columbia Supreme Court, Trade fortune Inc. v. Amagalmated Mill Supplies Ltd., case 71.

[92]   Vgl. *Lionnet* Ziel des Modellgesetzes in DIS-Schriften zur Übernahme des UNCITRAL-Modellgesetzes S. 11, 18.

[93]   Im nachfolgenden meint die Bezeichnung „Gericht" in Anlehnung an den Sprachgebrauch des SchiedsVfG ausschließlich das Rechtspflegeorgan der staatlichen ordentlichen Zivilgerichtsbarkeit.

weiß. Indem ferner Sinn und Zweck dieser Normierung ist, die Gefahren zu bannen, die aus einer doppelten Befassung staatlicher Gerichte entstehen können,[94] redet auch die teleologische Auslegung diesem Verständnis das Wort.

Die Konstellation der doppelten gerichtlichen Befassung mit der eventuell gefährlichen Folge abweichender oder sogar widersprechender Entscheidungen,[95] entsteht nämlich nur dann, wenn die gesetzliche Grundkonzeption von der Möglichkeit einer gerichtlichen Eilzuständigkeiten ausgeht. Da für die Entscheidung über die Vollziehung der Anordnung vorläufiger oder sichernder Maßnahmen des Schiedsgerichtes die Oberlandesgerichte gemäß § 1062 I Nr. 3 die Eingangszuständigkeit besitzen, heißt das mit anderen Worten, daß das Gesetz die Eingangszuständigkeit – und damit auch die originäre Kompetenz – für den Erlaß einstweiliger gerichtlicher Maßnahmen mithin den Amts- und Landgerichten zuweist. Dabei bestimmt sich die gerichtliche Eilzuständigkeit nach den üblichen Vorschriften der §§ 919, 936, 937, 942f.[96] Dies gilt unbeschadet der Intention des § 1062, dessen Zielsetzung es ist, grundsätzlich eine Zuständigkeitskonzentration für die Gesamtheit der Fälle eines gerichtlichen Tätigwerdens innerhalb des Schiedsverfahrens bei den Oberlandesgerichten zu statuieren.[97]

c) Scheinbares Entgegenstehen des § 1026

Der durch § 1041 II 1 indizierten Parallelität der gerichtlichen wie schiedsrichterlichen Zuständigkeit zum Erlaß einstweiliger Maßnahmen, scheint jedoch § 1026 entgegenzustehen.[98] Hiernach darf ein Gericht in den geregelten Angelegenheiten der §§ 1025 bis 1061 nur dann tätig werden, soweit das zehnte Buch es vorsieht. Aufgrund dessen ließe sich vertreten, den einstweiligen Rechtsschutz insgesamt als geregelte Angelegenheit der Schiedsgerichtsbarkeit gemäß § 1041 I 1 zu begreifen und damit den Gerichten gemäß § 1026 die Zuständigkeit für diesbezügliche Maßnahmen zu versagen. Dies würde darüber hinaus unbeschadet von § 1041 II 1 gelten. Diese Vorschrift scheint zwar von dieser gerichtlichen Zuständigkeit aus vorbenannten Gründen auszugehen, aber auf eine ausdrückliche Regelung verzichtet sie. Selbi-

---

[94]   Vgl. Begründung BT-Drucks. 13/5274 S. 45.

[95]   Vgl. *Bredow* Das neue 10. Buch der ZPO BB 1998 (Beilage 2), 2, 4; *Schumacher* Das neue 10. Buch der Zivilprozeßordnung im Vergleich zum UNCITRAL-Modellgesetz über die Internationale Handelsschiedsgerichtsbarkeit BB 1998 (Beilage 2), 6, 11f.

[96]   Vgl. *Musielak/Voit* § 1033 Rdn. 1.

[97]   Vgl. Begründung BT-Drucks. 13/5274 S. 63.

[98]   Die Relevanz des § 1026 in diesem Zusammenhang erkennt die Begründung BT-Drucks. 13/5274 S. 38 nicht.

ger Schluß rechtfertigt sich auch aus dem Regelungszweck des § 1026. Denn diese Norm beinhaltet die Absicht, eine zu weitgehende Einflußnahme der Gerichte zu Lasten der Effektivität der Schiedsgerichtsbarkeit zu verhindern. Unter anderem deshalb, weil die Parteien versucht sein könnten, mit Hilfe der Gerichte das schiedsrichterliche Verfahren zu verschleppen.

Dieser Prozeßtaktik war insbesondere in den common-law-Ländern Tür und Tor geöffnet.[99] Anders als in den meisten kontinentaleuropäischen Ländern, konnten beispielsweise in England bis zur Reform der Jahre 1979 und 1996 die Gerichte jederzeit in das laufende schiedsrichterliche Verfahren eingreifen.[100] So war es für die Gerichte gemäß Sec. 21 I Arbitration Act 1950 möglich, in einem berufungsgleichen Verfahren bindend über die vorgelegten Rechtsfragen des schiedsgerichtlichen Rechtsstreits zu entscheiden.[101]

§ 1026 reduziert sich darüber hinaus nicht auf die Erschwerung von Verschleppungstaktiken. Er befaßt sich des weiteren mit dem dieser Fragestellung übergeordneten sensiblen Bereich des staatlichen Interesses an der eigenen Rechtsschutzgewährung und Rechtsfortbildung[102] im Verhältnis zu der Eigenständigkeit der Schiedsgerichtsbarkeit. Wobei er die Balance zwischen der Unabhängigkeit der Schiedsgerichtsbarkeit und der Kontrolle des hier gewährten außergerichtlichen Rechtsschutzes durch den Staat[103] – ähnlich wie der inhaltlich gleichbedeutende Art. 5 ModG[104] – zugunsten des schiedsrichterlichen Verfahrens verschiebt. Diese restriktive Handhabung gerichtlicher Eingriffsbefugnisse könnte also gemäß der ratio legis des § 1026 im Zuge einer Erhöhung der Schiedsfreundlichkeit ebenfalls dazu führen, den Gerichten die Kompetenz zum Erlaß einstweiliger Maßnahmen abzusprechen.

---

[99]   Vgl. *Berger* Das neue deutsche Schiedsverfahrensrecht DZWir 1998, 45, 47.

[100] Vgl. *Calavros* Das UNCITRAL-Modellgesetz S. 36; *Hußlein-Stich* Das UNCITRAL-Modellgesetz S. 31.

[101] Vgl. *Gill* The Law of Arbitration S. 90ff.; *Kerr* Arbitration and the Courts ICLQ 34 (1985), 8ff.

[102] Zur Begründung vgl. *Zöller/Geimer* Vor § 1025, Rdn. 4 m.w.N.

[103] *Raeschke-Kessler* Sollen/dürfen Bundesrichter Schiedsrichter sein, FS Nirk S. 915; *Wolf* Zwischen Schiedsverfahrensfreiheit und notwendiger staatlicher Kontrolle RabelsZ 57 (1993), 643.

[104] Art. 5 ModG: „In matters governed by this Law, no court shall intervene except where so provided in this Law".

2. Exkurs: Konkludenter Verzicht auf die Einrede der Schiedsvereinbarung

Die eindeutige gesetzliche Trennung der Wirkung einer Schiedsvereinbarung gemäß § 1029 I in den Begriffspaaren Schiedsvereinbarung und Klage vor Gericht (§ 1032) und Schiedsvereinbarung und einstweilige gerichtliche Maßnahmen (§ 1033) wirft ungeachtet des bisherigen Ergebnisses darüber hinaus weitere Fragen auf. Fraglich ist hier insbesondere, ob das Anrufen staatlicher Gerichte um Eilrechtsschutz auch Auswirkungen auf die Schieds-vereinbarung oder auf die weiteren Rechtsschutzmöglichkeiten der anrufen-den Partei hat. Exkursorisch sollen deshalb im folgenden eventuelle Auswirkungen in einem anschließenden Verfahren in der Hauptsache darge-tan werden. Indem die §§ 1032 und 1033 namentlich eine klare gesetzliche Abgrenzung gefunden haben, wird das Verhalten einer Partei im einstweili-gen gerichtlichen Rechtsschutz der §§ 916ff. aufgrund dieser Wertung grund-sätzlich nicht auch im Rahmen eines Prozesses vor den Gerichten gemäß der §§ 253ff., 495 auschlaggebend sein dürfen. Dies wird beispielsweise gerade in den Fällen relevant, in denen sich die beklagte Partei im einstweiligen Rechtsschutz dem staatlichen Gericht gemäß §§ 920 I, 936 als Antragstellerin zuwendet, aber in der Hauptsache gemäß § 1032 I die Unzulässigkeit der Klage vor einem staatlichen Gericht rügt. Hierin wird man kein widersprüch-liches Verhalten gemäß § 242 BGB analog im Sinne eines venire contra fac-tum proprium erkennen dürfen, denn die gesetzliche Konzeption des SchiedsVfG sieht dieses Auseinanderfallen aus vorbenannten Gründen gera-de vor. Die Absolutheit der verglichenen Vorschriften führt dem gemäß dazu, in dem Antrag auf einstweiligen gerichtlichen Rechtsschutz gemäß §§ 920 I, 936 keinen konkludenten Einredeverzicht auf die Schiedsvereinba-rung aus § 1032 I[105] zu erblicken.[106] Dies gilt sowohl für die antragstellende Partei, als auch für den sich einlassenden Antragsgegner. Beide begründen hierdurch grundsätzlich weder einen Vertrauenstatbestand im Hinblick auf die gegnerische Partei, der ihr weiteres Verhalten als mißbräuchlich aus-

---

[105] Vgl. zur Rüge der Unzuständigkeit aus § 1032 I auch die Begründung BT-Drucks. 13/5274 S. 38.
[106] Vgl. *Berger* Internationale Wirtschaftsschiedsgerichtsbarkeit S. 231; *Schwab/Walter* aaO. Kap.17a. Rdn. 24.

weist,[107] noch wird sich in der Regel aus den sonstigen Umständen, eine Treuwidrigkeit aus anderen Gründen ergeben.[108]

Davon zu unterscheiden sind die Fälle, in denen sich die Treuwidrigkeit aus einem unlösbaren Selbstwiderspruch ergibt. Wer zum Beispiel im Schiedsverfahren dessen Unzulässigkeit eingewandt hat, kann im anschließenden Rechtsstreit nicht die Einrede des Schiedsvertrages erheben.[109] Das gilt ebenso für den, der gegenüber der Klage die Einrede des Schiedsvertrages erhoben hat und später die Zuständigkeit des Schiedsgerichtes bestreitet.[110] Analog wird dies auch für den zu gelten haben, der sich im schiedsrichterlichen Eilverfahren auf eine entgegenstehende Parteivereinbarung beruft und später im schiedsrichterlichen Hauptverfahren dartut, daß die Parteivereinbarung und die sich aus ihr ergebenden Rechte und Pflichten mangels Wahrung der Formvorschriften des § 1031 oder in Anbetracht sonstiger zur Unwirksamkeit der Parteivereinbarung führender Gründe unwirksam seien.

Das Maßnahmeverfahren ist folglich streng vom Erkenntnisverfahren in der Hauptsache zu trennen.[111]

3. Konkludente Aufhebung der Schiedsvereinbarung

Darüber hinaus ergibt sich aus dem argumentum a maiore ad minus zum Vorbenannten, daß in Ansehung des § 1033 auch das beiderseitige Einlassen auf das Verfahren des staatlichen einstweiligen Rechtsschutzes hinsichtlich der späteren Einleitung eines schiedsgerichtlichen Hauptverfahrens gemäß §§ 1046ff. unschädlich ist.

Die eigentliche Rechtfertigung des argumentum a maiore ad minus liegt dabei in dem Gebot der Gerechtigkeit, wertungsmäßig gleichliegende Tatbestände gleich zu behandeln, sofern nicht ihre ungleiche Behandlung aus guten Gründen vom Gesetz angeordnet oder aus besonderen Gründen gerechtfertigt ist.[112]

Insbesondere wird deshalb in einem solchen prozessualen Verhalten der Schiedsparteien vor dem staatlichen Eilgericht kein Verzicht auf die Schiedsvereinbarung beziehungsweise sogar ein konkludenter, materiell-rechtlicher

---

[107] Vgl. BGHZ 32, 279; 94, 354; BGH NJW 1986, 2107.

[108] Vgl. BGH NJW 1992, 834; *Palandt/Heinrichs* § 242 Rdn. 57.

[109] Vgl. BGHZ 50, 191.

[110] Vgl. BGH NJW-RR 1987, 1195 und *Schütze* aaO. Rdn. 124 m.w.N. Siehe zudem bereits oben § 2 I 1.

[111] *Schwab/Walter* aaO. Kap.17a. Rdn. 24.

[112] Vgl. *Larenz/Canaris* Methodenlehre der Rechtswissenschaften S. 209.

Aufhebungsvertrag im Sinne eines contrarius consensus[113] mit der prozessualen Wirkung des Wegfalls der Schiedsvereinbarung in Gänze, zu erkennen sein.

Ungeachtet der unterschiedlichen Auffassung zur Rechtsnatur der Schiedsvereinbarung gelten nach allgemeiner Meinung für das Zustandekommen und die Wirksamkeit des Schiedsvertrages die Grundsätze des materiellen bürgerlichen Rechts.[114] Demnach wird auch anzunehmen sein, daß die Parteien die Schiedsvereinbarung durch einen neuen Vertrag gemäß §§ 305, 241 BGB aufheben können. Wobei die auf die Aufhebung der Schiedsvereinbarung gerichteten Willenserklärungen auch stillschweigend abgegeben werden können.[115] Die Aufhebung der formbedürftigen Schiedsvereinbarung gemäß § 1031 ist darüber hinaus sogar formlos gültig.[116]

Denn wenn aus diesem Verhalten noch nicht einmal ein Verzicht auf die Einrede aus § 1032 I hervorgeht,[117] dann kann es erst recht nicht möglich sein, hierin einen Verzicht auf die Schiedsvereinbarung insgesamt zu sehen.

Es handelt sich gerade um ein eigenes Verfahren, welches zur Wahrung des effektiven Rechtsschutzes vor den staatlichen Gerichten durchgeführt wird. Trotz der Zulassung der Schiedsgerichtsbarkeit soll die Effektivität des Rechtsschutzes gewährleistet sein. Einen indiziellen Beleg[118] für diese Ansichtsweise vermittelt darüber hinaus das Vorstellungsbild der Verfasser des ModG bezüglich der Auslegung des Art. 9 ModG, das mit dem Wortlaut des Art. 26 III der UNCITRAL-Schiedsordnung[119] übereinstimmt. Denn in dieser Schiedsregel des Art. 26 III der UNCITRAL-Schiedsordnung wird expressis verbis festgestellt, „daß ein Antrag auf Anordnung vorläufiger Maßnahmen, der von einer der Parteien bei einem staatlichen Gericht gestellt wird, weder als mit der Schiedsvereinbarung unvereinbar noch als Verzicht

---

113 Dieser contrarius consensus ist eine gemeinsame Verfügung beider Parteien über die Schiedsvereinbarung im Ganzen, vgl. *Larenz* Lehrbuch des Schuldrechts Bd. 1 § 19 II b).

114 Vgl. *Schmidt* Präklusion und Einlassung auf die schiedsgerichtliche Verhandlung zur Hauptsache, FS Nagel S. 374 m.w.N.

115 Vgl. LG Köln NJW-RR 1993, 1096; *Baumbach/Lauterbach/Albers* § 1029 Rdn. 27.

116 Vgl. *Baumbach/Lauterbach/Albers* § 1029 Rdn. 27; *Schwab/Walter* aaO. 5.Aufl. Kap. 8 Rdn. 7; *Zöller/Geimer* § 1029 Rdn. 17. Vgl. hierzu auch BGHZ 83, 398.

117 Siehe oben § 2 II 2.

118 Siehe unten § 3 I 4.

119 Art. 26 III UNCITRAL-Schiedsordnung: „Ein Antrag auf Anordnung vorläufiger Maßnahmen der von einer Partei bei einem staatlichen Gericht gestellt wird, ist weder als mit der Schiedsvereinbarung unvereinbar noch als Verzicht auf diese anzusehen."

auf diese anzusehen ist". Indem die Verfasser des ModG von diesem aufge-
führten Grundsatz trotz Unterlassens seiner ausdrücklichen Übernahme in
Art. 9 ModG nicht abrücken wollten,[120] spricht auch hieraus – zumindest im
Zuge einer rechtsvereinheitlichenden Betrachtungsweise des nationalen
Rechts – vieles dafür, im nationalen Recht hinsichtlich des § 1033 ebenso zu
verfahren.

---

[120] UN-Commentary A/CN.9/264 para 2 Satz 1 zu Art. 9: „...nor to be regarded as a
waiver of the agreement". Vgl. auch *Calavros* aaO. S. 59; *Granzow* aaO. S. 125;
Hußlein-Stich aaO. S. 53.

§ 3 Ausschluß der Zuständigkeit

I. Ausschluß der schiedsgerichtlichen Zuständigkeit

1. Grammatikalische Auslegung

Bereits die grammatikalische Auslegung des § 1041 I 1 führt bezüglich der Frage, ob die Parteien die Zuständigkeit des Schiedsgerichtes zum Erlaß einstweiliger Maßnahmen ausschließen können, zu einem eindeutigen Ergebnis. Gemäß § 1041 I 1 darf das Schiedsgericht nur dann eine vorläufige oder sichernde Maßnahme anordnen, sofern „die Parteien nichts anderes vereinbart" haben. Damit ist die Zuständigkeit des Schiedsgerichts im Bereich des einstweiligen Rechtsschutzes unzweifelhaft der Disposition der Parteien unterstellt.[1] In Anbetracht der sogenannten „Sens-Clair-Regel" wäre eine weitere Auslegung aufgrund des insoweit eindeutigen juristischen Sprachgebrauchs, der sich auch in den §§ 1035 II 1, 1043 II, 1046 II, 1049 I 1 und in § 1052 I wiederfindet, nicht zulässig: Cum in verbis nulla ambiguitas est, non debet admitti voluntatis quaestio. Wenn der Wortlaut eindeutig ist, darf nicht mehr nach dem Sinn des Gesetzes gefragt werden.[2] Das was jenseits des möglichen Wortsinnes liegt kann also nicht als Inhalt des Gesetzes gelten.[3] Hieran ist zwar richtig, daß das, was jenseits des möglichen Wortsinnes liegt, mit ihm auch bei weitester Auslegung nicht mehr vereinbar ist, nicht als Inhalt des Gesetzes gelten kann.[4] Dennoch wird man aus systematischen und teleologischen Gründen im Einzelfall eine berichtigende Auslegung der betreffenden Norm zulassen müssen.[5] Regelmäßig wird nämlich auch ein festgelegter Sprachgebrauch des Gesetzes noch verschiedene Bedeutungsvarianten möglich lassen.[6] Ob sich Systematik und Teleologie der Norm mit der gewonnenen grammatikalischen Auslegung decken,[7] soll die nachfolgende Betrachtung ergeben.

---

[1] Vgl. *Thomas/Putzo* ZPO § 1041 Rdn. 2; *Baumbach/Lauterbach/Albers* § 1041 Rdn. 2; *Lörcher* Das Schiedsverfahren Rdn. 70.

[2] Vgl. *Röhl* Allgemeine Rechtslehre § 76 I 2.

[3] BVerfGE 71, 115; 87, 224.

[4] BVerfGE 71, 115; 87, 224.

[5] So auch BGHZ 2, 176 bezüglich der Auslegung des § 400 BGB.

[6] *Larenz/Canaris* Methodenlehre der Rechtswissenschaft S. 164.

[7] So auch BGHZ 2, 176 bezüglich der Auslegung des § 400 BGB.

2. Systematische Auslegung

Indem die spezifische Bedeutung des schiedsverfahrensrechtlichen Ausdrukkes „haben die Parteien nichts anderes vereinbart" als gesetzliches Merkmal des Ausschlusses kraft Parteivereinbarung in den zuvor erwähnten Vorschriften der §§ 1035 II 1ff. jedoch keine inhaltliche Abweichung aufweist, ist auch aus dem zugrundeliegenden begrifflichen System des SchiedsVfG eine derartige Übereinstimmung in § 1041 I 1 zu wahren. Demgemäß markiert der Gebrauch dieses Sprachgefüges auch aus systematischer Sicht die Dispositivität der betrachteten Norm.

3. Teleologische Auslegung

Weil das zehnte Buch der ZPO keine allgemeinverbindliche Bestimmung enthält, die grundlegend zwischen zwingenden und abdingbaren Vorschriften differenziert,[8] kann zwar eine solche Einstufung – im Zweifelsfall – auch dem Normzweck der betreffenden Regelung entnommen werden.[9]

> Dies erweist sich wider Erwarten auch nicht als Nachteil. Denn durch das Fehlen einer allgemeinen gesetzlichen Einstufung werden so Schwierigkeiten vermieden, die dadurch bedingt sind, daß bei einer Reihe von Paragraphen nur ein Teil zwingend, ein anderer nicht zwingend ist, und daß auf Sonderregelungen in den einzelnen Paragraphen ohnehin nicht verzichtet werden könnte, weil es zum Teil um eine Verfügungsbefugnis der Parteien, zum Teil um eine solche des Schiedsgerichtes geht.[10]

Da sich der dispositive Regelungscharakter aber hier schon aus der Formulierung des § 1041 I 1 selbst ergibt, liegt ein solcher Zweifelsfall hinsichtlich der Frage, ob die betreffende Norm eine zwingende oder dispositive Regelung anstrebt, nicht vor. Indem § 1041 I 1 also den Schiedsgerichten nur unter dem Vorbehalt einer fehlenden gegenteiligen Vereinbarung die Kompetenz zum Erlaß einstweiliger Maßnahmen zuweist, dokumentiert auch die ratio

---

[8]   Den entgegengesetzten Weg, nämlich die zwingenden Normen enumerativ zu bestimmen, geht beispielsweise Art. 1 III („*Zwingend* sind folgende Vorschriften...".) des Konkordates über die Schiedsgerichtsbarkeit in der Schweiz, angenommen von der Konferenz kantonaler Justizdirektoren am 27. März 1969 vom Bundesrat genehmigt am 27. August 1969 (Stand am 1. Juli 1995).

[9]   Vgl. den Bericht der Kommission S. 15.

[10]   Vgl. *Böckstiegel* Das UNCITRAL-Modellgesetz für die internationale Wirtschafts-Schiedsgerichtsbarkeit RIW 1984, 670, 675; *Real* Das UNCITRAL-Modellgesetz über die internationale Handelsschiedsgerichtsbarkeit ZvglRWiss 89 (1990), S. 407, 415.

legis die damit bezweckte Parteiherrschaft und die demgemäße Ausschließbarkeit der Norm.

4. Heranziehung des Art. 17 ModG

Indiziell wird das so eben gewonnene Ergebnis ferner dadurch gestützt, daß auch Art. 17 ModG, der in § 1041 I übernommen worden ist,[11] der Parteimaxime den Vorzug gibt.[12]

Die Hinzuziehung dieser Vorschrift zur Erhellung des fraglichen nationalen Normtatbestandes ist durch die Vorbildfunktion, die das Modellgesetzes für die Neuregelung besaß, legitimiert.[13] Denn die nahezu vollständige Rezeption macht die enge Orientierung des nationalen deutschen Rechts an das ModG deutlich und läßt auf Grund seiner internationalen Anlehnung eine derartige Auslegungskontrolle zu.[14] Die Priorität der Privatautonomie wurde darüber hinaus sogar als dominanter Gesichtspunkt bei der gesamten Gestaltung des ModG berücksichtigt. Denn man sah es in Übereinstimmung mit der Praxis des internationalen Wirtschaftsverkehrs und den bewährten Schiedsordnungen als wichtig an, den Parteien der Schiedsgerichtsvereinbarung und des Schiedsgerichtsverfahrens in möglichst weitem Umfang eine freie Entscheidung einzuräumen.[15] Das ModG betont dies an einer Reihe von Stellen ausdrücklich und bietet im übrigen überwiegend nur dann Regelungen an, wenn die Parteien keine abweichende Vereinbarung getroffen haben. Dabei enthält es zwingende Regelungen nur für solche Fälle, wo es um die Vermeidung schwerwiegender Mängel des Schiedsgerichtsverfahrens und die Sicherstellung eines für die Prozeßparteien fairen Ablaufes geht.[16]

5. Würdigung aus praktischer Sicht

Aus Gründen der Transparenz und der Rechtssicherheit ist die vorliegende gesetzliche Konzeption des § 1041 I 1 zu begrüßen. Denn zum einen bildet § 1041 I 1 den gesetzlichen Regelfall, daß dem Schiedsgericht die Befugnis zum Erlaß einstweiliger Maßnahmen weder durch eine Parteiermächtigung

---

[11] Vgl. Begründung BT-Drucks. 13/5274 S. 44f.

[12] Art. 17 ModG: „Unless otherwise agreed by the parties...". Vgl. zudem UN-Report A/40/17 para 166 zu Art. 18; UN-Commentary A/CN.9/264 zu Art. 17.

[13] Vgl. Bericht der Kommission S. 9.

[14] *Gottwald* Das neue deutsche Schiedsverfahrensrecht DStR 1998, 1017. Weitergehend *Berger* Das neue deutsche Schiedsverfahrensrecht DZWir 1998, 45, 54, der sich sogar für eine international einheitliche Auslegungsmethodik ausspricht.

[15] *Böckstiegel* Zu Entstehungsgeschichte Struktur und Grundentscheidungen des UNCITRAL-Modellgesetzes in DIS-Schriften zur Übernahme des UNCITRAL-Modellgesetzes S. 23, 34.

[16] *Böckstiegel* aaO. S. 34.

noch auf Grund einer vereinbarten institutionellen schiedsgerichtlichen Verfahrensordnung, welche eine derartige Ermächtigung in genereller Form enthält,[17] eingeräumt werden muß. Zum anderen ist dieser gesetzliche Regelfall
nunmehr eindeutig der Disposition der Parteien unterworfen.[18]

6. Rechtsvergleichende Aspekte

Als rechtsvergleichenden Aspekt, der im Rahmen der Novellierung eine be-
deutende Rolle gespielt hat[19], ist zudem noch der insoweit gleichlautende
Art. 183 des schweizerischen IPRG ergebnisunterstützend zu nennen.[20] Auch
hier ist unbestritten, daß es sich um eine dispositive Norm handelt.[21] Dabei
rechtfertigt sich die Zulässigkeit einer solchen rechtsvergleichenden Betrachtungsweise vor allem aus den Überlegungen der Reformkomission, die
die Bereitschaft forderte, „bei Fragen des Regelungsbedarfes und des Rege-
lungsumfanges, aber auch des Inhaltes von Einzelregelungen, die rein nationale Sichtweise zugunsten des Ziels der Rechtsvereinheitlichung zurückzu-
stellen", um eben diesem Gesichtspunkt Rechnung zu tragen.[22] Ausschlagge-
bender Grund dürfte dabei sein, daß die Lösungen einer positiven Rechtsordnung häufig Antworten auf allgemeine Rechtsprobleme sind, die sich in
gleicher oder vergleichbarer Weise allen oder den meisten Rechtordnungen
stellen. Auf diesem Ansatz ruht die Möglichkeit und die Fruchtbarkeit der
Rechtsvergleichung.[23] Zumal sich gerade das Schiedsverfahrensrecht –
besonders das internationale Handelsschiedsverfahren – als Rechtsgebiet
darstellt, das sich aufgrund seiner kosmopolitischen Funktion und seiner

---

[17] So zum Beispiel § 20 DIS-Schiedsgerichtsordnung; Art. 23 ICC-Schiedsgerichtsordnung. Vormals schon Art. 27, 36 ECE-Schiedsgerichtsordnung; Art. 13.1 lit. h)
LCIA-Schiedsgerichtsordnung; Art. Nr.°5 ICC-Schiedsgerichtsordnung (1988);
Pt. 34 AAA-Schiedsgerichtsordnung; Art. 28 Internationale Schiedsgerichtsordnung
der Zürcher Handelskammer.

[18] *Schwab/Walter* Schiedsgerichtsbarkeit Kap.17a. Rdn. 1.

[19] Vgl. den Bericht der Kommission S. 8; Begründung BT-Drucks. 13/5274 S. 45.

[20] Vgl. Art. 183 I des Bundesgesetzes über das Internationale Privatrecht: „Haben die
Parteien nichts anderes vereinbart,...".

[21] Vgl. *Habscheid* Das neue schweizerische Recht der internationalen Schiedsgerichtsbarkeit RIW 1988, 766, 767; *Walter* Internationale Schiedsgerichtsbarkeit in der
Schweiz S. 128.

[22] Vgl. den Bericht der Kommission S. 15. Ähnlich schon *Zweigert* Rechtsvergleichung
als universale Interpretationsmethode RabelsZ 1949/50, 5, 11.

[23] Vgl. *Larenz/Canaris* aaO. S. 15. Vgl. zudem *Zweigert* Einführung in die Rechtsvergleichung S. 33.

das sich aufgrund seiner kosmopolitischen Funktion und seiner Tendenz zum Universalismus vorzugsweise hierfür eignet.[24]

II. Ausschluß der gerichtlichen Zuständigkeit

1. Totalverzicht staatlichen Rechtsschutzes

Die Frage, ob vergleichbar zum schiedsrichterlichen einstweiligen Rechtsschutz auch die gerichtliche Zuständigkeit zum Erlaß vorläufiger oder sichernder Maßnahmen der Parteiherrschaft unterliegt,[25] wird insbesondere immer dann relevant, wenn die Parteien in ihrer Schiedsvereinbarung die Zuständigkeit der Gerichte zum Erlaß solcher Maßnahmen ausdrücklich ausgeschlossen haben.[26] Angesichts des damit bezweckten totalen Verzichts auf staatlichen Rechtsschutz, war die rechtliche Behandlung dieser Fallgestaltung schon unter Geltung der bisherigen Gesetzeslage umstritten. Denn auf Rüge des Beklagten stünde die Schiedsvereinbarung nunmehr nicht nur einem gerichtlichen Hauptverfahren gemäß § 1032 I respektive gemäß § 1027a ZPO a.F. entgegen. Vielmehr könnte die getroffene Schiedsvereinbarung – die Zulässigkeit einer solchen Abrede einmal vorausgesetzt – im Wege einer prozessualen Einrede der Anspruchssicherung beziehungsweise der vorläufigen Regelung eines Rechtsverhältnisses gemäß §§ 916ff. entgegengehalten werden. Da die bis dato gültige Normsituation der §§ 1025-1048 ZPO a.F. keine dem § 1033 vergleichbare Regelung als Anknüpfungspunkt enthielt, diskutierte man vormals die rechtliche Zulässigkeit vor dem Hintergrund allgemein-rechtlicher Erwägungen. Besondere Berücksichtigung fand dabei das Wesen des einstweiligen Rechtsschutzes und der Rechtsschutzauftrag des Staates. Eine einheitliche Betrachtungsweise konnte sich hier jedoch nicht durchsetzen.

---

[24] Vgl. *Erbe* Der Gegenstand der Rechtsvergleichung RabelsZ 14 (1942), 222.
[25] Vgl. oben § 3 I.
[26] Vgl. *Rahmann* Ausschluß staatlicher Gerichtsbarkeit S. 145f.

2. Bisherige Rechtsprechung

Selbst innerhalb der Rechtsprechung herrschten die unterschiedlichsten Auffassungen bezüglich dieser sogenannten „erweiterten Schiedsabrede" vor, unter der man den völligen Ausschluß staatlicher Gerichtsbarkeit faßte.[27]

Einigkeit bestand nur darin, daß bürgerlich-rechtliche Streitigkeiten, die gemäß § 13 GVG vor die ordentlichen Gerichte gehören, regelmäßig nicht durch einen privatrechtlichen Vertrag der beteiligten Parteien hinsichtlich der Zuständigkeit der Gerichtsbarkeit derogiert werden könnten. Denn § 13 GVG sei eine Vorschrift des öffentlichen Rechts, die durch eine Parteivereinbarung nicht abzubedingen sei. Die einzige Ausnahme sollte dabei aber der gesetzlich zugelassene Abschluß eines Schiedsvertrages bilden. Nur auf diesem Wege könnten bürgerliche Rechtsstreitigkeiten durch die Parteien den ordentlichen Gerichten entzogen werden.[28]

So hatte sich bereits das OLG Marienwerder in seiner Entscheidung vom 12. Dezember 1918 mit der Bedeutung der Klausel „etwaige Meinungsverschiedenheiten sollen durch ein Schiedsgericht geregelt werden und ein gerichtliches Verfahren soll auf alle Fälle ausgeschlossen sein" auseinanderzusetzen.[29] Es urteilte, „daß diese Bestimmung nur den [gesetzlich zulässigen] Sinn haben kann, daß auch vorläufige gerichtliche Maßregeln ausgeschlossen sein sollten und daß das Schiedsgericht an erster Stelle sofort und endgültig zu entscheiden habe". Ausgangspunkt dieser richterlichen Überlegung war hier die Überzeugung, daß die Parteien damit „wohl vorläufige gerichtliche Maßregeln als überflüssig ausschließen wollten".[30] Die in diesem Urteil vorausgesetzte Zulässigkeit des Verzichts auf staatlichen Rechtsschutz wurde jedoch weder problematisiert noch argumentativ hergeleitet.

Von der Zulässigkeit eines derartigen Verzichts ging auch das Landgericht Duisburg in seinem Urteil vom 27. November 1987 aus. Obwohl hier eine Entscheidung in der Sache unterblieb, weil die Kammer im vorliegendem Fall den Parteiwillen dahin auslegte, daß „mit der Schiedsvereinbarung nicht auch auf den einstweiligen Rechtsschutz durch die ordentlichen Gerichte" verzichtet werden sollte, wurde die grund-

---

[27] AA. *Bandel* Einstweiliger Rechtsschutz im Schiedsverfahren S.311. Er sieht in der Entscheidung des OLG Marienwerder das einzige Judikat hinsichtlich der Zulässigkeit von Ausschlußvereinbarungen im einstweiligen Rechtsschutz..

[28] Vgl. hierzu insgesamt RGZ 111, 276, 279.

[29] OLG Marienwerder I ZS 2a U 204/18 abgedruckt in LeipzZ 1919, 501.

[30] Siehe zuvor.

sätzliche Zulässigkeit eines solchen Vorgehens nicht in Frage gestellt.[31] In Ermangelung einer argumentativen Auseinandersetzung mit diesem Problem bleibt die Annahme der grundsätzlichen Zulässigkeit des Ausschlusses staatlichen Rechtsschutzes folglich auch hier unbegründet und damit rein hypothetisch.

Eine andere Auffassung vertrat der 22. Senat des Reichsgerichtes im Jahre 1919.[32] Die ablehnende Haltung gegenüber der Zulässigkeit des Ausschlusses staatlichen einstweiligen Rechtsschutzes wurde dabei argumentativ gestützt: Grund gegen die Annahme einer vertragsmäßigen Ausdehnung des Schiedsgerichtes für derartige Fälle sei die Tatsache, daß es sich insoweit um Maßnahmen handele, die durch besondere, zunächst nicht voraussehbare Verhältnisse nötig würden, andererseits aber ein rasches Eingreifen erforderten.

In ähnlicher Weise – jedoch ohne Begründung- entschied auch schon das Reichsoberhandelsgericht. Die Richter befanden im Hinblick auf die Kompromittierung eines Schiedsgerichtes, daß hierdurch keinesfalls die Zulässigkeit einer Arrestregelung durch ein Staatsgericht ausgeschlossen werden sollte.[33]

Das Landgericht Frankfurt a.M. entschied mit selbigem Ergebnis in einem einstweiligen Verfügungsverfahren vom 03. April 1950. Die argumentative Untermauerung dieser Entscheidung stützte sich jedoch nur auf die nicht hinterfragte Prämisse, daß die Zuständigkeit des ordentlichen Gerichts hinsichtlich des einstweiligen Rechtsschutzes nicht dem Willen der Parteien unterliege: Ungeachtet ihrer Wirkung im übrigen habe die Schiedsvereinbarung keinen Einfluß auf das einstweilige Verfügungsverfahren, da die Zuständigkeit des ordentlichen Gerichts für diesen Fall unverzichtbar sei.[34] In die gleiche Richtung weist eine weitere Entscheidung des Landgerichts Frankfurt a.M. In einem obiter dictum sowie in den Urteilsgründen zu einer Entscheidung aus dem Jahre 1982 scheinen die Richter wiederum davon auszugehen, daß die gerichtliche Zuständigkeit in diesem Bereich nicht abdingbar sei.[35] Innere Rechtfertigung dieser Ansicht ist, daß grundsätzlich auch in Schiedsgerichtsverfahren ein Bedürfnis nach vorläufigem Rechtsschutz bestehe, der

---

[31] LG Duisburg 12 O 143/87 abgedruckt in RIW 1989, 58; WM 1988, 1483, 1484.
[32] RG Urt. v. 2. Oktober 1919 22 U 3270/19 abgedruckt in SeuffA. 75, 348. Bejahend Rosenthal Anm. zu eben benannten Urteil JW 1921, 251.
[33] Vgl. ROHG 19, 143.
[34] LG Frankfurt a.M. Einstw. Verf. v. 3.4.1950-3/2 Q 8/51 abgedruckt in DNotZ 1952, 40, 41.
[35] LG Frankfurt a.M. Urt. v. 26.7.1982-2/8 0 180/82 abgedruckt in NJW 1983, 761ff.

effektiv nur von staatlichen Gerichten gewährt werden könnte. Diese Effizienz sah man dabei insbesondere dadurch begründet, daß einem Schiedsgericht die hierfür erforderlich Zwangsgewalt fehle.

Die sich hier abzeichnende Streitfrage, „ob in einem Schiedsvertrag, der das Eilverfahren des Arrestes und der einstweiligen Verfügung nicht kennt, überhaupt die Zuständigkeit der staatlichen Gerichte für derartige Fälle ausgeschlossen werden kann oder ob der Anspruch auf Eilverfahren unverzichtbar ist", wurde im folgenden vom OLG Frankfurt a.M. im Jahre 1958 ausdrücklich offengelassen.[36] Ebenso nahm bereits der 3. Senat des OLG Dresden in seinem Urteil vom 25. Februar 1916 von einer Streitentscheidung abstand: „Es braucht deshalb nicht darauf eingegangen werden, ob nicht die Anordnung derartiger Sicherungsmaßnahmen durch ein Schiedsgericht rechtlich unmöglich ist, und daher der fragliche Verzicht (auf den staatlichen einstweiligen Rechtsschutz) im Sinne der Vereinbarung der Zuständigkeit des Schiedsgerichts auch für die Sicherungsmaßnahmen ohne Wirkung sein würde".[37]

Vorläufiges Fazit dieser exkursorischen Rechtssprechungsübersicht ist, daß neben dem nicht näher begründeten Argument der Unverzichtbarkeit lediglich Effizienzaspekte gegen einen Ausschluß der staatlichen Gerichtsbarkeit angeführt werden. Diese Begründung könnte aber durch die generelle Anerkennung des schiedsgerichtlichen einstweiligen Rechtsschutzes in der neugefaßten Zivilprozeßordnung nicht mehr ausreichend sein.[38]

3. Rechtsvergleichende Heranziehung des Art. 9 ModG

Eine rechtsvergleichende Heranziehung des Art. 9 ModG kann keine Antwort auf die Frage geben, ob die Parteien in ihrer Schiedsvereinbarung einen Rückgriff auf alle oder einige einstweilige gerichtliche Maßnahmen ausschließen können. Denn seine Lesart soll nach Auffassung der Verfasser des ModG weder dazu führen, in Art. 9 ModG einen Hinderungsgrund für einen derartigen Ausschluß zu sehen, noch soll aus ihm eine dahingehende positive Zulassung einer Derogation sprechen.[39] Gerade um diese Wertung des Art. 9 ModG zu verdeutlichen, kamen seine Verfasser deshalb darüber überein, anstatt des Terminus „die Schiedsvereinbarung", den Wortlaut „eine

---

[36] OLG Frankfurt a.M. Urt. v. 10.12.1958-5 U 285/58 abgedruckt in NJW 1959, 1088f.

[37] Vgl. OLG Dresden Urt. v. 25.2.1916-3 O 218/15 abgedruckt in SächsOLG 37, 380.

[38] Vgl. *Gottwald* aaO S. 1020.

[39] So auch *Granzow* Das UNCITRAL-Modellgesetz S. 126, *Hußlein-Stich* Das UNCITRAL-Modellgesetz S. 53.

Schiedsvereinbarung" zu gebrauchen.[40] Durch die konkret gewählte Fassung des Art. 9 ModG sollte also eine diesbezüglich indifferente Regelung statuiert werden, die dem nationalen Gesetzgeber weder die eine noch die andere Regelungsmöglichkeit vorschreiben möchte. Der übernahmewillige Staat sollte also bei der Transformierung in nationales oder primär internationales Schiedsrecht die Möglichkeit haben, sich in der Frage der Ausschließbarkeit staatlichen einstweiligen Rechtsschutzes nicht an eine eventuelle Entscheidung des ModG halten zu müssen.

4. Gesetzliche Entscheidung in § 1033

Fraglich ist somit, ob das SchiedsVfG mit dem neueingeführten § 1033 eine klärende Antwort bereithält. In Anbetracht der Diskussion innerhalb des ModG um die Verwendung des unbestimmten Artikels bezüglich des Wortes „Schiedsvereinbarung", fällt zunächst auch im Rahmen des § 1033 auf, daß diese Norm nur „eine" Schiedsvereinbarung in ihren Regelungsbereich miteinbezieht. Indem das SchiedsVfG somit in § 1033 die Schiedsvereinbarung durch die Verwendung des unbestimmten Artikels „eine" als einen nicht näher bestimmten Begriff als Vertreter einer Art oder Gattung bezeichnet,[41] könnte hieran aber gerade erkennbar sein, daß auch diese Vorschrift im Hinblick auf die novellierte Rechtssituation in diesem Zusammenhang indifferent ist. Denn im Gegensatz zu dem bestimmten Artikel „die", der generalisierend vor abstrakten Substantiven eine Art oder Gattung als Gesamtheit bezeichnet,[42] könnte mit der Wortwendung „eine Schiedsvereinbarung" nicht die Gesamtheit aller Schiedsvereinbarungen gemeint sein, sondern nur ein Regelfall. Und zwar der Regelfall, daß beim Nichtvorliegen einer dahingehenden abweichenden Parteivereinbarung, die Gerichte grundsätzlich einstweiligen Rechtsschutz gewähren dürften. Ob von dem in § 1033 ins Auge gefaßten gesetzlichen Grundfall eine Abweichung vereinbart werden kann, würde damit folglich nicht bestimmt. Weder würde nach diesem Verständnis den Parteien im Einzelfall versagt sein, ausdrücklich in der konkreten

---

[40] UN-Report A/40/17 para 97 Satz 3 und 4 zu Art. 9: „While the article should not be read as precluding such exclusion agreement, it should also not be read as positively giving effect to any such exclusion agreement. It was agreed that the correct understanding of article 9 might be made clearer using the term „an arbitration agreement" instead of the term „the arbitration agreement".

[41] Vgl. Microsoft Encarta 98 Enzyklopädie, Wörterbuch Stichwort „eine" Nr. 1.

[42] Duden Bd. 2 S. 699; Microsoft Encarta 98 Enzyklopädie, Wörterbuch Stichwort „der" Nr. 9.

Schiedsvereinbarung einen Ausschluß der staatlichen Gerichtsbarkeit im Bereich des einstweiligen Rechtsschutzes festzulegen, noch würde er diesen Ausschluß ausdrücklich gestatten. Vielmehr könnte man § 1033 nur als eine Art Auslegungsregel verstehen, die mangels besonderer Vereinbarung der Schiedsparteien den Weg für den einstweiligen gerichtlichen Rechtsschutz offenläßt, ihn aber nicht zwingend vorsieht. Somit würde § 1033 wie auch § 9 ModG eine in dieser Frage indifferente Regelung beinhalten. Die Klärung der in Rede stehenden Ausschlußzulässigkeit wäre also anderen Vorschriften oder generellen Grundsätzen vorbehalten. In Ansehung der grammatikalischen Auslegung der Gesamtregelung des § 1033 ist den Schiedsparteien jedoch eine vollständige Derogationsbefugnis de lege lata entzogen. Denn zum einen spricht § 1033 abstrakt und generell expressis verbis davon, daß die Parteien mit einer Schiedsvereinbarung die Eilbefugnisse der staatlichen Gerichte nicht ausschließen können. Zum anderen ist in diesem Zusammenhang noch aufschlußreicher wovon § 1033 eben nicht spricht. Denn im Gegensatz zu den schiedsverfahrensrechtlichen Normen, die eine abweichende Parteivereinbarung mit den Zusätzen wie „Sofern die Parteien nichts anderes vereinbart haben", „Fehlt eine Vereinbarung der Parteien" oder „Haben die Parteien nichts anderes vereinbart" zulassen, spricht § 1033 eben gerade nicht von einer solchen Dispositionsbefugnis der Parteien.[43] Vielmehr manifestiert sich in § 1033 die dahingehende gesetzliche Entscheidung, daß der Staat zur Wahrung des effektiven Rechtsschutzes auch dann seine Gerichte zur Verfügung stellt, wenn die Parteien vereinbart hatten, ausschließlich vor dem Schiedsgericht eine Entscheidung zu suchen. Dies verdeutlicht insbesondere der Vergleich mit der Vorschrift des § 1041 I 1. Hier wird ein solche Dispositionsbefugnis mit den Worten „Haben die Parteien nichts anderes vereinbart" gesetzlich eingeräumt. In § 1033 läßt sich keine – weder identische noch ähnliche – Einräumung finden.

Gegen eine derartige Dispositionsbefugnis – ohne Begründung – spricht sich auch die Kommission aus.[44]

---

[43] AA. *Bandel* aaO. S. 312 und S. 327, der § 1033 nicht in einem systematischen Zusammenhang mit § 1041 sieht, sondern ihn lediglich dahingehend interpretiert, daß § 1033 nur die Wirkung einer Schiedsvereinbarung in bezug auf den staatlichen einstweiligen Rechtsschutz festlege.

[44] Bericht der Kommission S. 108f. Vgl. auch *Schlosser* Einstweiliger Rechtsschutz durch staatliche Gerichte ZZP 99 (1986), 244 Fn. 8.

5. Zwischenergebnis

Die vorbenannte Fragestellung könnte somit durch die legislative Entscheidung des § 1033 grundsätzlich beantwortet sein. Fraglich und im folgenden zu prüfen ist deshalb, ob sich Einwände gegen diese Ableitung aus anderen gesetzlichen Wertungen und Bestimmungen ergeben.

6. Für die Ausschließbarkeit sprechende Gründe

a) Zweckunterlaufung

Eine für die Ausschließbarkeit der gerichtlichen Eilzuständigkeit sprechende gesetzliche Wertung[45] könnte zum einen in einer Zweckunterlaufung der mit der Schiedsvereinbarung übernommenen Verpflichtungen liegen.[46] So könnte beispielsweise die mit der Schiedsvereinbarung geschaffene Möglichkeit eines lediglich „parteiinternen" Verfahrens durch die Anrufung eines staatlichen Eilgerichtes unterlaufen und damit Geheimhaltungsverpflichtungen verletzt werden. Denn gemäß § 169,1 GVG i.V.m. § 2 EGGVG sind die Verhandlungen vor dem erkennenden staatlichen Gericht[47], soweit zumindest eine mündliche Verhandlung im Eilverfahren gemäß §§ 921 I, 937 II stattfindet, dergestalt zwingend öffentlich, daß selbst ein Verzicht hierauf unbeachtlich ist, § 295 II.[48] Wohingegen aufgrund § 2 EGGVG, der die Vorschriften des Gerichtsverfassungsgesetzes nur auf die ordentliche streitige Gerichtsbarkeit für anwendbar erklärt, insbesondere der Grundsatz der Öffentlichkeit gemäß § 169,1 GVG nicht im schiedsrichterlichen Verfahren der §§ 1025 ff. gilt.[49] Da hier folglich die Verhandlungen nicht öffentlich sind, ferner die Schiedsrichter die Geheimhaltung gewährleisten, die Zahl der Hilfspersonen, z.B. Schreibkräfte, überschaubar ist und die betreffenden Personen auch besonders ausgewählt werden können, wird deshalb anzunehmen sein, daß die

---

[45] Ohne Begründung dafürsprechend *von Beringe* Grenzen der Schiedsgerichtsbarkeit DB 1954, 776, 777.

[46] Vgl. *Staff* Das Schiedsgerichtsverfahren S. 101.

[47] Die Öffentlichkeit besteht nur für die Verhandlung vor dem erkennenden Gericht (Einzelrichter); sie besteht nicht für die Beratung und Abstimmung (§ 193 GVG), für Verhandlungen vor dem beauftragten (vgl. § 361) und ersuchten Richter (vgl. § 362), im Beschlußverfahren oder im schriftlichen Verfahren, vgl. *Rosenberg/Schwab/Gottwald* Zivilprozeßrecht § 23 II 2 mwN.

[48] Vgl. RGZ 157, 347; *Kissel* Gerichtsverfassungsgesetz § 169 Rdn. 19, 58.

[49] Vgl. *Schilken* Gerichtsverfassungsrecht § 12 Rdn. 163. Vgl. *Lachmann* Handbuch für die Schiedsgerichtsbarkeit Rdn. 40; *Schütze/Tscherning/Wais* Handbuch des Schiedsverfahrens Rdn. 17.

Möglichkeit der Geheimhaltung des Verfahrens oder doch seiner Fragestellung sehr viel größer ist als im ordentlichen Verfahren.[50] Darüber hinaus haben die Schiedsrichter bei entsprechender Weisung der Parteien sogar über das Verfahren selbst zu schweigen.[51] Wobei die Verschwiegenheitspflicht aus dem Schiedsrichtervertrag selbst folgt, so daß ihre Mißachtung zum Schadensersatz wegen Vertragsverletzung führen würde.[52] Relativierend ist jedoch zum einen anzumerken, daß beispielsweise Unternehmensgeheimnisse im gerichtlichen Verfahren von Amts wegen oder auf Antrag verhilf § 172 Nr. 2 GVG verhältnismäßig gut gegenüber der Öffentlichkeit geschützt werden können.[53] Zum anderen kommt m.e. bereits unmittelbar durch § 1033 zum Ausdruck, daß Geheimhaltungsinteressen oder andere Vorzüge des schiedsrichterlichen Verfahrens grundsätzlich geringer bewertet werden als der freie Zugang zum staatlichen einstweiligen Rechtsschutz. Demnach spricht die Erwägung der Zweckunterlaufung nicht für eine Ausschließbarkeit der gerichtlichen Zuständigkeit.

b) Privatautonomie

Gewichtige Argumente für eine Derogationsbefugnis der Schiedsparteien hinsichtlich der staatlichen Gerichtsbarkeit könnten sich aber aus der grundgesetzlich garantierten Privatautonomie gemäß Art. 2 I GG herleiten.[54]

Die aus der Privatautonomie sprechende Idee individueller, selbstbestimmter Freiheit zur Entfaltung der Persönlichkeit und die daraus resultierende Macht, Rechtsverhältnisse zu gestalten, sie gar erst zu begründen und insbesondere auch Rechtsstreitigkeiten der Schiedsgerichtsbarkeit zu unterwerfen, könnte den Schluß rechtfertigen, daß angesichts der verfassungsrechtlichen Verankerung[55] ein privatautonomer Ausschluß der Gerichtszuständigkeit zulässig ist. Art. 2 I GG ist jedoch kein vorbehaltlos garantiertes Grundrecht. Die allgemeine Handlungsfreiheit und somit auch die Privatautonomie unterliegen der

[50] Vgl. *Westermann* Gesellschaftsrechtliche Schiedsgerichte, FS Fischer S. 853, 859.

[51] Vgl. *Bork* Internationale Schiedsgerichtsbarkeit in Deutschland S. 283, 297.

[52] BGH NJW 1986, 3077, 3078.

[53] *Kersting* Der Schutz des Wirtschaftsgeheimnisses im Zivilprozeß S. 206; *Stadler* Der Schutz von Unternehmensgeheimnissen im Zivilprozeß NJW 1989, 1202ff.

[54] So auch *Schütze* Einstweiliger Rechtsschutz im Schiedsverfahren BB 1998, 1650.

[55] BVerfGE 1, 323; 8, 328; *Erichsen* Das Grundrecht aus Art. 2 I GG Jura 1987, 367; *Höfling* Vertragsfreiheit S. 6ff.; *Schmidt-Salzer* Vertragsfreiheit und Verfassungsrecht NJW 1970, 8, 10.

Schrankentrias des Art. 2 I GG, namentlich den Rechten anderer, der verfassungsmäßigen Ordnung und dem Sittengesetz, sowie kollidierender verfassungsimmanenter Prinzipien gleichen Ranges.[56] Als Bestandteil der verfassungsmäßigen Ordnung schränkt § 1033, seine Verfassungsmäßigkeit vorausgesetzt, somit die Privatautonomie der Schiedspartien grundsätzlich ein. Die legislative Entscheidung des § 1033 hat somit Vorrang gegenüber der allgemeinen Wertung des Art. 2 I GG.

aa) pactum de non petendo

Als Unterfall der Privatautonomie könnte hingegen die Zulässigkeit eines pactum de non petendo für einen unbegrenzten zeitlichen wie sachlichen Ausschluß der gerichtlichen Zuständigkeit streiten.[57] Zwar zeigt sich hierin deutlich die Übernahme des privatautonomistischen Prinzips in das Prozeßrecht, welches die prozessuale Durchsetzung des materiellen Anspruches hindert. Dennoch führt dieses „Stillhalteabkommen" als Hauptanwendungsfall des § 202 BGB – auch unter der Annahme, daß das pactum de non petendo nicht nur materiell-rechtliche, sondern auch prozessuale Wirkungen zeitigt – nur zu einem vorübergehenden Ausschluß der Klagbarkeit.[58] Die Dauer der Nichtgeltendmachung der Forderung muß mit anderen Worten zeitlich beschränkt sein. Verzichtet der Gläubiger unbeschränkt auf die Geltendmachung der Forderung, kann er die Hemmungswirkung des § 202 I BGB nicht für sich in Anspruch nehmen.[59] Angesichts des Wortlautes dieser Vorschrift wird ein unbefristetes pactum de non petendo nicht denkbar sein.[60] Der Fall, daß eine abredewidrig erhobene Klage demzufolge als zur Zeit unzulässig abgewiesen werden müßte,[61] ist aber nicht mit einem zeitlich unbe-

---

[56] Vgl. *Degenhardt* Die allgemeine Handlungsfreiheit JuS 1990, 161, 162; *Dreier* Grundgesetz § 2 I Rdn. 2, 20, 36ff.; *Larenz* Allgemeiner Teil des deutschen Bürgerlichen Rechts § 34 Rdn. 22.

[57] AA. *Schütze* Zur Bedeutung der Anerkennungsfähigkeit der Entscheidung des prorogierten Gerichts über die Wirksamkeit einer internationalen Gerichtsstandsvereinbarung AWD 1973, 368, 370; *Stech* Unklagbare Ansprüche im heutigen Recht ZZP 77 (1964), 161ff. m.w.N.. Vgl hierzu zudem OLG Celle NJW 1971, 288.

[58] BGH NJW-RR 1989, 1048, 1049; OLG Koblenz NJW-RR 1991, 375; *Palandt/Heinrichs* § 202 Rdn. 8.

[59] *Staudinger/Peters* § 202 Rdn. 16.

[60] Vgl. BGH NJW 1993, 1320, 1323 m.w.N. Zudem *Larenz* aaO. § 17 Rdn. 31. AA. *Palandt/Heinrichs* § 397 Rdn. 3.

[61] BGH BB 1973, 1451; BGH NJW 1984, 669; BGH NJW 1986, 198; LM § 515 ZPO Nr. 22.

schränkten Ausschluß der gerichtlichen Zuständigkeit zu vergleichen. Mithin ergeben sich aus der grundsätzlichen Zulässigkeit eines pactum de non petendo mangels Rechtsähnlichkeit zur vorliegenden Fragestellung keine überzeugenden Anhaltspunkte, die für eine Ausschließbarkeit der Gerichtsbarkeit im einstweiligen Rechtsschutz streiten.

bb) Klagbarkeitsausschluß

Neben diesem vorläufigen Ausschluß der Klagbarkeit ist jedoch grundsätzlich anerkannt, daß diese Prozeßvoraussetzung auch in Gänze durch Parteivereinbarung abbedungen werden kann, zumindest soweit der zugrundeliegende Anspruch der Parteidisposition unterliegt.[62]

> Zumal die Zulässigkeit von Prozeßverträgen nicht mehr als Verstoß gegen das Verbot eines Konventionalprozesses angesehen wird[63] und nachdem besonders auch dem Klagerücknahmeversprechen eine unmittelbare prozeßrechtliche Wirkung beigelegt wird.[64]

Somit dürften sich gegen die prozessuale Vereinbarung, ein materielles Recht sei von vornherein unklagbar – sogenannter Klagbarkeitsausschluß –, kaum grundsätzliche Einwände erheben.[65] Denn wenn die Parteien eine Verbindlichkeit durch Vereinbarung gemäß §§ 305, 397 BGB aufheben oder in eine unvollkommene umwandeln können, kann man ihnen das Mindere, namentlich den vertraglichen Ausschluß der Klagbarkeit, schlecht verwehren.[66]

> So entschied bereits das OLG Hamburg in seiner Entscheidung vom 8. Juni 1925, „daß es nicht einzusehen sei, weshalb man nicht sollte vereinbaren können, ...[eine

---

[62]   RG JW 1930, 1062; BGH NJW 1977, 2263; 1982, 2072, 2073; 1984, 669, 670; OLG Hamburg ZZP 50 (1926) S. 312; OLG Frankfurt NJW 1949, 511; OLG Celle NJW 1971, 288; *Bartos* Internationale Handelschiedsgerichtsbarkeit S. 23f.; *Grunsky* Grundlagen des Verfahrensrechts S. 158f.; *Musielak* Grundkurs ZPO Rdn. 115; *Schlosser* Vereins- und Verbandsgerichtsbarkeit S. 114ff.; *Stein/Jonas/Schumann* Einl. vor § 253 Rdn. 90. AA. wohl *Rosenberg/Schwab/Gottwald* aaO. § 92 III 3; *Reichel* Unklagbare Ansprüche ZZP 44 (1914), 162, 165, der die Unzulässigkeit aus dem Wesen der Klagbarkeit folgert.

[63]   Vgl. *Rosenberg/Schwab/Gottwald* aaO. § 66 III 1 m.w.N.

[64]   Vgl. RGZ 102, 217; 159, 186; BGH NJW 1961, 460; 1964, 549; OVG Hamburg NJW 1989, 604. Darüber hinaus *Rosenberg/Schwab/Gottwald* aaO. § 130 I 2 m.w.N.

[65]   *Stein/Jonas/Schumann* Vor § 253 III Rdn. 90 m.w.N.

[66]   *Pohle* Zur Lehre vom Rechtsschutzbedürfnis, FS Lent S. 195, 214. Im Ergebnis auch *Habscheid* Parteivereinbarung über die internationale Zuständigkeit nach deutschem und schweizerischem Recht, FS Schima S. 175, 193; *Lüke* Die Prozeßführungsbefugnis ZZP 76 (1963) S. 1, 20.

derartige Verbindlichkeit einzugehen], wobei dann die Hauptsache sein würde, daß der Gläubiger darauf verzichtet, die Forderung klageweise geltend zu machen".[67]

Deshalb erscheint die vereinzelt entgegengesetzte Ansicht, daß die Parteien durch Vertrag lediglich über den materiellen Anspruch selbst disponieren, nicht aber ersatzlos auf den Anspruch auf Justizgewährung verzichten können, unzutreffend.[68] Darüber hinaus bezeichnet die Klagbarkeit nicht die Position des Berechtigten gegen den Rechtsschutz gewährenden Staat, sondern nur die Befugnis, gegen den Betroffenen auch im Gerichtswege vorzugehen. Sie betrifft also im Gegensatz zur Klagemöglichkeit in erster Linie das Verhältnis der Prozeßparteien zueinander.[69] Es erscheint daher folgerichtig, wenn Rechtsprechung und Lehre eine Dispositionsbefugnis der Parteien hinsichtlich der Klagbarkeit bejahen.[70]

Der vertragliche Ausschluß der Klagbarkeit verstößt mithin nicht gegen zwingende öffentlich-rechtliche Vorschriften.[71] Seine Unzulässigkeit ergibt sich auch nicht aus der gesetzlichen Zulassung des Schiedsvertrages,[72] aus einem Verstoß gegen Treu und Glauben[73] oder einem Sittenverstoß.[74]

Insbesondere ist dieser Ausschluß der Klagbarkeit auch mit dem grundsätzlich unverzichtbaren Justizgewährungsanspruch aus Art. 19 IV GG vereinbar.

Da eine Rückgängigmachung des Klagbarkeitsausschlusses sicherlich in Form eines Vertrages gemäß der §§ 241, 305 BGB möglich ist, müßte im Falle des Widerrufes des Verzichts auf den Justizgewährungsanspruches der Staat verhilf seiner Rechtspflegeorgane mitwirken.[75] Demgemäß erscheint es folgerichtig, zwischen einem wohl unzulässigen Verzicht auf den Justizgewährungsanspruch und dem bloßen Ausschluß der Klagbarkeit zu unterscheiden.[76] Wer mit anderen Worten die Klag-

---

[67] OLG Hamburg Bf. V 178/25 vom 8. Juni 1925 abgedruckt in ZZP 50 (1926) S. 312f.

[68] *Rosenberg/Schwab/Gottwald* aaO. § 92 III 2 lit.b). Auch *Matscher* Schiedsgerichtsbarkeit und EMRK, FS Nagel S. 227, 230, wertet diese Vereinbarung als materiellrechtliche.

[69] *Baumgärtel* Die Unverwirkbarkeit der Klagebefugnis ZZP 75 (1962) S. 385, 394.

[70] Vgl. Nachweise bei *Neumann* Der vertragliche Ausschluß der Klagbarkeit S. 38.

[71] AA. *Bunsen* Prozeßrechtsgeschäfte ZZP 35 (1906) S. 401, 410; *Dütz* aaO. S. 240ff.; *Hellwig* Anspruch und Klagerecht S. 159.

[72] So aber *Kisch* Einige Bemerkungen zum Wesen des Schiedsvertrages ZZP 51 (1926) S. 321, 327; *Lent* Urteilsanmerkung NJW 1949, 511.

[73] AA. *Sommer* Kann man den Rechtsweg durch Vereinbarung ausschließen LeipzZ 1932, 740.

[74] AA. *Neukirchner* Der vertragliche Ausschluß der Klagbarkeit S. 46.

[75] *Sonnauer* aaO. S. 28.

[76] So auch *Baumgärtel* aaO. S. 394.

barkeit ausschließt, verzichtet damit nicht denknotwendigerweise gleichzeitig auch auf den grundgesetzlich garantierten Justizgewährungsanspruch.

Die Zulässigkeit einer solchen prozessualen Vereinbarung muß demnach auch die Möglichkeit beinhalten, den Klagbarkeitsausschluß auf den vorläufigen Rechtsschutz zu beschränken.[77] Denn im Grundsatz muß gelten, daß wo immer die Klagbarkeit ausgeschlossen werden kann, hier auch auf die Zuständigkeit eines oder aller Gerichte verzichtet werden kann.[78] In Ansehung dieser vom allgemeinen zum spezifischen führenden Argumentationskette ließe sich vertreten, daß dann, wenn man wirksam ganz auf vorläufigen Rechtsschutz verzichten kann, es erst recht möglich sein müßte, die Eilzuständigkeit staatlicher Gerichte zu derogieren.[79] Diese Argumentation verkennt jedoch, daß ein Ausschluß der Klagbarkeit nur und insoweit möglich ist, wie der zugrundeliegende Anspruch der Parteidisposition unterliegt. Indem § 1033 aber gerade den Anspruch auf Zugang zum staatlichen einstweiligen Rechtsschutz der Parteidisposition entzieht, können aufgrund des Fehlens dieser Essentiale der Zulässigkeit des Klagbarkeitsausschlusses hieraus keine Argumente für die parteidispositive Möglichkeit der Ausschließbarkeit staatlichen Rechtsschutzes hergeleitet werden.

cc) Rechtsschutzverzicht

Das vorbenannte widerlegte argumentum a maiore ad minus findet sich auch an anderer Stelle. Sowohl aus der Option eines materiell-rechtlichen Anspruchsverzichtes,[80] als auch aus der Möglichkeit eines Rechtsschutzverzichtes, die sich daraus gründet, daß die Geltendmachung von Ansprüchen im Zivilprozeß der Disposition der Parteien unterliegt, und diese somit auch auf

---

[77] *Lindacher* Schiedsgerichtliche Kompetenz zur vorläufigen Entziehung der Geschäftsführungs- und Vertretungsbefugnis bei Personengesellschaften ZGR 1979, 214; *Schlosser* Einverständliches Parteihandeln im Zivilprozeß 1968 S. 73; *Niese* Prozeßhandlungen und Verträge über Prozeßhandlungen S. 93; *Kohler* Über prozeßrechtliche Verträge und Creationen GruchBeitr. 31 (1887), 276, 309ff.

[78] *Kralik* Die internationale Zuständigkeit ZZP 74 (1961) S. 39.

[79] *Lindacher* aaO. S. 214. Im Ergebnis – jedoch ohne argumentative Stützung- *Schwab/Walter* aaO. Kap.17a. Rdn. 24, die sich auf die bereits benannte Entscheidung des OLG Marienwerder beziehen, siehe oben § 3 II 2.

[80] *Schlosser* Handbuch der internationalen Schiedsgerichtsbarkeit Rdn. 417; ders. Einstweiliger Rechtsschutz durch staatliche Gerichte im Dienste der Schiedsgerichtsbarkeit ZZP 99 (1986) S. 268.

den Rechtsschutz durch die staatlichen Gerichte verzichten können,[81] könnte sich ein abweichendes Ergebnis rechtfertigen. Wenn die Parteien jedwede gerichtliche Durchsetzung eines Anspruchs ausschließen können, läßt sich zumindest die Frage stellen, warum sie im Wege eines argumentum a maiore ad minus dann in dem Weniger, nämlich in dem bloßen Ausschluß des einstweiligen Rechtsschutzes beschränkt sein sollten.[82] Der direkte Gegeneinwand, daß dieses maius-minus Argument unbrauchbar sei, weil zwischen Rechtsschutzverzicht und Derogation der gerichtlichen Zuständigkeit ein aliud Verhältnis vorliege beziehungsweise ein solches Abstufungsverhältnis nicht anzuerkennen sei,[83] vermag dabei nicht zu überzeugen. Denn in beiden Fällen wollen die Parteien auf den gerichtlichen Rechtsschutz verzichten.[84] Demnach vermittelt der einheitliche Parteiwille eine Rechtsähnlichkeit, die eine Differenzierung in ein „aliud-Verhältnis" der beiden Formen versagt. Dennoch übersieht auch dieser Einwand, daß gerade nicht jeder Anspruch, auch nicht jeder zivilrechtliche Anspruch, der Parteidisposition unterfällt. Somit ist auch diese Begründung in Ansehung der bereits benannten Argumente für eine Ausschließbarkeit der gerichtlichen Zuständigkeit nicht ausreichend.

7. Gegen die Ausschließbarkeit sprechende Gründe

a) Grenzen der Privatautonomie

Da wie bereits angeführt die Privatautonomie angesichts der Schrankentrias des Art. 2 I GG nicht unumschränkt Geltung beanspruchen kann, sind die Grenzen dieses „Quellrechtes" zugleich auch die Grenzen der Exklusivitätsbefugnis. Denn wo die Privatautonomie endet, muß auch die sich hieraus legitimierende Schiedsgerichtsbarkeit[85] ihr Ende finden.[86] Neben der beschriebenen Grenze der Privatautonomie aus § 1033 soll im folgenden zur Ergebnisunterstützung untersucht werden, ob in diesem Zusammenhang noch weitere Grenzen zu erkennen sind. Rechtliche Grenzen, die die Partien daran

---

[81] *Habscheid* aaO. S. 175, 193; *Aden* Der einstweilige Rechtsschutz im Schiedsgerichtsverfahren S. 2277, 2282.

[82] Ähnlich *Kralik* aaO. S. 2, 38ff.; *Calavros* Das UNCITRAL-Modellgesetz S. 56.

[83] *Schlosser* aaO. S. 268.

[84] Vgl. *Schütze* aaO. S. 370.

[85] Vgl. BGHZ 6, 248ff; siehe zudem oben § 1 II 3.

[86] Vgl. Habscheid aaO. S. 114.

hindern, die Zuständigkeit staatlicher Gerichte im einstweiligen Rechtsschutz auszuschließen.

aa) Zwingende Prozeßvorschriften

Eine solche weitere Grenze könnte in den Vorschriften der §§ 916ff. zu sehen sein.

Denn die prozeßrechtliche Seite der Vertragsfreiheit, das heißt die Zulässigkeit von Prozeßverträgen, findet genauer dort ihre Grenze, wo zwingende Prozeßvorschriften entgegenstehen.[87] Wollte man auch hier die unbeschränkte Disposititionsbefugnis zulassen, so wäre einer Umgehung dieser als unabdingbar gedachten Vorschriften Tür und Tor geöffnet.[88]

Da nur in dem Rahmen der zwingenden Normen sich die Freiheit der Parteien entfalten könne,[89] wird von einigen Autoren vertreten, daß wegen der zwingenden Natur der dem öffentlichen Recht angehörigen Prozeßnormen eine Änderung durch die Parteien im Grundsatz nicht möglich sei.[90] Wenn die Vorschriften der §§ 916ff. über den Arrest und die einstweilige Verfügung mit anderen Worten cogitives Recht darstellen würden, ergebe sich für die in Rede stehende Schiedsvereinbarung als besonderer Prozeßvertrag insoweit die Rechtsfolge der Nichtigkeit.[91]

Deshalb ist es auch in diesem Zusammenhang nicht angängig, aus der rechtlichen Zulässigkeit, daß über die Art der Vornahme prozessualer Handlungen, gegebenenfalls über ihre Unterlassung, grundsätzlich verbindliche Verträge geschlossen werden können, etwas anderes zu folgern.[92] Auch wenn der Bundesgerichtshof anerkannt hat, daß beispielsweise ein Vertrag über die Rücknahme eines Rechtsmittels,[93] ein Vertrag über die Unterlassung der Vollstreckung vor Rechtskraft aus ei-

---

[87] RGZ 102, 217; BGHZ 28, 48f.; 38, 254, 258; BGH WM 73, 144; BGH NJW 1986, 198; *Habscheid* NJW 1965, 2372; *Musielak/Musielak* Einl., Rdn. 67; *Schellhammer* Zivilprozeß Rdn. 1282; Zöller/Greger Vor § 128 Rdn. 32.

[88] *Kessler* aaO. S. 46.

[89] *Münzberg* Die Schranken der Parteivereinbarung in der privaten internationalen Schiedsgerichtsbarkeit S. 84.

[90] *Reimer/Mußfeld* Die kaufmännischen Schiedsgerichte Deutschlands S. 36.

[91] Vgl. *Schmidt-Ernsthausen* Unverzichtbare Vorschriften im Sinne des § 1042 II ZZP 51 (1926) S. 352, 357.

[92] So aber *Aden* aaO. S. 2282.

[93] BGHZ 20, 198, 205; BGH NJW 1984, 805; 1985, 189; 1989, 39.

nem Titel,[94] wie auch eine Vereinbarung über den Berufungsverzicht vor Erlaß des erstinstanzlichen Urteils verbindlich ist.[95]

Bei den zivilprozessualen Normen des staatlichen einstweiligen Rechtsschutzes gemäß §§ 916ff. sprechen aber dennoch überzeugende Gründe dafür, sie der Disposition der Parteien zu überlassen. Daß es den Parteien – jedenfalls aus dieser Warte – frei steht, von vornherein für bestimmte Rechtsstreitigkeiten auf die Anrufung des staatlichen Gerichts im einstweiligen Rechtsschutz zu verzichten, ergibt sich aus ihrer Vergleichsbefugnis[96] oder allgemeiner aus ihrer Dispositionsmacht, die sie grundsätzlich in der Hauptsache selbst und auch im Arrest- bzw. im einstweiligen Verfügungsverfahren besitzen.[97] Diese Macht der Parteien, die sich plakativ in dem Sprichwort „Wo kein Kläger, da kein Richter" veranschaulichen läßt,[98] ist die konsequente Übertragung des im materiellen Recht geltenden Grundsatz der Privatautonomie und besteht deshalb, weil es im Zivilverfahren um die Durchsetzung privater Rechte geht und es deshalb den einzelnen auch überlassen werden kann, wie sie mit ihren Rechten umgehen.[99] Dieser Grundsatz erhebt die Parteien zu den Herren des Verfahrens. Er greift bei der Einleitung des Verfahrens ebenso ein, wie bei der Bestimmung des Streitgegenstandes und der Prozeßbeendigung.[100] Kann die klagende beziehungsweise die antragende Partei somit aufgrund der Dispositionsmaxime das Verfahren ohne gerichtliches Urteil (Beschluß) und unter Umständen sogar ohne Zustimmung des Gegners beenden, dann wird ihr auch die Macht zuzuweisen sein, sich über die Vorschriften der §§ 916ff. hinwegsetzen zu können.

Durch Klagerücknahme gemäß § 269, durch beiderseitige Erledigungserklärung gemäß § 91a oder durch Prozeßvergleich gemäß § 794 I 1 Nr. 1 können die Parteien einen Rechtsstreit ohne Urteil in der Hauptsache oder ein Rechtsmittelverfahren durch Zurücknahme des Rechtsmittels, §§ 515, 566, beenden. Durch Verzicht und Anerkenntnis, §§ 306, 307, können sie die richterliche Nachprüfung begrenzen und so vereinfacht eine Sachentscheidung herbeiführen.

---

[94] BGH NJW 1968, 700f.

[95] BGH NJW 1958, 1397; 1963, 243; 1986, 198.

[96] Hierzu *von Beringe* aaO. S. 776.

[97] *Stein/Jonas/Grunsky* Vor § 916 Rdn. 21; *Zeiss* Zivilprozeßrecht § 26 Rdn. 170.

[98] Vgl. Nachweise bei *Blomeyer* Zivilprozeßrecht Erkenntnisverfahren § 13 I 1.

[99] *Jauernig* Zivilprozeßrecht § 24 I; *Musielak/Musielak* Einl. Rdn. 35; *Paulus* Zivilprozeßrecht Rdn. 210.

[100] *Schreiber* Der Dispositionsgrundsatz im Zivilprozeß Jura 1988, 190.

Wenn die Parteien zudem bereit sind, gegebenenfalls die Nachteile in Kauf zu nehmen, die mit einer „erweiterten Schiedsabrede" verbunden sind, weil sie sich entweder von der Entscheidung des Schiedsgerichts allein schon eine mehr oder weniger nachhaltige Wirkung auf die Gegenseite versprechen oder weil sie das Arrest- und einstweilige Verfügungsverfahren als Zwangsmittel für entbehrlich halten, etwa in der Annahme, das institutionelle Schiedsgericht werde in der Hauptsache schnell entscheiden, sollte der Wille der Parteien gelten.[101] Zumal nicht ausnahmslos davon auszugehen ist, daß das Schiedsgericht noch gar nicht konstituiert ist oder aus sonstigen nicht hinnehmbaren Zeitverlusten eine Rechtsgefährdung droht, wodurch die Effizienz des Rechtsschutzes unzumutbar beeinträchtigt werden könnte.[102] Das Entstehen von Rechtsschutzlücken spricht somit nicht für eine zwingende Restzuständigkeit der staatlichen Eilgerichtsbarkeit.[103] Der vermeintlich zwingende Charakter der Vorschriften der §§ 916ff. kann also nicht als Argument gegen einen Ausschluß staatlichen Eilrechtsschutzes verwandt werden.

bb) Öffentliches Interesse

Unbeschadet der zwingenden Regelung des § 1033 könnte sich aber eine weitere Grenze der Privatautonomie aus einem entgegenstehenden öffentlichen Interesse ergeben. Denn die Dispositionsmaxime ist unter anderem auch dort eingeschränkt, wo der Wille der Parteien dem öffentlichen Interesse unterzuordnen ist.[104] Dies bedeutet, daß der Prozeß beziehungsweise das Rechtsschutzverfahren, das ausgeschlossen wird, nur private Interessen betreffen darf oder zumindest im Rahmen einer Interessenabwägung diese Möglichkeit im Einzelfall zulässig ist.[105] Somit stellt sich die Frage nach dem öffentlich-rechtlichen Interesse, das sich insbesondere hinter den Vorschriften der §§ 916ff., 1033 verbirgt. Als Bestandteil der Zivilprozeßordnung sind sie zumindest auch von öffentlichem Belang, da diese eine öffentliche Ein-

---

[101] Vgl. *Lichtenstein* Fälle der Unzulässigkeit der Schiedseinrede nach deutschem Recht NJW 1957, 570, 571.

[102] AA. *Thümmel* Einstweiliger Rechtsschutz im Schiedsverfahren nach dem Entwurf zum Schiedsverfahrens-Neuregelungsgesetz DZWir 1997, 135; *Schwab/Walter* Schiedsgerichtsbarkeit 5.Aufl. Kap.7 Rdn. 7 m.w.N.; *Nicklisch* Instrumente der Internationalen Handelsschiedsgerichtsbarkeit zur Konfliktregelung bei Langzeitverträgen RIW/AWD 1978, 639; *Wieczorek/Schütze* § 1034 Anm. D II d 1.

[103] So aber *Berger* Wirtschaftsschiedsgerichtsbarkeit S. 245.

[104] Zöller/Greger Vor § 128 Rdn. 9.

[105] *Matsuura* Schiedsgerichtsbarkeit und einstweiliger Rechtsschutz S. 334.

richtung staatlicher Rechtspflege bildet und das Interesse der Gemeinschaft wahrnimmt, die Möglichkeit der Erfüllung des Privatrechts zu gewähren.[106] Indem der einstweilige Rechtsschutz jedoch Bestandteil des Rechtsschutzes insgesamt ist, hängt seine Funktion untrennbar mit derjenigen des gerichtlichen Rechtsschutzes im allgemeinen zusammen und kann darüber nicht hinausgehen.[107] Hier ergibt sich aber eine eindeutige Dominanz zugunsten des Schutzes privater Interessen. Denn der gerichtliche Rechtsschutz dient vorrangig der Feststellung und Durchsetzung subjektiver Rechte.[108] Damit sind zwar gleichzeitig weitere Funktionen verbunden, nämlich die Bewährung der objektiven Rechtsordnung sowie die Gewährung von Rechtsfrieden und Rechtsgewißheit.[109] Aber auch wenn somit beispielsweise die einstweilige Verfügung öffentliche Interessen berührt, ist sie nicht nur eine autoritative Maßregel im öffentlichen Interesse[110] und ihr Zweck liegt nicht ausschließlich im Erhalt des Rechtsfriedens[111] oder darin, die wegen Störung des Rechtsfriedens entstandene Gefahr abzuwenden.[112] Diese Funktionen sind nur die Folgen der Rechtsschutzfunktion und treten dahinter zurück. Zumal das Allgemeininteresse lediglich die Möglichkeit einfordert, gerichtlichen Schutz zur Bewährung der Rechtsordnung in Anspruch nehmen zu können, aber keinen dahingehenden Zwang statuiert.[113] Zu berücksichtigen ist ferner, daß überhaupt erst das Arrestgesuch gemäß § 920 beziehungsweise der Antrag auf Erlaß einer einstweiligen Verfügung gemäß §§ 936, 920 das Eilverfahren einleitet.[114] Das Rechtsschutzverfahren wird also von der Partei aufgrund des Dispositionsgrundsatzes freiwillig und selbstbestimmt ergriffen. So wie die Partei demnach bereits das Rechtsschutzersuchen unterlassen kann, ist ihr aus dieser Hinsicht eine Ausschlußbefugnis nicht zwingend abzusprechen.

---

[106]   *Jeong-Ha* Einstweilige Maßnahmen in der Schiedsgerichtsbarkeit S. 146.

[107]   *Schuscke/Walker* Vor § 916 Rdn. 1.

[108]   *Benda/Weber* Der Einfluß der Verfassung im Prozeßrecht ZZP 96 (1983), 285; *Gaul* Zur Frage nach dem Zweck des Zivilprozesses AcP 168 (1968), 27, 46; *Lorenz* Der grundrechtliche Anspruch auf effektiven Rechtsschutz AöR 105 (1980), 623, 625f.; *Mes* Der Rechtsschutzanspruch S. 98; *Schumann* Bundesverfassungsgericht, Grundgesetz und Zivilprozeß ZZP 96 (1983), 137, 143.

[109]   Vgl. RGZ 151, 82, 85f. *Grunsky* Grundlagen des Verfahrensrechts § 1 II, S. 5.

[110]   *Matsuura* aaO. S. 334.

[111]   *Stern* Arrest und einstweilige Verfügung S. 8.

[112]   *Hellwig/Oertmann* System des deutschen Zivilprozeßrechts 2. Teil S. 454ff.

[113]   *Stein/Jonas/Leipold* Vor § 128 Rdn. 68.

[114]   *Musielak/Huber* ZPO § 916 Rdn. 9 und § 920 Rdn. 2.

b) Gebot der Effektivität des Rechtsschutzes

Ein weiterer gegen die Ausschließbarkeit sprechender Grund[115] ergibt sich jedoch aus der Verfassung selbst. Wobei hier das verfassungsrechtliche Gebot der Effektivität des Rechtsschutzes gemäß Art. 19 IV GG als verfassungsimmanente Schranke der Privatautonomie in den Vordergrund rückt.[116] Das vorbenannte Argument der überwiegenden privaten Interessen kann nämlich nur da Erfolg haben, wo der Gerichtsschutz überhaupt und damit auch der einstweilige Rechtsschutz verfassungsrechtlich nicht unverzichtbar garantiert ist.[117] Die Ausgestaltung des Rechtsweges zu den Gerichten durch den Gesetzgeber darf demnach den Grundsatz der Effektivität des Rechtsschutzes für den Betroffenen nicht unterlaufen und ein verfassungsrechtlich gebotenes Mindestmaß an Individualrechtsschutz nicht unterschreiten.[118] Für den einstweiligen Rechtsschutz bedeutet dies, daß der Gesetzgeber vorläufigen Rechtsschutz gewährt, wenn ohne ihn unzumutbare, anders nicht abwendbare Nachteile entstünden, die bei Erfolg in der Hauptsache nicht mehr beseitigt werden könnten.[119] Fraglich ist somit, ob die Parteien als Grundrechtsberechtigte – nicht als Grundrechtsverpflichtete – diesen Schutz nicht nur nicht in Anspruch nehmen, sondern auch darauf wirksam ganz verzichten können.

Die Behandlung des Grundrechtsverzichtes selbst ist umstritten.[120] Im Ergebnis scheint hier mit dem allgemeinen Rechtsgedanken „volenti non fit iniuria" richtig, daß die Privatautonomie grundsätzlich die rechtsstaatlichen Sicherungen zurückdrängt, soweit diese nicht aus Gründen höherwertiger Interessen verfügbar sind.[121] Im Bereich des Wesengehaltes der Grundrechte

---

[115] Ohne Begründung *Dunkl* Handbuch des vorläufigen Rechtsschutzes Rdn. 31. Vgl. zudem *Zöller/Vollkommer* Vor § 916 Rdn. 4.

[116] Für eine Ablehnung aus diesem Grunde *Berger* aaO. S. 245. Vgl. *Stein/Jonas/ Schlosser* § 1027 Anm. 6; *Nicklisch* aaO. S. 639; *Glossner/Bredow/Bühler* Das Schiedsgericht in der Praxis Rdn. 122.

[117] Vgl. *Calavros* aaO. S. 58.

[118] *Dreier/Fielitz* Grundgesetz Art. 19 IV Rdn. 65.

[119] BVerfGE 35, 263, 274; 46, 166, 179; 65, 1, 70; 79, 69, 74f.; 93, 1, 13; 94, 166, 194, 216.

[120] Vgl. Nachweis bei *Schmidt-Bleibtreu/Klein* Kommentar zum Grundgesetz Art. 19 Rdn. 28; *Sturm* Probleme des Grundrechtsverzichtes S. 173, 187ff.

[121] *Bleckmann* Allgemeine Grundrechtslehren S. 286; *ders.* Probleme des Grundrechtsverzichts JZ 1988, 57, 58ff.; *Maunz/Dürig* Grundgesetz Art. 1 II, Rdn. 74; *Stern* Staatsrecht III/2 S. 887ff. m.w.N.

wäre demnach ein Verzicht unwirksam.[122] So ist das Bundesverfassungsgericht bei der Annahme eines wirksamen Verzichtes auf Grundrechtspositio-
nen zurückhaltend[123], obwohl es die Möglichkeit dennoch nicht prinzipiell
ablehnt. So hält es unter anderem einen Rechtsbehelfsverzicht für wirksam.[124]
Die Notwendigkeit, die Schiedsrichter zu erreichen, sie zu einer raschen Entscheidung zu bewegen und anschließend das Verfahren zur Zulassung der
Vollziehung zu betreiben, berührt jedoch öffentliche Interessen. Auch und
insbesondere diese Interessen rechtfertigen, die Ausschließbarkeit einstweiligen staatlichen Rechtsschutzes zu versagen.[125]

Aus gemeinschaftsrechtlicher Sicht sind schlußendlich Art. 6 und Art. 13 EMRK
anzuführen, aus denen der EuGH einen Anspruch des EU-Bürgers auf umfassenden
und effektiven Rechtsschutz durch ein zuständiges Gericht ableitet.[126] Aber auch
nach der Rechtsprechung der Konventionsorgane kann auf den Anspruch auf gerichtlichen Rechtsschutz und auf die Verfahrensgarantien des Art. 6 I EMRK grundsätzlich verzichtet werden.[127] Im Hinblick auf die überragende Bedeutung, die dem
Anspruch auf gerichtlichen Rechtsschutz in einer demokratischen Gesellschaft zukommt, behalten sich die Konventionsorgane jedoch eine aufmerksame Überprüfung
der näheren Umstände des eingewendeten Verzichts auf diese Verfahrensgarantie
vor.[128]

8. Ergebnis

Indem also sowohl § 1033 als auch das Gebot der Effektivität des Rechtsschutzes gegen eine Möglichkeit sprechen, daß die Schiedsparteien darüber
verfügen können, ob sie den staatlichen einstweiligen Rechtsschutz ausschließen, ist im Ergebnis festzuhalten, daß die Vorschrift des § 1033 nicht
der Disposition der Parteien unterliegt.[129] Damit steht es den Schiedsparteien

---

[122] OLG Frankfurt NJW 1963, 112f.; *Fries* Der Verzicht auf Grundrechte S. 109.

[123] BVerfGE 65, 1, 41; BVerfG NJW 1982, 375; vgl. *Robbers* Der Grundrechtsverzicht
JuS 1985, 925, 930.

[124] BVerfGE 9, 194, 199.

[125] AA. *Bandel* aaO. S. 326, der sich für ein nicht näher bestimmtes Minimum an garan-
tiertem einstweiligen Rechtsschutz ausspricht und demzufolge einen Teilverzicht hinsichtlich eines eventuell „überschießenden Teiles" für möglich hält.

[126] EuGHE 1986, 1651, 1682; zuletzt in EuGHE 1992 I, 3003, 3029.

[127] *Matscher* aaO. S. 229; *Peukert* Die Garantie des „fair trial" in der Straßburger Rechtsprechung EuGRZ 1980, 247, 250.

[128] Vgl. Urteil des Europäischen Gerichtshofes für Menschenrechte vom 27. Februar
1980 - Deweer gegen Belgien, abgedruckt in EuGRZ 1980, 667ff.

[129] AA. *Bandel* aaO. S. 338, der in § 1033 kein solches Verbot erblickt.

nicht frei, über die Schiedsvereinbarung und der Regelung des § 1032 hinaus, auch den staatlich gewährten Eilrechtsschutz auszuschließen. Eine dahingehende Vereinbarung wäre somit in diesem Punkt nichtig.

§ 4 Vorläufige und sichernde Maßnahmen

I. Einleitung

§ 1041 beendet nunmehr den bisherigen Streit um die Zulässigkeit von schiedsrichterlichen Eilmaßnahmen. Im folgenden wird genauer darauf einzugehen sein, welche Regelungen das Schiedsverfahrens-Neuregelungsgesetz hinsichtlich solcher Eilbefugnisse im einzelnen vorsieht. Im Mittelpunkt steht dabei die nicht nur für die rechtsschutzsuchende Partei, sondern auch für die zur Entscheidungsfindung berufenen Schiedsrichter praktisch wichtige Frage, welchen *Inhalt* die schiedsrichterlichen einstweiligen Anordnungen annehmen können. Zu prüfen ist somit, welche inhaltliche Ausgestaltung nach dem System des zehnten Buches der ZPO von den Schiedsgerichten im Verfahren des einstweiligen Rechtsschutzes zulässigerweise ausgesprochen werden darf. Darüber hinaus wird von weiterer praktischer Relevanz sein, ob und gegebenenfalls welche *tatbestandlichen Voraussetzungen* erfüllt sein müssen, damit das Schiedsgericht die in Rede stehenden einstweiligen Maßnahmen erlassen darf. Zudem ist zu fragen, inwieweit das SchiedsVfG dem Schiedsgericht bei der Anordnung dieser Maßnahmen auf der Rechtsfolgenseite einen *Ermessensspielraum* eröffnet und in welcher *äußeren Form* diese schiedsrichterlichen Entscheidungen zu ergehen haben. Die gesetzgeberische Antwort auf die bezeichneten Fragen fällt im Gegensatz zu der praktischen Bedeutung dieser Neuerung relativ marginal aus. Das Schiedsverfahrensrecht widmet zwar dem einstweiligen Rechtsschutz in Anlehnung an das UN-CITRAL-Modellgesetz mit § 1041 eine eigenständige Vorschrift.[1] Die konkrete inhaltliche Fassung der schiedsrichterlichen Anordnungskompetenzen beschränkt sich jedoch auf die Normierung des Absatzes 1. Wobei sich die hier interessierende Thematik auf die Statuierung des § 1041 I 1 konzentriert.[2]

II. Inhalt der schiedsrichterlichen einstweiligen Anordnungen

In bezug auf den möglichen Inhalt der schiedsrichterlichen einstweiligen Anordnungen sieht die neugefaßte ZPO in § 1041 I 1 vor, daß das Schiedsge-

---

[1]   Vgl. *Thümmel* Einstweiliger Rechtsschutz im Schiedsverfahren DZWiR 1997, 133, 134.

[2]   Die Möglichkeit der Anordnung einer Sicherheitsleistung gemäß Satzes 2 ist lediglich eine begleitende Maßnahme, die aufgrund ihrer Eigenart in einem gesonderten Abschnitt geprüft werden soll. Vgl. unten § 5.

richt *vorläufige oder sichernde Maßnahmen* anordnen darf. Das Gesetz schweigt sich jedoch darüber aus, was vorläufige oder sichernde Maßnahmen im Sinne des § 1041 sind.[3] Im Vergleich zu den nationalen gerichtlichen Vorschriften des einstweiligen Rechtsschutzes fällt auf, daß sich die hier statuierte Neufassung einer unterschiedlichen Terminologie bedient. Da das nationale Schiedsgerichtsverfahren jedoch immer als Alternative zum nationalen staatlichen Gerichtsverfahren anzusehen ist und deshalb nur soweit erforderlich vom staatlichen Gerichtsverfahren abweichen sollte,[4] ist die nähere Konkretisierung des § 1041 I 1 vor dem Hintergrund der gesetzlichen Vorschriften der staatlichen Gerichtsbarkeit zu wichten.

Dieser eingeschränkten, nationalen Sichtweise ließe sich jedoch entgegenhalten, daß sich das SchiedsVfG einer Internationalisierung verpflichtet sieht. Eine auf das national-staatliche Verfahren zu stark Rücksicht nehmende Auslegung würde diesem Zweck aber widerstreben. Gerade in den Fällen, in denen das SchiedsVfG einen erkennbaren Bezug zu den Vorschriften des nationalen Rechts unternimmt, sollten diese speziellen gesetzlichen Wertung aber nicht zugunsten einer grundsätzlich einheitlichen internationalen Ausrichtung mißachtet werden. Das Verfahren des einstweiligen schiedsrichterlichen Rechtsschutzes nimmt in den Vorschriften der §§ 1041 I 2, II, III, IV, 1033 jedoch einen erkennbaren Bezug auf die nationalen Regelungen und Anschauungsweisen. § 1033 ist Ausdruck des Verhältnisses der Gerichtsbarkeiten. § 1041 IV ist im Wortlaut und Zweck der Normierung des § 945 gleichgestellt, und die § 1041 II, III regeln das Zusammenspiel der Gerichtsbarkeiten im Verfahren des schiedsrichterlichen Eilrechtsschutzes. Aufgrund dieser lex specialis förmigen Verfahrensausformung, ist hier § 1041 I 1 vor dem Hintergrund des nationalen gerichtlichen Eilrechtsschutzes zu beleuchten.

Somit ist zu prüfen, ob die vorläufigen oder sichernden Maßnahmen des § 1041 I 1 identisch mit den einstweiligen Maßnahmen der staatlichen Gerichtsbarkeit, namentlich dem Arrest und der einstweiligen Verfügung gemäß §§ 916ff., sind.

1. Identität zu Arrest und einstweiliger Verfügung

Im Falle einer Kongruenz ihrer inhaltlichen Bedeutung, verbliebe es sodann an dieser Stelle bei einem vollinhaltlichen Verweis auf die Bedeutung und die Wirkweise der einstweiligen gerichtlichen Maßnahmen. Denn aus systematischen Gründen hätte eine neuerliche eigenständige Untersuchung der

---

[3] *Schwab/Walter* Schiedsgerichtsbarkeit Kap.17a. Rdn. 4.

[4] Vgl. *Lionnet* Ziel des Modellgesetzes DIS-Schriften zur Übernahme des UNCITRAL-Modellgesetz S. 11, 14.

schiedsrichterlichen Anordnungsmöglichkeiten und -kompetenzen zu unterbleiben. Fraglich ist also mit anderen Worten, ob die Schiedsgerichte an den
Katalog der staatlichen Anordnungsformen gemäß §§ 916ff. gebunden sind,
oder ob ihnen das SchiedsVfG in § 1041 I 1 eine hiervon absolute und weitgehend eigenständige Anordnungs- und Regelungskompetenz zugeordnet hat.
Grundlegend ist hierbei jedoch zu beachten, daß das nähere Eingehen auf die
eventuell gemäß § 1041 I 1 statuierte Bindung des Schiedsgerichtes an die
Normen der §§ 916ff. nur dann erforderlich ist, wenn die vorsorgliche oder
sichernde Maßnahme in Deutschland mit den Mitteln der Zwangsvollstrek-
kung vollzogen werden soll. Da der für die Zwangsvollstreckung angegange-
ne Staatsrichter grundsätzlich nur anerkennen und vollstrecken muß, was
durch seine staatliche Rechtsordnung nicht ausgeschlossen ist, ist lediglich
hier die lex fori des Vollstreckungsstaates maßgebend.[5] Grundsätzlich ist das
Schiedsgericht jedoch in der Auswahl des Maßnahmeinhaltes frei. Denn die
lex fori spielt im Erkenntnisverfahren lediglich für die Fragen, welches Recht
für das Verfahren und welches Recht materiell anzuwenden sei, eine Rolle.[6]
Die Anordnungskompetenz des Schiedsgerichts kann daher ohne weiteres
über diejenige des staatlichen Richters hinausgehen, und es ist befugt, vorläufigen Rechtsschutz auch in Abweichung von den in Deutschland bekannten
Maßnahmearten zu gewähren.[7] Dahinter mag unter anderem die Überlegung
stehen, daß die Parteien durchaus ein Interesse daran haben können, daß das
Schiedsgericht nicht an die Maßnahmearten der §§ 916ff. gebunden ist. Zu
denken ist beispielsweise daran, daß eine Vollstreckung im Ausland vorgenommen werden soll und Arrest und einstweilige Verfügung dem dortigen
Recht fremd sind. Ferner wird es Situationen geben, in denen es sinnvoller
erscheint, daß das Schiedsgericht Anordnungen trifft, die durch privatrechtliche Mechanismen (Sicherheitsleistung vor dem Verfahren, Vertragsstrafen)
gesichert werden.

a) Grammatikalische Auslegung

Ungeachtet dessen soll im folgenden die Fallkonstellation interessieren, in
der ein deutsches Gericht vor die Frage gestellt ist, ob es die Vollziehung einer schiedsrichterliche Eilmaßnahme anordnen darf oder nicht. Im Vorfeld
dieser Anordnung hat es also insbesondere zu prüfen, ob die Eilmaßnahme

---

5   Vgl. *Schwab/Walter* aaO. Kap.17a. Rdn. 5.
6   Vgl. *Schwab/Walter* aaO. Kap.17a. Rdn. 5.
7   Vgl. *Schwab/Walter* aaO. Kap.17a. Rdn. 5; *Kühn* Vorläufiger Rechtsschutz S. 58.

der nationalen Regelung des § 1041 I 1 entspricht. Anknüpfungspunkt ist dabei zunächst die grammatikalische Auslegung des Begriffspaares „vorläufige oder sichernde Maßnahmen".[8] Die Wortinterpretation ermittelt dabei den Sinn, der dem Normtext nach dem Sprachgebrauch und den Regeln der Grammatik zukommt.[9] Wobei im Rahmen des Sprachgebrauches der allgemeine Sprachgebrauch, der Sprachgebrauch der juristischen Fachsprache und der besondere Sprachgebrauch des auszulegenden Gesetzes zu unterscheiden ist.[10] Der hier zu beachtende Interpretationsvorrang orientiert sich dabei ausgehend vom besonderen hin zum allgemeinen Sprachgebrauch.[11]

> Dieser Interpretationsvorrang soll sich dabei daraus ergeben, daß nur der besondere Sprachgebrauch die Auslegungsziele Rechtssicherheit und Zweck der betreffenden Norm angemessen berücksichtigt.[12]

aa) Vorrangiger gesetzlicher Sprachgebrauch

Indem § 1041 jedoch weder eine Legaldefinition hinsichtlich des Inhaltes der vorläufigen oder sichernden Maßnahmen enthält, noch eine Regelung in Gestalt einer Fiktion oder Verweisung – beispielsweise auf die Vorschriften der §§ 916ff. – aufweist, ist ein vorrangig zu ermittelnder gesetzlicher Sprachgebrauch im engeren Sinne nicht zu ermitteln und damit für eine nähere inhaltliche Konkretisierung untauglich.[13]

bb) Juristischer Sprachgebrauch

Darüber hinaus ist an dieser grammatikalischen Fassung auffällig, daß das deutsche Recht den Ausdruck „vorläufige oder sichernde Maßnahmen" in seiner Gesamtheit an keiner anderen Stelle enthält.[14] Insbesondere das Schiedsverfahrensrecht nennt diesen Begriff weder im alten noch andernorts im jetzigen Recht. Indem der Gesamtausdruck „vorläufige oder sichernde Maßnahmen" somit in der juristischen Fachsprache bislang keine spezifische Bedeutung erhalten hat, verengt sich auch hierdurch nicht der Kreis der mög-

---

[8] Vgl. *Larenz/Canaris* Methodenlehre der Rechtswissenschaften S. 163; *Zippelius* Juristische Methodenlehre § 9 II.

[9] *Fikentscher* Methoden des Rechts in vergleichender Darstellung Bd. IV S. 359.

[10] *Hassold* Strukturen der Gesetzesauslegung, FS Larenz S. 211, 222.

[11] *Bydlinski* Juristische Methodenlehre und Rechtsbegriff S. 439.

[12] Vgl. *Brugger* Konkretisierung des Rechts und Auslegung AöR 1994, 1, 23.

[13] Vgl. *Vogel* Juristische Methodik § 8 I 3 lit.a).

[14] Dies gilt unbeschadet davon, daß das nationale Recht einzelne Begriffsbestandteile wie „Maßnahme" oder „vorläufig" sehr wohl verwendet.

lichen Bedeutungsvarianten,[15] die die weite Fassung des Wortlautes in Anbetracht des allgemeinen Sprachgebrauches[16] grundsätzlich zuläßt.[17]

cc) Allgemeiner Sprachgebrauch

Dem allgemeinen Sprachgebrauch folgend meint das Substantiv „*Maßnahme*" generell jedwede Regelung, die etwas Bestimmtes bewirken soll,[18] beziehungsweise eine Handlung, die man ausführt, um ein bestimmtes Ziel zu erreichen.[19] Das vom Gesetz verwendete Attribut „*vorläufig*" umgrenzt dabei die Maßnahme in Anlehnung an den allgemeinen Sprachgebrauch[20] als nur vorübergehend gültig, nicht endgültig, aber bis auf weiteres so bestehend.[21] Vorläufig bedeutet demnach eine Verschärfung und Einschränkung in dem Sinne, daß sich das Vorhergehende durch das Nachfolgende erst entscheidend gestaltet, beziehungsweise ausgeführt, ergänzt, berichtigt, unter Umständen ins Gegenteil oder etwas ganz anderes verkehrt wird.[22] Somit kommt der Maßnahme nur provisorische Gültigkeit zu.[23] Ungeachtet dieser temporären Eingrenzung konkretisiert das Attribut „*sichernd*" auf der anderen Seite das Handlungsziel der Maßnahme, nämlich grundsätzlich eine Partei vor bestimmten Gefahren oder sonstigem Widrigem zu schützen.[24]

dd) Zwischenergebnis

Indem das Gesetz mit dem Gesamtausdruck „vorläufige oder sichernde Maßnahmen" lediglich auf einen allgemeinen Sprachgebrauch rekurriert, ist im

---

[15] Vgl. *Schmalz* Methodenlehre Rdn. 231.

[16] *Larenz/Canaris* aaO. S. 141. Zur Feststellung der nach dem allgemeinen Sprachgebrauch üblichen Bedeutung vgl. *Koch* Juristische Begründungslehre S. 126ff., 188ff.

[17] Diese Bewertung gilt ungeachtet des Bestehens der strafrechtlichen Legaldefinition des Wortes „Maßnahme" in § 11 I Nr. 8 StGB. Denn wie auch die strafprozessuale Norm des § 100c StPO, die ebenfalls in ihrem Normtext von Maßnahmen spricht, sind diese Vorschriften aufgrund des unterschiedlichen Regelungsbereiches in diesem Zusammenhang außer acht zu lassen.

[18] Duden 2. Aufl. Bd. 5 S. 2213.

[19] Microsoft Encarta 98 Enzyklopädie, Wörterbuch, Stichwort „Maßnahme" Nr. 1.

[20] Im Rahmen der Auslegung der Gesamtbedeutung des Begriffes „vorläufige oder sichernde Maßnahmen" ist der sich aus einer isolierten Betrachtung ergebende besondere juristische Sprachgebrauch hinsichtlich des Wortes „vorläufig" nicht zu betrachten. Vgl. dazu unten § 4 II 2 lit.a) aa).

[21] Vgl. Duden 2. Aufl. Bd 8 S. 3797.

[22] Vgl. *Grimm* Deutsches Wörterbuch 12. Bd. S. 1267.

[23] Vgl. Microsoft Encarta 98 Enzyklopädie, Wörterbuch, Stichwort „vorläufig".

[24] Duden 2. Aufl. Bd. 6 S. 3095; *Grimm* aaO. Bd. 10 S. 731.

Zwischenergebnis festzuhalten, daß angesichts des insoweit indifferenten Wortlautes aus grammatikalischer Sicht nicht hinreichend genau zu bestimmen ist, ob dieser Begriff eine Bindung des Schiedsgerichtes an den Katalog der §§ 916ff. vorschreibt beziehungsweise ob er hiermit deckungsgleich ist.[25] Obgleich sich zumindest eine Inhaltsähnlichkeit aus dem dargetanen allgemeinen Sprachverständnisses ergibt. Denn auch der in §§ 916-945 geregelte einstweilige Rechtsschutz dient grundsätzlich der Sicherung.[26]

> Wobei der Arrest gemäß § 916 I im einzelnen der Sicherung der Zwangsvollstreckung in das bewegliche oder unbewegliche Vermögen wegen Geldforderung oder wegen eines Anspruches, der in eine Geldforderung übergehen kann, dient. Wohingegen die einstweilige Verfügung gemäß § 935 der Sicherung eines nicht auf eine Geldleistung gerichteten subjektiven Rechtes dient.[27] Dabei besteht die konkrete Gefahr, der sogenannte „Verfügungsgrund", aus der Besorgnis, „daß durch eine Veränderung des bestehenden Zustandes die Verwirklichung des Rechts einer Partei vereitelt oder wesentlich erschwert werden könnte", vgl. § 935.

Da zudem die vom Gesetz eingeräumte Möglichkeit eines einstweiligen Rechtsschutzes eine Konzession an die Eilbedürftigkeit darstellt[28] und nur ausnahmsweise bei einer Leistungsverfügung eine ganze oder teilweise Befriedigung des Gläubigers zulässig ist,[29] sind auch die Verfahren der §§ 916ff. aufgrund ihrer lediglich summarischen Prüfung nicht geeignet, eine endgültige Entscheidung herbeizuführen.[30] Damit dienen sie – wie die Maßnahmen des § 1041 I 1- nur einer vorläufigen Sicherung.

---

[25] So auch *Schütze* Einstweiliger Rechtsschutz im Schiedsverfahren BB 1998, 1650, 1651; *Thümmel* aaO. S. 135. Für eine terminologische Indizierung dafür, daß nicht nur die Ausprägungen einstweiligen Rechtsschutzes der ZPO, sondern auch andere geeignet erscheinende Maßnahmen gemeint sind, *Kronke* Internationale Schiedsverfahren nach der Reform RIW 1998, 257, 264.

[26] Er dient genauer der Sicherung materieller Rechte durch einstweilige Maßnahmen vor Abschluß des sie betreffenden Prozesses, vgl. *Musielak/Huber* § 916 Rdn. 1.

[27] Vgl. *Zöller/Vollkommer* § 935 Rdn. 6.

[28] *Musielak/Huber* § 916 Rdn. 1.

[29] *Paulus* Zivilprozeßrecht Rdn. 699.

[30] *Walker* Der einstweilige Rechtsschutz im Zivilprozeß § 1 Rdn. 3.

b) Begründung der Bundesregierung

Auch aus der Begründung der Bundesregierung[31] zum Entwurf eines Gesetzes zur Neuregelung des Schiedsverfahrensrechts[32] geht eine Antwort nicht ausdrücklich hervor.[33] Indiziell könnte sich aber aus den Normvorstellungen der Entwurfsverfasser, die in diesem Gesetzesmaterial ihren Niederschlag gefunden haben, ein Ergebnis entwickeln lassen: Die Bundesregierung geht davon aus, daß der schiedsrichterliche einstweilige Rechtsschutz durch die staatlichen Gerichte nicht eingeschränkt ist.[34] Aus dieser Ansicht ließe sich herleiten, daß damit nicht nur zum Ausdruck gebracht werden sollte, daß das Schiedsgericht Anordnungen treffen kann, die auch für vollziehbar erklärt werden können, sondern daß das Schiedsgericht unabhängig ist und deshalb auch andere Maßnahmen als das staatliche Gericht anordnen kann. Im Blickpunkt dieser Folgerung rücken dabei zwei Motive der Gesetzesinitiatoren, namentlich die Ansehungssteigerung des Schiedsortes Deutschland[35] und das Bemühen um die Verwirklichung der Gleichwertigkeit des schiedsrichterlichen Verfahrens zum gerichtlichen Verfahren.[36]

Deutschland spielte hinsichtlich der Reputation insoweit im Vergleich zu anderen europäischen Ländern- insbesondere Frankreich und der Schweiz – nur eine untergeordnete Rolle, die in keinem Verhältnis zu seiner Bedeutung als Wirtschaftsstandort und zur Beteiligung deutscher Parteien in internationalen Schiedsverfahren stand. So werden bislang nach der Schiedsgerichtsordnung der Internationalen Handelskammer (ICC) in Paris ca. ein Drittel aller durchgeführten internationalen Schiedsverfahren in Frankreich und ca. ein weiteres Viertel in der Schweiz ausgetragen.[37]

Erst genanntes – wohl volkswirtschaftlich zu begründendes – Ziel, sollte mit dem Mittel einer möglichst wort- und inhaltsgetreuen Rezeption des ModG

---

[31] Vgl. allgemein *Herber* Die Vorbereitung eines Gesetzesentwurfes innerhalb der Bundesregierung in Arbeiten zur Rechtsvergleichung Heft 116. Zudem *Hugger* Gesetze, ihre Vorbereitung, Abfassung und Prüfung.

[32] Begründung zum Gesetzentwurf der Bundesregierung (Entwurf eines Gesetzes zur Neuregelung des Schiedsverfahrensrechts) Deutscher Bundestag 13. Wahlperiode BT-Drucks. 13/5274 vom 12. Juli 1996 S. 21-72.

[33] AA. wohl *Lachmann* Handbuch für die Schiedsgerichtsbarkeit Rdn. 657.

[34] Vgl. Begründung BT-Drucks. 13/5274 S. 45.

[35] Vgl. *Labes* Das neue deutsche Recht der Schiedsgerichtsbarkeit MDR 1997, 420; *Lörcher* Das neue Recht der Schiedsgerichtsbarkeit DB 1998, 245.

[36] Denn um die Funktion einer entlastenden Alternative, vgl. oben § 4 II, zu erfüllen, muß das schiedsrichterliche Verfahren im Hinblick auf den gerichtlichen Rechtsschutz grundsätzlich gleichwertig sein.

[37] Vgl. The ICC International Court of Arbitration Bulletin Vol. 6 Nr. 1 May 1995.

erreicht werden.[38] Dieses Strukturprinzip des neuen SchiedsVfG, das auch in der Übernahme des Art. 17 ModG in § 1041 I zum Ausdruck kommt,[39] erklärt sich dabei daraus, daß der erwünschte Wiedererkennungseffekt zum ModG dort, wo es übernommen wurde, im Interesse der Rechtsangleichung und der hiermit erhofften Ansehungssteigerung möglichst groß sein sollte,[40] damit internationale Schiedsverfahren häufiger als bisher in der Bundesrepublik Deutschland ausgetragen werden.[41] Um so bemerkenswerter ist es, daß gerade in dem – auch international –[42] so wichtigen Bereich des einstweiligen Rechtsschutzes die Entwurfsverfasser in § 1041 I 1 eine von Art. 17 ModG[43] abweichende Formulierung wählten.[44]

Die vorgenommene wörtliche Abweichung liegt genauer darin, daß nach deutschem Recht nunmehr das Schiedsgericht vorläufige oder sichernde Maßnahmen anordnen kann, die es in bezug auf den Streitgegenstand für erforderlich hält. Wohingegen das ModG in Art. 17 lediglich festlegt, daß das Schiedsgericht jeder Partei auferlegen kann, alle vorläufigen oder sichernden Maßnahmen zu ergreifen, die das Schiedsgericht in bezug auf den Gegenstand des Streites für notwendig erachtet. Mag sich auch die im ModG statuierte Einschränkung des schiedsrichterlichen Rechtsschutzes nicht eindeutig aus dem dargetanen Wortlaut ergeben, so erklärt sich dieser Befund aber aus dem Bericht der UNCITRAL, der dem ModG zugrunde liegt. Dieser „Analytische Kommentar" (UN-Dok. A/CN.9/264 vom 25. März 1985) wurde vom UNCITRAL-Sekretariat erstellt, um der UNCITRAL die abschließende Formulierung und Verabschiedung des endgültigen Textes im Lichte der von den einzelnen Regierungen eingereichten Kommentare zur letzten Entwurfsverfassung zu erleichtern. Dabei enthält er bereits bis auf wenige Abweichungen den endgültigen Text des Gesetzes sowie zu jedem Artikel eine Zusammenfassung der Diskussion in der UNCITRAL, die auf den Stellungnahmen der Regierungen sowie dem Analytischen Kommentar des Sekretariats beruhten.

---

[38]   Vgl. *Bredow* Das neue 10. Buch der ZPO BB 1998, 2.

[39]   Vgl. Begründung BT-Drucks. 13/5274 S. 44. Siehe zudem oben § 4 I.

[40]   Vgl. *Osterthun* Das neue deutsche Recht der Schiedsgerichtsbarkeit TranspR 1998, 178.

[41]   So schon Bericht der Kommission S. 14. Vgl. zudem Begründung BT-Drucks. 13/5274 S. 21.

[42]   Das Bedürfnis nach effektiver Rechtsverwirklichung kennt keine staatlichen Grenzen, vgl. *Eilers* Maßnahmen des einstweiligen Rechtsschutzes im europäischen Zivilrechtsverkehr S. 1.

[43]   Art. 17 ModG: „Unless otherwise agreed by the parties, the arbitral tribunal may, at the request of a party, order any party to take such interim measure of protection as the arbitral tribunal consider necessary in respect of the subject-matter of the dispute."

[44]   Vgl. Begründung BT-Drucks. 13/5274 S. 44.

In dem hier relevanten Zusammenhang wurde in der Erläuterung zu Art. 17 ModG ohne nähere Erläuterung angemerkt, daß der Bereich der einstweiligen Maßnahmen, die unter Art. 17 ModG fallen, gegenüber den staatlichen Eilbefugnissen, die Art. 9 ModG ins Auge faßt, deutlich eingeschränkt ist.[45] Die Bundesregierung wählte diese Abweichung jedoch bewußt, um zu verdeutlichen, daß der schiedsrichterliche einstweilige Rechtsschutz durch die staatlichen Gerichte nicht eingeschränkt ist.[46] Daraus ließe sich das Ergebnis gewinnen, daß die Unbeschränktheit des schiedsrichterlichen Eilrechtsschutzes zur Folge habe, daß der Maßnahmeinhalt frei von den Bestimmungen der §§ 916ff. angeordnet werden dürfe.

aa) Zulässigkeit der Heranziehung

Fraglich ist jedoch, ob die Begründung der Bundesregierung überhaupt als Auslegungsgesichtspunkt Berücksichtigung finden darf. Da der Gesetzgeber im Regelfall nur typische Gesamtheiten von Sachverhalten durch mehr oder weniger unbestimmte Begriffe unterschiedlicher Abstraktionshöhe beschreiben kann, enthalten die Materialien oft Informationen darüber, was der Gesetzgeber konkret gemeint hat.[47] Die Zulässigkeit der Heranziehung der Begründung der Bundesregierung ergibt sich deshalb grundsätzlich aus der Anerkennung der historischen Auslegung.[48]

bb) Unverbindlichkeit der Normvorstellungen

Die in der benannten Begründung zum Ausdruck kommenden näheren Normvorstellungen der an der Vorbereitung und Abfassung des SchiedsVfG beteiligten Bundesregierung stellen aber in Anbetracht des Gewaltenteilungsgrundsatzes des Art. 20 II 2 GG nicht den Willen des parlamentarischen Ge-

---

[45] Vgl. UN-Commentary A/CN.9/264 para 3 zu Art. 18. Zudem UN-Report A/40/17 para 168 Satz 1 zu Art. 18: „It was noted that the range of interim measures covered by article 18 was considerably narrower than the envisaged under article 9." AA. *Calavros* Das UNCITRAL-Modellgesetz S. 101f.

[46] Vgl. Begründung BT-Drucks. 13/5274 S. 45.

[47] *Raisch* Juristische Methoden S. 146: „Zumal der für das Zustandekommen des Gesetzes entscheidenden zweiten und dritten Lesung zumeist der Abschlußbericht (z.B. der Bundesregierung) mit seinen Beschlußempfehlungen zugrunde liegt."

[48] Siehe z.B. BGHZ 46, 80, 81. Vgl. ferner *Honsell* Historische Argumente im Zivilrecht S. 80ff., 130ff. Vgl. zum Streit um die Zulässigkeit der historischen Auslegung *MünchKomm/Säcker* Einleitung Rdn. 106ff.

setzgebers dar,[49] so daß diese Vorstellungen im Rahmen der Auslegung mangels Verbindlichkeit nicht zwingend sein können.[50]

Die Bundesregierung hat gemäß Art. 62ff. GG die Stellung eines Verfassungs- und obersten Bundesorganes und ist demnach der vollziehenden Gewalt, der Exekutive, im Sinne der Art. 1 III; 20 II 2 und 20 III GG zuzurechnen. Während gemäß Art. 77 I 1 GG die Bundesgesetze vom Bundestag, dem Parlament, beschlossen werden.[51] Zudem ist eine Begründung von Gesetzesentwürfen mit Ausnahme der hier nicht einschlägigen §§ 76 II; 92 III 1 GeschOBT im Gesetzgebungsverfahren überhaupt nicht vorgesehen; insbesondere eine verfassungsrechtliche Begründungspflicht besteht nicht.[52]

Darüber hinaus wird auch aus praktischer Sicht einzuwenden sein, daß das, was aus sprachlich konzentrierten Gesetzesbegründungen und Abschlußberichten an Intention zu ermitteln ist, zur genaueren Bestimmung der Bedeutung und Reichweite der anzuwendenden Vorschrift nur selten ausreichen wird.[53]

Deshalb kann man sich auch nicht mit der Annahme behelfen, die Mitglieder der gesetzgebenden Körperschaft hätten in der Regel denjenigen Sinn akzeptiert, den die eigentlichen Gesetzesverfasser dem von ihnen erarbeiteten gesetzlichen Text mit auf den Weg gegeben haben und den sie in der Begründung kundgetan haben.[54]

Die eigentliche Auslegung muß darüber hinausgehen.[55] Denn nur die vom Gesetzgeber verfolgten Zwecke sind für den Richter unverrückbare Auslegungsgesichtspunkte, nicht aber die im Gesetzgebungsverfahren geäußerten Ansichten.[56] Demnach ist die Begründung der Bundesregierung zum

---

[49]   AA. wohl *Schneider* Gesetzgebung S. 89: „Bei den Abgeordneten die Fähigkeit zu vermuten, Rechtsvorschriften zu entwerfen oder juristisch zu verbessern, ist eine wirklichkeitsfremde, aber auch demokratiefremde Vorstellung."

[50]   *Larenz/Canaris* aaO. S. 165.

[51]   Vgl. *Jarass/Pieroth* Art. 62 Rdn. 1 m.w.N.

[52]   Vgl. *Troßmann* Parlamentsrecht des Deutschen Bundestages Anm. 4 zu § 97; Vgl. zudem BVerfGE 75, 246, 268.

[53]   *Mittenzwei* Teleologisches Rechtsverständnis S. 261.

[54]   So aber *Engisch* Einführung in das juristische Denken S. 95.

[55]   *Larenz/Canaris* aaO. S. 165.

[56]   Vgl. *Pfeiffer* Grundfragen der Rechtskontrolle S. 10. Hierzu der BGH: „Es ist nicht maßgebend, was in den Gesetzesmaterialien steht oder was bei der Gesetzesberatung in der gesetzgebenden Behörde gesagt wurde; maßgebend ist vielmehr allein, was dem Gesetze im Lichte allgemeiner Rechtsanschauungen zu entnehmen ist." Vgl. BGHZ 81, 274, 282.

SchiedsVfG zwar Auslegungshilfe, eine letztlich verbindliche gesetzliche Wertung kann aus ihr aber nicht entnommen werden.

c) Systematische Auslegung

Eine gewichtigere Stimme kommt jedoch der Systematik des SchiedsVfG zu.

So betrachtet die systematische Auslegung die einzelnen Normen nicht als unverbunden nebeneinander stehend, sondern als ein System möglichst konsistenter Wertentscheidungen, dessen Einzelbestandteile nicht isoliert, ohne Beachtung ihres normativen Kontextes, interpretiert werden dürfen.[57] Hauptausschlaggebendes Kriterium ist dabei der Gedanke der Einheit der Rechtsordnung,[58] weswegen man im Zweifel zu der Annahme neigen wird, daß sich das Gesetz eines einheitlichen Sprachgebrauches bedienen will, daß also das gleiche Wort in verschiedenen Normen die gleiche Bedeutung haben soll.[59]

Aus der Nichtverwendung der Worte Arrest und einstweiliger Verfügung im inneren Kontext des § 1041 I 1 ließe sich dabei schließen, daß der Gesetzgeber angesichts dieses Verzichtes auf eine Einheitlichkeit der Terminologie zwei inhaltlich unterschiedliche Instrumentarien des einstweiligen Rechtsschutzes schaffen wollte.[60] Folgende Gesichtspunkte sprechen aber gegen eine derartige indizielle Auslegungsrichtung. Zum einen kommt diesem Auslegungsargument generell nicht allzu großes Gewicht bei. Denn aus der Funktion des Rechts, zu gerechten, zugleich interessenswahrenden und miteinander vereinbaren Lösungen von Rechtsproblemen zu führen, gerät dieses Kriterium häufig in den Widerstreit zu dem Prinzip der Problemorientiertheit der Rechtsnormen und ihrer Begriffe.[61] Zum anderen ist hier im Einzelfall zu berücksichtigen, daß der Gesetzgeber mit dem SchiedsVfG ein für das internationale wie für das nationale Recht einheitliches Regelungswerk kodifizieren wollte.[62]

Demgemäß schlug bereits der Entwurf der Bundesregierung vor, das ModG, das ja lediglich für die internationale Handelsschiedsgerichtsbarkeit konzipiert worden ist (Art. 1 I ModG), in das deutsche Recht zu übernehmen, und zwar für alle, also auch für nationale Schiedsverfahren.[63] Die Wichtigkeit dieser Reformbestrebung zeigt

---

57 *Kramer* aaO. S. 65.
58 Vgl. *Engisch* Die Einheit der Rechtsordnung S. 13.
59 *Zippelius* aaO. S. 49.
60 So *Berger* aaO. S. 28.
61 *Zippelius* aaO. S. 10, 49.
62 Vgl. *Lörcher/Lörcher* Das Schiedsverfahren Rdn. 33.
63 Vgl. Begründung BT-Drucks. 13/5274 S. 21.

sich insbesondere daran, daß dieses Ziel schon zu Anbeginn der Entwurfsvorberei-
tung eine tragende Rolle gespielt hat. So erhielt die Kommission zur Neuordnung
des Schiedsverfahrensrechts bei ihrer konstituierenden Sitzung vom damaligen Bun-
desminister der Justiz den Auftrag, „Vorschläge zu erarbeiten, wie das deutsche
Schiedsverfahrensrecht unter besonderer Berücksichtigung des UNCITRAL-Modellgesetzes über die internationale Handelsschiedsgerichtsbarkeit neu zu gestalten ist.
In diese Überlegungen ist sowohl das für internationale als auch das für nationale
Schiedsfälle geltende Recht einzubeziehen". Geleitet von der Erkenntnis, daß sich
die für internationale Schiedsverfahren gebotenen Regelungen jedenfalls für das tra-
ditionell liberale deutsche Schiedsverfahrensrecht durchweg in gleicher Weise auch
für nationale Verfahren eignen, kam so bereits die Kommission zu dem Ergebnis,
daß einem einheitlichen Regelungswerk für internationale und nationale Verfahren
der Vorzug zu geben ist.[64] Die wenigen Fälle, in denen unterschiedliche Regelungen
für nationale und internationale Verfahren zunächst diskutabel erschienen, hätten es
dabei nach Ansicht der Kommission nicht gerechtfertigt, ein entsprechendes Son-
derkapitel mit der Folge der Notwendigkeit einer nicht nur für den Gesetzgeber,
sondern auch die Gerichte und die sonstigen Rechtsanwender schwierigen Abgrenzung internationaler und nationaler Verfahren vorzusehen. Darüber hinaus hätte die
Entscheidung, das zehnte Buch der ZPO weitgehend unverändert beizubehalten, die
Geltung zweier in Struktur, Umfang und Terminologie stark voneinander abweichender Normgefüge zur Folge gehabt. Zudem hätte ein solches Konzept notwendigerweise zu zahlreichen Zweifelsfragen bezüglich der gegenseitigen Beeinflussung
beider Regelungswerke geführt.[65]

Indem das Gesetz aus Gründen der Systemgerechtigkeit eine neutrale Begrifflichkeit wählt, folgt somit nicht zwingend, daß hier – durch die Nicht-
aufnahme der Worte Arrest und einstweilige Verfügung – eine unterschiedliche Regelung zu dem Normbereich des §§ 916ff. getroffen werden sollte.

Eine Verweisung auf die international eher unbekannte deutsche Typologie hätte
zudem dazugeführt, in § 1041 I 1 eine für ausländische Parteien unverständliche Regelung zu positivieren. Dies liefe denn auch der Zielsetzung der Bundesregierung
entgegen, mit der Übernahme des ModG zu erreichen, daß sich das Schiedsverfahren für die Parteien und den sonstigen Verfahrensbeteiligten durchschaubarer gestaltet. Zumal gerade in der fehlenden Transparenz des Schiedsrechtes das Manko
des bisherigen Rechts gesehen wurde.[66] Dieses erschloß sich nämlich lediglich inti-
men Fachkennern dieser Rechtsmaterie, während andere, insbesondere ausländische

---

64 Vgl. den Bericht der Kommission S. 11.
65 Vgl. Begründung BT-Drucks. 13/5274 S. 21.
66 Vgl. Begründung BT-Drucks. 13/5274 S. 21.

Parteien und deren Anwälte, zur Beurteilung der Rechtslage in Deutschland fast ausschließlich auf den Gesetzestext angewiesen waren.[67]

d) Teleologische Auslegung

Indem aber § 1041 I 1 die bisherige Gesetzeslücke des schiedsrichterlichen Verfahrens im Hinblick auf die Befugnis zum Erlaß einstweiliger Maßnahmen schließen will, spricht aus teleologischen Erwägungen vieles dafür, daß die Eilanordnungen beider Verfahrensarten inhaltlich gleichwertig sein müssen. Zumal sich die ratio legis ja gerade in erster Linie auf die Schaffung einer neben der staatlichen Gerichtsbarkeit stehenden selbständigen Rechtsschutzmöglichkeit gründet. Aus der Natur der Sache könnte deshalb zu folgern sein, daß hiermit das Schiedsgericht Arreste und einstweilige Verfügungen anordnen kann.[68] Da zudem eine Kontrolle durch das ordentliche Gericht – auch im Hinblick auf die Art der angeordneten Maßnahme – im Exequaturverfahren gemäß § 1041 II stattfindet und mithin keine Gefahr durch Übertragung der Zuständigkeit gegeben ist, ließe sich darüber hinaus sogar vertreten, daß das Schiedsgericht an diesen Maßnahmenkatalog gebunden ist.[69] Dieses Parallelitätsargument der Gleichwertigkeit der Befugnisse besagt im Kern aber nur, daß die schiedsrichterlichen Befugnisse nicht geringer als die der staatlichen Gerichte sein dürfen.[70] Damit ist jedoch nicht ausgesprochen, daß die schiedsrichterlichen Befugnisse im Rahmen des Erlasses vorläufiger oder sichernder Maßnahmen nicht über die des Gerichtes hinausgehen dürfen. Aus teleologischer Sicht fordert § 1041 I 1 demnach nur, daß Schiedsgerichte im Hinblick auf ihre inhaltlichen Eilkompetenzen gegenüber den gerichtlichen Befugnissen nicht eingeschränkt sein dürfen. Umgekehrt spricht jedoch auch hier nichts dagegen, daß das Schiedsgericht dem deutschen Recht fremde einstweilige Maßnahmen anordnen kann.

e) Praktikabilität

Für eine Bindung der Schiedsgerichte an die Vorschriften der §§ 916ff. könnte sprechen, daß derartige dem deutschen Recht fremde Maßnahmen praktisch sinnlos wären, da sie bei der Vollziehbarerklärung ohnehin an die

---

[67] Vgl. Bericht des Rechtsausschusses BT-Drucks. 13/9124 S. 48.

[68] Vgl. *Schütze* aaO. S. 1651.

[69] Vgl. *Schütze* aaO. S. 1651.

[70] AA. wohl *Schütze* aaO. S. 1651 Fn. 15, der darauf abstellt, daß sich eine abweichende Typologie der schiedsrichterlichen Maßnahmen schwer mit der Parallelität von staatlichem und schiedsgerichtlichen einstweiligen Rechtsschutz verträgt.

deutsche Typologie durch das ordentliche Gericht anzupassen wären.[71] Vordergründig scheint dies die Regelung des § 1041 II 2 zu unterstreichen. Denn das Gericht soll in Anbetracht dessen gerade die Möglichkeit haben, die Anordnung abweichend zu fassen, wenn dies zur Vollziehung der Maßnahme notwendig ist, um überhaupt die Vollziehung der schiedsrichterlichen Maßnahme zulassen zu können.[72] Im Hinblick auf die Bindung der staatlichen Gerichte gemäß Art. 20 III, 97 I GG könnte diese (gemäß § 1041 II 2 zulässige) abweichende gerichtliche Fassung dann nur den Norminhalt der §§ 916ff. annehmen. Da aber gerade im schiedsgerichtlichen Verfahren vermehrt ein freiwilliges Folgeleisten bezüglich der schiedsrichterlichen Entscheidung aufgrund der Autorität des Schiedsgerichtes zu verzeichnen ist,[73] kommt diesem Argument der praktischen Sinnlosigkeit vor dem Hintergrund einer bloß eventuellen Notwendigkeit der gerichtlichen Zulassung der Vollstreckung nur untergeordnete Bedeutung zu. Indem sich die Parteien unbenommen der vielleicht fehlenden Vollstreckungsmöglichkeit darüber hinaus aus anderen Zweckmäßigkeitserwägungen[74] häufig dennoch freiwillig der angeordneten Maßnahme unterwerfen werden, ist aus praktischer Sicht davon auszugehen, daß auch nach dem deutschen Recht fremde Maßnahmen von den Parteien als wirksam und zulässig erachtet werden und deshalb durchaus sinnvoll sein können. Demzufolge wäre die praktische Sinnlosigkeit einer „typabweichenden" schiedsrichterlichen Anordnung auf wenige Fälle begrenzt, in denen die betroffene Partei der Anordnung nicht freiwillig Folge leisten möchte. Die Zahl dieser Parteien wird aber aus vorbenannten Gründen eher gering sein. Zumal durch die Trennung von der strikten Typik des staatlichen einstweiligen Rechtsschutzes zumeist flexiblere und somit aus den Augen der Parteien geeignetere und sinnvollere Maßnahmen durch das Schiedsgericht angeordnet werden können. Des weiteren ist das SchiedsVfG gerade auch auf den

---

[71] *Schütze* aaO. S. 1651 Fn. 15.

[72] Die Begründung BT-Drucks. 13/5274 S. 45 nennt hier für die Notwendigkeit der gerichtlichen Abweichung exemplarisch lediglich den Bestimmtheitsgrundsatz und nicht eine eventuell abweichende Typologie.

[73] *Kühn* Erläuterung zu Art. 17 DIS-Schriften zur Übernahme des UNCITRAL-Modellgesetzes S. 81f. Vgl. zudem *Berges* Die Schiedsgerichtsbarkeit als Aufgabe treuhänderischer Rechtspflege KTS 1960, 97, 98.

[74] Das können beispielsweise Erwägungen sein, die darauf abzielen, eine bestehende Geschäftsbeziehung der Parteien nicht unnötig zu belasten, um in Zukunft weiter miteinander im geschäftlichen Kontakt stehen zu können.

internationalen Rechtsverkehr ausgerichtet,[75] so daß es in diesem Zusammenhang häufig gar nicht zu einer inländischen Vollstreckung kommen kann beziehungsweise kommen würde. Auch dies spricht für eine schiedsrichterliche Anordnungsfreiheit. Da zudem die jeweilige lex fori des Vollstreckungsstaates zum Zeitpunkt des Erkenntnisverfahrens möglicherweise noch gar nicht feststeht, würde es deshalb eine unnötige Einschränkung der schiedsrichterlichen Anordnungskompetenz bedeuten, wenn der Schiedsrichter gewisse vorläufige Maßnahmen nur deshalb nicht erlassen könnte, weil diese nach deutschem Recht unzulässig sind.

f) Entgegenstehen des UNÜ

Fraglich ist jedoch, ob das Argument der praktischen Sinnlosigkeit einer schiedsrichterlichen Anordnungsfreiheit nicht durch das UNÜ, dem UN-Übereinkommen über die Anerkennung und Vollstreckung ausländischer Schiedssprüche, weiter Auftrieb erhält. Denn aus internationaler Sicht könnte hier entgegnet werden, daß nationale einstweilige Maßnahmen des Schiedsgerichtes, unabhängig von ihrer inhaltlichen Ausgestaltung, in den allermeisten Fällen in einem anderen Staat gar nicht vollstreckt werden können. Dies gilt jedenfalls für die über hundert Staaten, die sich dem UN-Übereinkommen vom 10. Juni 1958 über die Anerkennung und Vollstreckung ausländischer Schiedssprüche (UNÜ) unterworfen haben. Denn gemäß Art. V I lit.e) UNÜ darf die Anerkennung und Vollstreckung des Schiedsspruches auf Antrag der Partei, gegen die er geltend gemacht wird, versagt werden, wenn diese Partei den Beweis erbringt, daß der Schiedsspruch für die Parteien noch nicht verbindlich geworden ist. Indem sich die Natur des einstweiligen Rechtsschutzes auch international daraus gründet, die Vollstreckung des Hauptanspruches zu sichern oder ein Rechtsverhältnis einstweilen zu regeln, sind demnach einstweilige Maßnahmen grundsätzlich fortwährend nicht verbindlich.[76] Damit würde eine internationale Vollstreckung einer deutschen einstweiligen Schiedsmaßnahme nach dem UNÜ ausscheiden. Aber auch wenn das UNÜ eine Vollstreckung derartiger vorläufiger Anordnungen nicht statuiert, spricht dies nicht zwingend für eine praktische Sinnlosigkeit einer internationalen

---

[75] Vgl. *Kreindler/Mahlich* Das neue deutsche Schiedsverfahrensrecht aus ausländischer Sicht NJW 1998, 563, 564.

[76] Vgl. *Schwab* Einstweiliger Rechtsschutz und Schiedsgerichtsbarkeit, FS Baur S. 644; *Sandrock/Nöcker* Einstweilige Maßnahmen internationaler Schiedsgerichte Jahrbuch für die Praxis der Schiedsgerichtsbarkeit S. 90.

Vollstreckung und somit gegen die Freiheit der schiedsrichterlichen Anordnung. Denn das UNÜ besagt nicht, daß ausländische Eilschiedsanordnungen
nicht doch nach dem jeweils einschlägigem nationalem Recht des Zielstaates
vollstreckt werden können. Da dies in vielen Staaten aber zulässig ist,[77]
spricht die Regelung des UNÜ folglich nicht gegen die praktische Zulässigkeit der schiedsrichterlichen Anordnungsfreiheit.

g) Die Regelung des § 1041 II 2

Aus den genannten Gründen spricht folglich mehr dafür, den möglichen Inhalt der schiedsrichterlichen Maßnahmen des § 1041 I 1 losgelöst von den
§§ 916ff. zu betrachten und den Schiedsgerichten insoweit eine inhaltliche
Anordnungsfreiheit zuzubilligen.[78] Auch die Regelung des § 1041 II 2 spricht
für eine freie und ungebundene schiedsrichterliche Anordnungsmöglichkeit
im Rahmen des § 1041 I 1. Denn aus gesetzeskonzeptionellen Gründen ist
diese Regelung nämlich nur dann sinnvoll und verständlich, wenn schiedsrichterliche Anordnungen auch Abweichungen von der Typologie des nationalen Rechts enthalten können. Erst dann wird ja gerade im Rahmen des
Verfahrens auf Zulassung der Vollziehung eine Anpassung an die Normen
der §§ 916ff. erforderlich. Das Gesetz sieht diese Vorschrift also allein deshalb vor, um die womöglich von den §§ 916ff. abweichenden schiedsrichterlichen Maßnahmen in das deutsche Recht transponieren zu können.[79]

h) Rechtsvergleichende Sicht

Aus rechtsvergleichender Sicht ist in diesem Zusammenhang die Gesetzeslage in der Schweiz zu nennen, die in dem Bundesgesetz über das internationale Privatrecht (IPRG) einen nahezu gleichen Passus bezüglich des Inhaltes
der schiedsrichterlichen Eilmaßnahmen enthält wie in Deutschland die Vorschrift des § 1041 I 1.[80] Allerdings spricht Art. 183 I IPRG insoweit von vorsorglichen (statt vorläufigen) oder sichernden Maßnahmen. Aber auch hier
wird aus der gemäß § 182 I, II IPRG[81] gewährten Möglichkeit, daß die Par-

---

[77]   Vgl. *Schwab/Walter* 5.Aufl. Kap. 7 Rdn. 7 Fn.23.

[78]   Im Ergebnis auch *Lachmann* aaO. Rdn. 657.

[79]   Vgl. *Bredow* aaO. S. 4.

[80]   Anzumerken ist hier jedoch, daß die Vergleichbarkeit daran leidet, daß die Schweiz
       im internationalen Schiedsverfahrensrecht anders als Deutschland nicht dem Territo-
       rialitätsprinzip der §§ 1025 I, 1043 I folgt, vgl. § 182 I 2. HS. IPRG.

[81]   Art. 182 I IPRG: „Die Parteien können das schiedsrichterliche Verfahren selber oder
       durch Verweis auf eine schiedsgerichtliche Verfahrensordnung regeln; sie können es

teien beziehungsweise das Schiedsgericht selbst das schiedsrichterliche Verfahren nach eigenen Vorstellungen regeln können,[82] gefolgert, daß es unerheblich sei, ob die angeordneten schiedsrichterlichen Maßnahmen dem schweizerischen Recht bekannt sind oder nicht.[83] Daraus und aus der Erwägung, daß das lex fori bloß im Rahmen des Erkenntnisverfahren für die Frage eine Rolle spielt, welches Recht für das Verfahren und welches Recht materiell anzuwenden sei, schließt die Literatur, daß die Anordnungskompetenz des Schiedsgerichts von daher ohne weiteres über diejenige des staatlichen Richters hinausgehen kann und daß es somit befugt ist, vorläufigen Rechtsschutz auch in Abweichung von den in der Schweiz bekannten Maßnahmearten zu gewähren.[84]

2. Eigenständiger Inhalt schiedsrichterlicher Eilmaßnahmen gemäß § 1041

Indem die schiedsrichterlichen einstweiligen Anordnungen gemäß § 1041 I 1 demnach nicht an den Inhalt des staatlichen Arrestes und der konkurrierenden einstweiligen Verfügung gemäß §§ 916ff. geknüpft sind, verbleibt den Schiedsrichtern ein weiter Anordnungsspielraum. Die „vorläufigen oder sichernden Maßnahmen" der Schiedsgerichtsbarkeit können also einen eigenständigen Inhalt bekleiden.[85] Der Vorteil dieser schiedsrichterlichen Freiheit

---

auch einem Verfahrensrecht ihrer Wahl unterstellen." Absatz 2: „Haben die Parteien das Verfahren nicht selber geregelt, so wird dieses, soweit nötig, vom Schiedsgericht festgelegt, sei es direkt, sei es durch Bezugnahme auf ein Gesetz oder eine schiedsgerichtliche Verfahrensordnung."

[82]   Art. 182 I, II IPRG entspricht somit § 1042 III, IV. Vgl. hierzu die Begründung BT-Drucks. 13/5274 S. 47.

[83]   Vgl. *Rüede/Hadenfeldt* Schweizerisches Schiedsgerichtsrecht S. 253; *Walter* Internationale Schiedsgerichtsbarkeit in der Schweiz S. 132.

[84]   *Walter* aaO. S. 132. AA. *Habscheid* Einstweiliger Rechtsschutz durch Schiedsgerichte nach dem schweizerischen Gesetz über das Internationale Privatrecht IPRax 1989, 134, 135, der anhand rechtssystematischer Auslegung folgt, daß der Gesetzgeber des IPRG dem Schiedsgericht nur geben wollte, was der Prozeßrichter ohnehin hat, nämlich die Befugnis von vorsorglichen oder sichernden Maßnahmen im engeren Sinn. Zudem verweist er auf § 248 ZPO a.F. der Züricher ZPO und sieht auch hierin einen in diese Richtung weisenden gängigen juristischen Sprachgebrauch. § 248: „Wird nichts anderes bestimmt, so gelten die Grundsätze für das ordentliche Verfahren vor dem Bezirksgericht einschließlich der Befugnis, vorsorgliche Maßnahmen im Sinn von § 110 ZPO ZH zu erlassen."

[85]   So auch *Baumbach/Lauterbach/Albers* § 1041 Rdn. 2; *Berger* Das neue deutsche Schiedsverfahrensrecht DZWir 1998, 45, 51; *ders.* Internationale Wirtschaftsschiedsgerichtsbarkeit S. 235; *ders.* aaO. S. 28; *Gottwald* aaO. S. 1020; *Kronke* aaO. S. 264; *Lachmann* aaO. Rdn. 657; *Schlosser* Neues Deutsches Recht der Schiedsgerichtsbar-

für den Verfahrensgang und der Befriedung der Parteien liegt auf der Hand. Insbesondere befähigt die Flexibilität der Gestaltungsmöglichkeit das Schiedsgericht, den tatsächlichen Verhältnissen mit einer angepaßten und adäquaten schiedsrichterliche Reaktion zu begegnen. Angesichts der Vielfalt möglicher Eilmaßnahmen im internationalen Bereich[86] erschiene eine starre Systematik der Schiedsanordnungen in § 1041 I 1 unter dem Aspekt der internationalen Ausrichtung des SchiedsVfG zudem eher unangebracht und wenig sinnvoll.[87] Doch auch hier zeigt sich, wie darzustellen sein wird, daß das Auswahlermessen der Schiedsgerichtsbarkeit deshalb nicht unumschränkt und grenzenlos ist. Ungeachtet der im einzelnen schwierigen Abgrenzung der verschiedenen inhaltlichen Gestaltungsmöglichkeiten der Eilmaßnahmen,[88] sollen im folgenden einige Grenzpunkte des Inhaltes der vorläufigen und sichernden Maßnahmen aufgezeigt werden. Damit können die mannigfachen inhaltlichen Formvariationen zumindest anhand ihres äußeren rechtlichen Rahmens, in dem sich die schiedsrichterlichen Maßnahmen zulässigerweise bewegen müssen, näher bestimmt werden.

a) Wortlaut

Ein erster – verfassungsrechtlicher – Grenzpunkt des schiedsrichterlichen Ermessens im Rahmen der Anordnung vorläufiger oder sichernder Maßnahmen ergibt sich hierbei aus dem gesetzlichen Wortlaut des § 1041 I 1. Denn der Wortlaut bildet nicht nur den bereits dargetanen Ausgangspunkt der Auslegung,[89] sondern er bestimmt zugleich doppelfunktional die Grenze der Auslegung[90] und mithin gleichzeitig auch die Grenzen des zulässigen Inhaltes der einstweiligen schiedsrichterlichen Maßnahmen.[91]

Was jenseits des sprachlich möglichen Wortsinnes liegt, durch ihn eindeutig ausgeschlossen wird, kann nämlich nicht mehr im Wege der Auslegung als die hier maß-

---

keit S. 176; *Schwab/Walter* aaO. Kap.17a. Rdn. 5; *Thümmel* aaO. S. 135. AA. *Schütze* aaO. S. 1651.

[86] Vgl. hierzu *Eilers aaO.*; *Heiss* Einstweiliger Rechtsschutz im europäischen Zivilrechtsverkehr.

[87] Vgl. *Berger* aaO. S. 235.

[88] Vgl. *Lachmann* aaO. Rdn. 657.

[89] Der insoweit eher indifferent ist. Siehe oben § 4 II 1 lit.a).

[90] So auch BVerfGE 71, 108, 115; 87, 209, 224.

[91] Vgl. im allgemeinen *Depenheuer* aaO. S. 33; *Meier-Hayoz* Der Richter als Gesetzgeber S. 42; *Zippelius* aaO. S 43.

gebliche Bedeutung dieses Ausdruckes verstanden werden.[92] Eine Deutung, die
nicht mehr im Bereich des möglichen Wortsinnes liegt, ist nicht mehr Ausdeutung,
sondern – in anbetracht der grundgesetzlichen Verteilung der Kompetenz zwischen
Gesetzgebung und der Justiz– eine gemäß Art. 20 III, 97 I GG verfassungsrechtlich
unzulässige Umdeutung.[93]

Auch wenn der Wortlaut in Ermangelung eines besonderen gesetzlichen
Sprachgebrauches hinsichtlich des Gesamtbegriffspaares der „vorläufigen
oder sichernden Maßnahmen" keine genaue Konkretisierung des Inhaltes der
Schiedsmaßnahmen zuläßt,[94] kann bei isolierter Betrachtung der einzelnen
Begriffsteile hier jedoch zumindest eine inhaltliche Wortlautgrenze ausge-
macht werden.

aa) Vorläufige Maßnahme

Indem die Zivilprozeßordnung hinsichtlich des in § 1041 I 1 verwandten gesetzlichen Wortlautes „vorläufig" einen eigenständigen juristischen Sprachgebrauch geprägt hat und systematische Gründe innerhalb des SchiedsVfG
nicht den Schluß rechtfertigen, daß § 1041 I 1 hiervon eine abweichende Bedeutung einnehmen will, ist insofern von einem Gleichklang der Begrifflichkeit bei der Bestimmung der Wortlautgrenze auszugehen.

(1) Gesetzliche Begriff der Vorläufigkeit

Wie die Vorschriften zur vorläufigen Vollstreckbarkeit der §§ 708ff., insbesondere des § 717, zur vorläufigen Austauschpfändung des § 811 b,
zum (vormaligen)[95] vorläufigen Konkurs- und Vergleichsverwalter der
§§ 78, 110 KO, § 11 VerglO[96] oder zum (neuerlichen) vorläufigen Insolvenz-
verwalter der §§ 21ff. InsO belegen, stellt der Gesetzesbegriff der Vorläufig-

---

[92] *Larenz/Canaris* aaO. S. 143. Gegen die Brauchbarkeit des möglichen Wortsinnes als
      Grenze *Schiffauer* Wortbedeutung und Rechtserkenntnis S. 36ff.

[93] Vgl. *Larenz* Allgemeiner Teil des deutschen Bürgerlichen Rechts § 4 II; *Jarass/*
      Pieroth Grundgesetz Art. 20 Rdn. 28.

[94] Siehe § 4 II 1 lit.a).

[95] Im Rahmen der neuen Insolvenzordnung (InsO) vom 05. Oktober 1994 (BGBl. I
      S. 2866), die gemäß § 335 InsO i.V.m. Art. 110 EGInsO ab dem 01. Januar 1999 in
      Kraft getreten ist, gehen Konkurs- und Vergleichsverfahren in einem einheitlichen In-
      solvenzverfahren auf, vgl. *Obermüller/Hess* InsO Rdn. 14; *Haarmeyer/Wutzke/*
      Förster Handbuch der Insolvenzordnung Kap. 1 Rdn. 6.

[96] Vgl. zur kurzfristigen Weitergeltung der KO und VerglO gemäß Art. 2 und 110
      EGInsO *Kilger/Schmidt* Insolvenzgesetze Kap. 1 S. I.

keit unisono auf die Aufhebbarkeit der jeweiligen „vorläufigen" Maßnahme ab.[97]

Die Verbindung der Vorläufigkeit mit der gesetzlich kohärenten Aufhebbarkeit oder zumindest Abänderbarkeit streicht beispielsweise die benannte Regelung des § 717 I im Rahmen des Wegfalles der Vollstreckbarkeit hervor. Danach tritt die vorläufige Vollstreckbarkeit mit der Verkündung eines Urteiles, das die Entscheidung in der Hauptsache oder die Vollstreckbarkeitserklärung aufhebt oder abändert, insoweit außer Kraft, als die Aufhebung oder Abänderung ergeht.[98]

Fraglich ist somit aus praktischer Sicht, ob in Ansehung des Primats der Aufhebbarkeit die Schiedsgerichte im Verfahren des § 1041 I 1 beispielsweise die Abgabe von Willenserklärungen oder die Erteilung von Auskünften anordnen dürfen. Angesichts des benannten einheitlichen Wortlautes ist hierbei zu berücksichtigen, daß diejenigen schiedsrichterlichen Maßnahmen nicht mehr mit dem Wortlaut des § 1041 I 1 vereinbar sind, die irreversible Fakten schaffen oder nach ihrem Erlaß nicht mehr aufgehoben beziehungsweise abgeändert werden können.[99] Es dürfen mit anderen Worten gemäß § 1041 I 1 grundsätzlich nur solche Maßnahmen angeordnet werden, die einer Änderung in der Zukunft zugänglich sind. Die sich immer dann aktualisieren, wenn das schiedsrichterliche Hauptverfahren ergibt, daß ein materiell-rechtlicher Grund für den Erlaß nicht besteht. Dies läßt sich zum anderen auch aus der beliebigen Austauschbarkeit der Begriffe „vorläufig" und „*einstweilig*",[100] die die Zivilprozeßordnung häufig synonym gebraucht,[101] folgern. Denn wie beispielsweise bereits der Name des Rechtsinstitutes der „einstweiligen Verfü-

---

[97] Vgl. *MünchKomm/Heinze* Vor § 916 Rdn. 15. So ist zum Beispiel in der InsO vorgesehen, daß die Sicherungsmaßnahmen eines vorläufigen Insolvenzverwalters aus § 22 InsO gemäß § 25 I InsO ohne weiteres aufgehoben werden können, vgl. *Haarmeyer/Wutzke/Förster* aaO. Kap. 3 Rdn. 260.

[98] Vgl. im einzelnen *Brox/Walker* Zwangsvollstreckungsrecht § 4 Rdn. 74ff.; *Musielak/Lackmann* § 717 Rdn. 3.

[99] Die Abänderbarkeit der Maßnahme bestätigt zudem der bereits angeführte allgemeine Sprachgebrauch, der bekräftigt, daß das Vorläufige durch das Nachfolgende berichtigt bzw. unter Umständen sogar ins Gegenteil verkehrt werden kann. Vgl. § 4 II 1 lit. a) cc) Nr. 1.

[100] *Vogg* Einstweiliger Rechtsschutz und vorläufige Vollstreckbarkeit S. 25.

[101] Vgl. *Baur* Studien zum einstweiligen Rechtsschutz S. 4; *Leipold* Grundlagen des einstweiligen Rechtsschutzes S. 1; *Schilken* Befriedigungsverfügung S. 15; *Vogg* aaO. S. 25; *Walker* aaO. § 1 I 2. Für das Verwaltungsrecht *Schoch* Einstweiliger Rechtsschutz S. 157. Auch das BVerfG verwendet die Formulierung „vorläufige Maßnahmen zur Regelung eines einstweiligen Zustandes", vgl. BVerfGE 9, 89, 97; 65, 227, 233.

gung" gemäß § 935 zum Ausdruck bringt und es auch in der Gesetzesformu-
lierung des § 940 („Regelung eines einstweiligen Zustandes")[102] anklingt, soll
auch hiermit lediglich ein bis zur Entscheidung in der Hauptsache geltendes
Zwischenrecht geschaffen werden.

Der Ansicht, daß die Begrifflichkeiten „vorläufig" und „einstweilig" im Rahmen des
einstweiligen Rechtsschutzes derart strikt von einander zu trennen sind, daß die
Vorläufigkeit das Verbleiben der Aufhebbarkeit oder Abänderbarkeit meint, wohingegen das Merkmal der Einstweiligkeit auf das Offenhalten der Entscheidungsfähig-
keit in der Hauptsache abzielen soll, ist nicht zu folgen.[103] Dagegen spricht, daß der
historische Gesetzgeber die Begriffe der Vorläufigkeit und der Einstweiligkeit nicht
durchgängig im Sinne dieser Unterscheidung verwendete. So wurde in den §§ 645ff.
(§§ 708ff. heutiger Fassung) des Entwurfes einer allgemeinen Civilprozeßordnung
für die deutschen Bundesstaaten die Redewendung „einstweilen vollstreckbar" verwendet. Die spätere Änderung der Terminologie in „vorläufig vollstreckbar" innerhalb der §§ 708ff. wurde dann verwendet ohne daß inhaltlich etwas anderes gemeint
war.[104]

In Anlehnung an diesen juristischen Sprachgebrauch meint demnach der
schiedsverfahrensrechtliche Begriff „vorläufig" die fehlende Endgültigkeit
der Maßnahme und widerstreitet aufgrund seines Charakters damit einer endgültigen Regelung im Verfahren des § 1041 I.[105] Demgemäß kann erst das
schiedsgerichtliche Hauptverfahren an die Stelle der Einstweiligkeit der er-
lassenen Schiedsmaßnahmen den endgültigen Zustand der Rechtserkenntnis
setzten. Erst in dem Hauptverfahren kann der Bestand des behaupteten
Rechts endgültig von den Schiedsrichtern festgestellt werden. Die schiedsrichterliche Anordnung darf demnach nicht die Grenzen überschreiten, die
sich aus ihrer Natur als einer einstweiligen ergeben. Aufgrund dessen darf die
Schiedsmaßnahme aus zeitlicher Sicht nicht die Hauptsache vorwegnehmen,[106] sondern muß gegenüber dem Hauptsacheanspruch stets ein „temporä-
res Minus" sein.

---

[102] Vgl. zum Begriff der Einstweiligkeit in § 940 *Finken* Die endgültige Vermögensver-
schiebung aufgrund einstweiliger Verfügung; *Göppert* Ist die Vorschrift der C.P.O.
§ 809 II auf einstweilige Verfügungen anwendbar? GruchBeitr 38 (1894), 838, 847ff.

[103] So aber *MünchKomm/Heinze* Vor § 916 Rdn. 15ff.

[104] Vgl. *Dahlmanns* Neudrucke zivilprozessualer Kodifikationen Bd. 2 S. 229 bzw.
S. 399; *Vogg* aaO. S. 25 Fn. 55. Im Ergebnis wie hier *Baumbach/Lauterbach/
Hartmann* Grdz § 916 Rdn. 5; *Walker* aaO. § 1 I 2.

[105] Auch dies folgt bereits aus dem allgemeinen Sprachgebrauch. Siehe § 4 II 1 lit. a) cc)
Nr. 1.

[106] Vgl. *Berger* aaO. S. 51.

Um zu den vorgenannten Beispielen zurückzukehren, werden dementsprechend regelmäßig unter anderem Maßnahmen, die ein Rechtsverhältnis zwischen den Parteien endgültig gestalten[107] beziehungsweise endgültig dem Antragsgegner ein Tun, Dulden oder Unterlassen auferlegen ebensowenig zulässig sein wie Anordnungen, die die Abgabe von Willenserklärungen[108] oder die Erteilung von Auskünften[109] vorsehen. So wäre es ein Widerspruch in sich selbst, wenn beispielsweise eine unbedingte und dauerhafte Willenserklärung aufgrund einer nur vorläufigen Schiedsanordnung auch bloß rein vorläufig abgegeben werden sollte.[110] Jedenfalls gilt dies für den Fall, in dem die Willenserklärung bereits endgültig Rechtswirkungen herbeiführt, die über eine bloße einstweilige Regelung eines streitigen Rechtsverhältnisses hinausgeht.[111] Eine andere Bewertung rechtfertigt sich aber wohl dann, wenn sich die Willenserklärung auf eine bloß vorläufige Regelung oder Sicherung beschränkt.[112] Als Beispiel ist hier eine Willenserklärung hinsichtlich einer vorläufigen Regelung eines Gesellschaftsverhältnisses oder die vorläufige Modifikation eines sonstigen Dauerrechtsverhältnisses zu nennen. Indem eine unbeschränkte Zulassung einer auf Auskunft gerichteten vorläufigen schiedsrichterlichen Maßnahme nicht mit der gleichzeitigen zeitlichen Beschränkung dieses Rechtsinstitutes zu vereinbaren ist, ist auch diese Anordnung grundsätzlich unzulässig.[113] Denn mit der Erteilung der Auskunft werden – zumindest im Hinblick auf einen selbständigen Auskunftsanspruch – endgültige

---

[107] Hierzu gehört zum Beispiel der Ausschluß eines Gesellschafters aus einer OHG, da die Fortführung der Gesellschaft ohne den Ausgeschlossenen zu irreversiblen Veränderungen führen würde. Vgl. innerhalb der Geltung der §§ 916ff. *Wieczorek/Schütze/Thümmel* § 938 Rdn. 10; *Musielak/Huber* § 938 Rdn. 4.

[108] Vgl. zum Streit um die Zulässigkeit der Abgabe von Willenserklärungen im einstweiligen gerichtlichen Verfügungsverfahren LG Braunschweig NJW 1975, 782, 783; OLG Hamburg NJW-RR 1991, 382; *Freiherr von Holtz* Die Erzwingung von Willenserklärungen im einstweiligen Rechtsschutz.

[109] Sofern die Parteien gemäß § 1051 I 1 bestimmt haben, daß das Schiedsgericht in Übereinstimmung mit den nationalen Rechtsvorschriften zu entscheiden habe, sind hier diesbezügliche gestattende Sondervorschriften zu beachten. Vgl. §§ 140b III PatG, 111a III UrhG, 19 III MarkenG.

[110] Vgl. zu den §§ 916ff. RGZ 156, 164, 169; *Jauernig* Der zulässige Inhalt einstweiliger Verfügungen ZZP 79 (1966), 321, 341.

[111] Vgl. innerhalb der Geltung der §§ 916ff. LG Braunschweig aaO. S. 783.

[112] Vgl. innerhalb der Geltung der §§ 916ff. OLG Frankfurt MDR 1954, 686; OLG Stuttgart NJW 1973, 908; *Wieczorek/Schütze/Thümmel* § 938 Rdn. 10.

[113] Vgl. innerhalb der Geltung der §§ 916ff. KG GRUR 1988, 403, 404 m.w.N.; OLG Hamm NJW-RR 1992, 641.

Verhältnisse geschaffen.[114] Eine Ausnahme hiervon wird nur zu machen sein, wenn der Gläubiger aus existentiellen Gründen auf die Auskunft angewiesen, effektiver Rechtsschutz durch eine Auskunftsklage nicht gewährleistet und die Entscheidung für den Hauptsacheprozeß nicht vorgreiflich ist.[115] Grundsätzlich wird aber zu gelten haben, daß eine einstweilige Anordnung nur dann zulässig ist, wenn ihre eventuelle Aufhebung den früheren Rechtszustand automatisch wieder eintreten ließe.[116] Faktisch unumkehrbare Maßnahmen sind also durch den Wortlaut „vorläufige oder sichernde Maßnahme" des § 1041 I 1 ausgeschlossen.

Unbeschadet dessen wird der Partei noch ein weiteres Instrumentarium zur Verfügung stehen, ihr Interesse auf zügige Auskunfterteilung schiedsrichterlich durchzusetzen. Zu denken ist hierbei daran, daß die Schiedsgerichtsbarkeit dem Bedürfnis nach Schnelligkeit auch durch den Erlaß eines kurzfristigen Teilschiedsspruches nachkommen kann. Denn das Schiedsgericht kann einen Schiedsspruch als Teilschiedsspruch erlassen, wenn die Voraussetzungen des § 301 analog vorliegen.[117] Da auch dieser Teilschiedsspruch der gerichtlichen Vollstreckbarerklärung zugänglich ist,[118] hat dieser Weg für die Partei den Vorteil, daß die Schiedsrichter nunmehr – jedenfalls zu Teilen- eine dauerhafte und nicht nur vorläufige Anordnung treffen können. Voraussetzung eines solchen Teilschiedsspruches ist jedoch, daß der Streitgegenstand teilbar ist, so daß auch über den noch nicht entscheidungsreifen Teil des Anspruches ein Teilschiedsspruch möglich sein muß.[119] Ferner setzt der Erlaß eines Teilschiedsspruches voraus, daß der zu erledigende Teil des Streitgegenstandes entscheidungsreif sein muß, vgl. § 301 analog. Darüber hinaus muß schließlich, um widersprüchliche Entscheidungen zu vermeiden, der Inhalt des Teilschiedsspruches vom Schlußschiedsspruch unabhängig sein.[120] Da aber bereits eine Divergenzgefahr den Erlaß eines

---

[114] Vgl. innerhalb der Geltung der §§ 916ff. *Wieczorek/Schütze/Thümmel* § 938 Rdn. 10.

[115] Vgl. innerhalb der Geltung der §§ 916ff. *Musielak/Huber* § 940 Rdn. 18.

[116] Vgl. zum entsprechenden Regelungsgehalt des § 940 *Jauernig* Zwangsvollstreckungs- und Insolvenzrecht § 37 II, S. 167f. Vgl. zu § 940 auch OLG Koblenz NJW 1991, 1119.

[117] *Rosenberg/Schwab/Gottwald* Zivilprozeßrecht § 175 I 3.

[118] Vgl. zum alten Recht *Sieg* Die Vollstreckbarerklärung von Schiedssprüchen, die den Streit nicht endgültig erledigen JZ 1959, 752.

[119] Vgl. zum Teilurteil *Rosenberg/Schwab/Gottwald* aaO. § 59 II 2 lit.a) 1.

[120] Vgl. zum Teilurteil BGH BB 1991, 1596, 1597; OLG Hamm NJW-RR 1989, 827.

Teilschiedsspruch unzulässig macht,[121] wird dieses Instrumentarium jedoch in den wenigsten Fällen tatsächlich zum Zuge kommen.

(2) Vorläufigkeit und Befriedigung

Indem der Begriff der Vorläufigkeit der Maßnahme grundsätzlich nur die verfahrensbedingte fehlende Endgültigkeit der schiedsrichterlichen Entscheidung kennzeichnet[122] ist hiermit aber keinesfalls gleichzeitig vorgegeben, daß eine Eilmaßnahme aus § 1041 I 1 nicht auch dem Antragsgegner eine Leistung auferlegen kann, die den Antragsteller bereits in Gänze oder zumindest in Teilen befriedigt. Zwar kann erst im schiedsrichterlichen Hauptverfahren gemäß des Wortlautes der Vorläufigkeit das geltend gemachte subjektive Recht des Antragstellers endgültig festgestellt werden. Dennoch ist es hiermit nicht unvereinbar, daß das Schiedsgericht eine qualitativ gleichwertige Eilmaßnahme anordnet, die dieses Recht bereits feststellt, solange nur die Schiedsrichter die Anordnung zeitlich begrenzen. Demzufolge sind *befriedigende Eilmaßnahmen* denkbar, die das in der Hauptsache erstrebte Rechtsschutzziel qualitativ vorwegnehmen[123] und das Recht des Antragstellers dergestalt verwirklichen, daß der Antragsgegner bereits zu einer Leistung an den Antragsteller selbst (und nicht – wie beispielsweise im Rahmen einer Hinterlegung – nur an einen Dritten) verpflichtet wird.

Sieht man den gesetzlichen Begriff der Vorläufigkeit hier somit als „rechtliche" Vorläufigkeit an, ist zuzugestehen, daß hiermit eben gerade nichts rechtlich Endgültiges geschaffen wird. Festzuhalten bleibt demnach, daß die schiedsrichterlichen Eilmaßnahmen aus § 1041 I 1 zwar ein „zeitliches Minus" aber kein „qualitatives Aliud" im Vergleich zum Schiedsspruch der Hauptsache gemäß §§ 1054ff. darstellen müssen.[124]

In Ansehung der bloß summarischen und auf Schnelligkeit bestrebten Prüfung im Verfahren des 1041 I 1 ist eine unbeschränkte Praxis der Anordnung befriedigender Maßnahmen jedoch unzulässig. Denn letztlich legitimieren sich solche Anordnungen nur aus dem Gedanken der Effektivität des Rechtsschutzes. Denn nur wenn die Gründe der Effektivität derart überragend sind,

---

121 Vgl. BGHZ 107, 236, 242.

122 Siehe oben § 4 II 2 a) aa) (1).

123 Vgl. innerhalb der Geltung der §§ 916ff. *Rosenberg/Gaul/Schilken* Zwangsvollstreckungsrecht § 76 II 2 lit.a).

124 Wenngleich hierbei anzumerken ist, daß vereinzelt auch die zeitliche Dauer einer einstweiligen Maßnahme allein eine faktische Erfüllungswirkung zeitigen kann, vgl. *Brox/Walker* Rdn. 1596; *Morbach* Einstweiliger Rechtsschutz in Zivilsachen S. 98f.

daß die Gefahren, die aus einem summarischen Verfahren erwachsen, dahinter zurücktreten müssen, sind befriedigende Anordnungen zulässig. Aus den genannten Gründen ist auch im Regelungsbereich der §§ 916ff. die Möglichkeit des Erlasses einer Leistungs[125]- bzw. Befriedigungsverfügung[126] anerkannt.[127]

Ungeachtet der differierenden Auffassungen zur Rechtsgrundlage dieser Verfügungen[128] erfassen diese gerichtlichen Anordnungen dabei grundsätzlich jeden materiell-rechtlichen Anspruch auf Handlung, Duldung oder Unterlassung.[129] Selbiges wird dabei auch für die schiedsrichterlichen Maßnahmen zu gelten haben, sofern nur der betreffende Anspruch gemäß § 1030 I objektiv schiedsfähig[130] ist.

Bei Ansprüchen auf eine positive Leistung des Gesuchsgegners wird das Schiedsgericht grundsätzlich bei der Anordnung vorläufiger Maßnahmen zurückhaltend sein müssen.[131] Da ein staatlicher Richter die Vollziehbarkeit einer befriedigenden schiedsrichterlichen Eilmaßnahme zu prüfen hat, müssen sowohl im schiedsrichterlichen wie auch im staatlichen Eilverfahren strenge Anforderungen an die Annahme gestellt werden, daß dem Anspruchsinhaber die vorweggenommene Anspruchsbefriedigung aus besonderen Gründen doch nicht versagt werden kann.[132] Hier wie dort ist also festzustellen, ob

---

[125] Die Bezeichnung rührt daher, weil sie den Schuldner zur Erfüllung durch Leistung verpflichtet, vgl. *Jauernig* aaO. S. 336; *ders.* Zwangsvollstreckungs- und Konkursrecht § 37 III.

[126] Mit dieser Bezeichnung knüpft man nicht an die Wirkung auf den Schuldner (Leistungspflicht), sondern an diejenige des Gläubigers an, der durch die Leistung nicht nur gesichert, sondern befriedigt wird, vgl. *Altendorf* Das vorläufige Verfahren Rdn. 21; *Schilken* aaO. S. 22. Vgl. zur Unterschiedlichkeit der Terminologie zudem *Walker* aaO. Rdn. 84.

[127] Vgl. *Jauernig* aaO. S. 336ff.; *Mantzourani-Tschaschnig* Die Befriedigungsverfügung S. 70ff; *Morbach* aaO. S. 98f.; *Saenger* Einstweiliger Rechtsschutz und materiell-rechtliche Selbsterfüllung S. 35ff.; *Stein/Jonas/Grunsky* vor § 935 Rdn. 31ff.; *Walker* aaO. § 4 Rdn. 84ff. m.w.N.

[128] Zum Teil wird die Rechtsgrundlage der Leistungsverfügung als Sonderfall der Regelungsverfügung gemäß § 940 angesehen, nach anderer Ansicht beruht sie auf richterlicher Rechtsfortbildung, vgl. *Dunkl* Handbuch des vorläufigen Rechtsschutzes A Rdn. 469 m.w.N.

[129] Zwar wurde die Leistungsverfügung ursprünglich im Unterhaltsrecht entwickelt (RGZ 9, 334), sie ist aber heute nicht mehr auf Unterhaltsansprüche beschränkt, vgl. *Musielak/Huber* § 940 Rdn. 13.

[130] Vgl. zum alten Recht *Bork* Der Begriff der objektiven Schiedsfähigkeit ZZP 100 (1987), 249ff.; *Musielak/Voit* § 1030.

[131] *Schwab/Walter* aaO. Kap.17a. Rdn. 9.

[132] Vgl. OLG Düsseldorf NJW-RR 1996, 123, 124.

dem Antragsteller ein wesentlicher Nachteil droht oder ob der konkrete Sachverhalt einer besonderen Dringlichkeit unterliegt.[133] Die Voraussetzungen sind dabei so eng zu umreißen, daß reine Vermögensnachteile nicht ausreichend sein werden. Das bloße Auflaufen von Zahlungsrückständen vermag daher allein eine Geldleistungsverfügung nicht zu rechtfertigen.[134]

> Da gemäß der lex fori im Erkenntnisverfahren die Schiedsrichter nach dem jeweils vereinbarten anzuwendenden materiellen Recht beziehungsweise nach Billigkeit zu entscheiden haben,[135] ist es hier jedoch nicht zwingend, daß das Schiedsgericht derart restriktiv zu entscheiden hat. Die Grundsituation des summarischen Charakters des schiedsrichterlichen Eilverfahrens wird aber auch in den Fällen der ausländischen Vollziehung oder der freiwilligen Befolgung der schiedsrichterlichen Eilmaßnahme dazu führen, daß die Schiedsrichter in der Handhabung befriedigender Eilanordnungen zurückhaltend sein müssen.

Da angesichts des vorzunehmenden Interessensvergleichs keine exakten Voraussetzungen definierbar sind, wann eine Befriedigungsverfügung zulässig ist, sollen im folgenden einige typischen Fallkonstellationen, die sich in der nationalen Rechtsprechung herausgebildet haben, erwähnt werden. In Anbetracht des grundsätzlich gleichen Verfahrenscharakters werden diese Fallkonstellationen auch innerhalb des schiedsgerichtlichen Verfahrens die Anordnung von Eilmaßnahme mit befriedigender Wirkung indizieren. Die Schiedsrichter werden folglich dann solche Maßnahme zu erlassen haben, wenn entweder der Antragsteller auf die sofortige Erfüllung seines Anspruches dringend (sprich: existentiell) angewiesen ist. Ferner dann, wenn der dem Antragsteller aus der Nichterfüllung drohende Schaden ganz außer Verhältnis steht zu dem Schaden, der dem Antragsteller aus der sofortigen vorläufigen – Erfüllung droht.[136] Letzteres meint konkret die Fälle, in denen der Antragsteller so dringend auf die sofortige Erfüllung seines Leistungsanspruches angewiesen ist und sonst so erhebliche wirtschaftliche Nachteile erleiden würde, daß ihm ein Zuwarten oder eine Verweisung auf die spätere Geltendmachung von Schadensersatzansprüchen aus § 1041 IV nach Wegfall des ursprünglichen Erfüllungsanspruches nicht zumutbar ist.[137] Aus existentieller

---

[133] Vgl. *Grunsky* Grundlagen des einstweiligen Rechtsschutzes JuS 1976, 277, 283.
[134] *Rosenberg/Gaul/Schilken* aaO. § 76 II 2 lit.e aa).
[135] Siehe oben § 4 II 1.
[136] Vgl. OLG Köln NJW-RR 1995, 546, 547 und 1088.
[137] Vgl. auch OLG Düsseldorf NJW-RR 1996, 123, 124.

Sicht sind hier ferner die Situationen[138] anzuführen, die einen bestehenden Notstand abhelfen oder einem künftigen vorbeugen sollen.[139] Das Schiedsgericht wird aber insofern bedenken müssen, daß eine Eilmaßnahme mit befriedigendem Inhalt ihrerseits irreparable Schäden beim Gegner verursachen kann, wenn sich später herausstellt, daß der Antragsteller keinen Anspruch gehabt hat und sich die Folgen einer gemäß § 1041 II vollzogenen Schiedsmaßnahme auch nicht mehr im Wege des § 1041 IV rückgängig machen lassen, etwa wegen eines Vermögensverfalls des Antragstellers.[140] Weitere Beispiele sind die Anordnung der Fortsetzung von vertraglich übernommenen Arbeiten, der vorläufige Entzug der Geschäftsführungsbefugnis oder das auf eine Konkurrenzklausel gestützte Verbot, eine bestimmte (konkurrierende) Tätigkeit während des Prozesses weiter auszuüben.[141] Anzumerken bleibt jedoch, daß die Anordnung einer befriedigenden Eilmaßnahme hinsichtlich der Vorläufigkeit häufig von nur theoretischer Natur sein wird. Denn wie beispielsweise die – unter Umständen durchaus zulässige- Anordnung der Herausgabe einer Sache zum Verbrauch zeigt,[142] können mit solchen „vorläufigen" befriedigenden Eilmaßnahmen de facto bereits rein endgültige Entscheidungen einhergehen.

bb) Sichernde Maßnahme

Zwar entbehrt die Wortwahl des Gesetzes in § 1041 I 1 im Hinblick auf die Begrifflichkeit der „*sichernden*" Maßnahme eines kongruenten juristischen Sprachgebrauches in anderen Bestimmungen. Dennoch geht auch aus dieser funktionellen Bestimmung eine erkennbare sprachliche Grenze hervor. Indem die möglichen schiedsrichterlichen Eilmaßnahmen durch die Wortwahl „sichernd" funktional determiniert und hierauf gleichermaßen beschränkt werden, sind innerhalb des § 1041 I 1 solche Anordnungen unzulässig, die dieser Funktion inhaltlich nicht genüge leisten können. Positiv formuliert bedeutet das, daß die angeordneten schiedsrichterlichen Maßnahmen lediglich eine „Hilfsfunktion" in Form der Sicherung des zugrundeliegenden behaupteten

---

[138] Diese Situation wird gemeinhin als „Notlage" oder „existentielle Notlage" oder mit ähnlichen Bezeichnungen benannt. Vgl. Stein/Jonas/Grunsky Vor § 935 Rdn. 54; Zöller/Vollkommer § 940 Rdn. 2, 6.

[139] Vgl. OLG Celle VersR 90, 212; OLG Rostock MDR 1996, 1183; OLG Hamm NJW-RR 1990, 1236, LAG Hamm MDR 1990, 657.

[140] Vgl. hierzu ähnlich OLG Rostock MDR 1996, 1183.

[141] Siehe *Schwab/Walter* aaO. Kap.17a. Rdn. 10.

[142] Vgl. hierzu *Rosenberg/Gaul/Schilken* aaO. § 76 II 2 lit.e bb).

Rechts übernehmen, nicht aber bereits seine endgültige Durchsetzung selbst mit sich führen dürfen.

Anhand der genannten Beispiele zur Befriedigungsverfügung sieht man jedoch, daß auch eine sichernde schiedsrichterliche Eilmaßnahme eine vorläufige Befriedigung enthalten darf. Denn der Begriff der Sicherung bezieht sich ja ausschließlich auf die Sicherstellung der Vollziehbarkeit des künftigen Schiedsspruches, indem durch ihre Anordnung ein bestehender Zustand aufrechterhalten werden soll.[143] Damit ist jedoch nicht ausgeschlossen, daß die Sicherung des status quo nicht gleichzeitig auch eine – bei Vorliegen der bereits benannten eng umrissenen Voraussetzungen- vorläufige Befriedigung des Antragstellers mit sich bringen kann.

Aus dieser Erkenntnis läßt sich zudem das Verhältnis der Begriffe vorläufig und sichernd genauer verstehen. Angesichts des Verbindungswortes „oder" ließe sich zwar vertreten, daß dieses eine diskonjunktive Funktion haben soll und demnach rein sichernde Maßnahmen auch bereits endgültige und nicht nur vorläufige Wirkungen zeitigen können. Doch nicht nur aus dem Wesen des einstweiligen Rechtsschutzes, sondern auch aus dem hier dargelegten grammatikalischen Begriff ist diesem Ergebnis nicht beizupflichten. Dies ergibt sich aus dem durch grammatikalische Auslegung zu gewinnenden Verhältnis von vorläufigen und sichernden Maßnahmen. Die vom SchiedsVfG gebrauchte Konjunktion „oder" drückt nämlich mangels inhaltlicher Gleichwertigkeit und in Anbetracht der unterschiedlichen Zielrichtung der Attribute „vorläufig" und „sichernd" keinesfalls aus, daß von den zwei genannten Möglichkeiten jeweils alternierend nur eine rein vorläufige oder eine bloß sichernde Maßnahme vom Schiedsgericht angeordnet werden darf. Die beiden inhaltlichen Merkmale der Maßnahme des § 1041 I 1 stehen in keinem gegenseitigen Exklusivitätsverhältnis. Denn zum einen werden die meisten vorläufigen Regelungen des Schiedsgerichtes auch sichernde Elemente enthalten. Zum anderen ist der Gebrauch des Wortes „oder" in § 1041 I 1 nicht diskonjunktiv zu verstehen, sondern bezeichnet ausgehend vom allgemeinen Sprachgebrauch verbindend die Fälle, die im Sinne eines geringeren Unterschiedes sowie einer Unentschiedenheit und freistehenden Wahl zwischen zwei möglichen Dingen zu verstehen sind.[144] Damit dient der Sprachgebrauch nur der formalen aber nicht inhaltlichen Trennung der besagten Maßnahmen, die unter sich zwar verschieden aber deswegen dennoch kumulativ nebenein-

---

[143] Vgl. *Schwab/Walter* aaO. Kap.17a. Rdn. 7.
[144] *Grimm*, aaO., Bd. 7, S. 1151.

ander bestehen. Dies geht darüber hinaus indiziell auch aus der Begründung der Bundesregierung hervor. Denn darin kommt – wie bereits in einem anderen Zusammenhang dargestellt –[145] zum Ausdruck, daß der Anwendungsbereich des schiedsrichterlichen Rechtsschutzes gegenüber dem des einstweiligen Rechtsschutzes durch die staatlichen Gerichte nicht eingeschränkt ist.[146] Demzufolge müssen aus Gleichwertigkeitsgründen im schiedsrichterlichen Verfahren Anordnungen zulässig sein, die vergleichbar mit den sogenannten gerichtlichen Sicherungsverfügungen des § 935 sowohl einen sichernden als auch einen vorläufigen Charakter aufweisen können. Gerade in Ansehung der Sinnhaftigkeit und der Funktion des einstweiligen Rechtsschutzes muß im Ergebnis deshalb die gesetzliche Wendung der sichernden Maßnahme somit als Teil des schiedsverfahrensrechtlichen Oberbegriffes der vorläufigen Maßnahme verstanden werden.[147]

b) Maßnahmen gegen Dritte

Eine rechtliche Begrenzung des Inhaltes schiedsrichterlicher Eilmaßnahmen ergibt sich daraus, daß der Inhalt der Anordnung aus § 1041 I 1 nicht über eine Regelung inter partes hinausgehen darf.[148] Verpflichtet werden kann nur der Antragsgegner des schiedsgerichtlichen Eilverfahrens beziehungsweise der Antragsteller selbst. Die Unzulässigkeit schiedsrichterlicher Eilmaßnahmen gegen Dritte ergibt sich dabei grundsätzlich aus den subjektiven Grenzen der Wirkungen der Schiedsvereinbarung gemäß § 1029 I. Danach entfaltet eine Schiedsvereinbarung gemäß der Legaldefinition[149] des § 1029 I nur für die Parteien und ihre Rechtsnachfolger Wirkung. Deshalb fehlt gegenüber hieran ungebundenen Dritten bereits die Zuständigkeit des Schiedsgerichtes. Denn erst die Schiedsvereinbarung als „Herzstück des Schiedsverfahrens" entzieht den Streitgegenstand der Zuständigkeit der staatlichen Gerichte. Nur hiermit wird die „Schieds-Gerichtsbarkeit" des Schiedsgerichtes begründet[150]. Die Unzuständigkeit ihrerseits begründet insofern – in Ermangelung der Entscheidungsunterwerfung des Dritten gemäß § 1029 I – die

---

[145] Siehe oben § 4 II 1 lit.b).

[146] Begründung BT-Drucks. 13/5274 S. 45.

[147] Vgl. mit selben Ergebnis *Schwab/Walter* aaO. Kap.17a. Rdn. 7, die hier von einer „rein deklaratorischen" Bedeutung sprechen.

[148] Vgl. Bandel Einstweiliger Rechtsschutz im Schiedsverfahren S. 163; *Mönnikes* Die Reform des deutschen Schiedsverfahrensrechts S. 108.

[149] Vgl. Begründung BT-Drucks. 13/5274 S. 33.

[150] *Habscheid* Das neue Recht der Schiedsgerichtsbarkeit JZ 1998, 445, 447.

fehlende Entscheidungsmacht des Schiedsgerichtes über den unbeteiligten Dritten. Aus dieser Verankerung der schiedsrichterlichen Entscheidungsbefugnis in der Schiedsvereinbarung folgt deshalb die Unzulässigkeit von Maßnahmen gegen Dritte.[151]

Der Gedanke, daß die von einem Schiedsgericht anzuordnenden Eilmaßnahmen nur die Parteien und nicht Dritte treffen können, wird auch innerhalb des Geltungsbereiches des *Art. 17 ModG* als richtig erachtet.[152] In Anlehnung an das Vorbenannte gründet sich diese schiedsrichterliche Beschränkung auch hier nach dem Willen der Verfasser des ModG darauf, daß das Schiedsgericht seine Kompetenz und Zuständigkeit aus der Schiedsvereinbarung ableitet.[153]

Zudem ist hier zu beachten, daß es mit dem Prinzip der Selbstbestimmung unvereinbar ist, daß schuldrechtliche Verträge zu Lasten eines nicht vertragsbeteiligten Dritten wirksam geschlossen werden können.[154] Deshalb gibt es grundsätzlich keinen Vertrag zu Lasten Dritter[155]. Insbesondere sind somit auch Schiedsvereinbarungen, die aufgrund ihrer doppelfunktionalen Rechtsnatur als materiell-rechtliche Verträge über prozessuale Beziehungen eingestuft werden,[156] zu Lasten Dritter nicht möglich.[157] Denn aus der Privatautonomie als Selbstbestimmungsrecht folgt, daß die Parteien nicht nur fähig sind, ihre Regelungsbeziehungen einverständlich und ohne autoritäre Interventionen zu vereinbaren, sondern daß sie auch gegenüber rechtsgeschäftlichen Übergriffen anderer Personen auf ihre Rechtssphäre in Schutz genommen werden müssen.[158] Weitergehend ließe sich hier auch vertreten, daß Verträge mit Lastwirkung gegenüber Dritten im Grundsatz schon deshalb unwirksam seien, weil sie sich nicht mehr als privatautonome, d.h. nach diesem Verständnis als eine

---

[151] So auch *Berger* aaO. S. 235.

[152] Vgl. *Calavros* Das UNCITRAL-Modellgesetz in Grundfragen des Zivilprozesses S. 421; *ders.* aaO. S. 101; *Granzow* Das UNCITRAL-Modellgesetz S. 135; *Herrmann* Das UNCITRAL-Modellgesetz in Grundfragen des Zivilprozesses S. 287; *Hußlein-Stich* Das UNCITRAL-Modellgesetz S. 101.

[153] UN-Commentary A/CN.9/264 para 3 Satz 2: „This restriction, which follows from the fact that the arbitral tribunal derives its jurisdiction from the arbitration agreement, constitutes one of the main factors narrowing the scope of article 18... ." Vgl zudem UN-Dok. A/CN.9/245 para 71.

[154] *Larenz* Lehrbuch des Schuldrechts Bd. 1 Allgemeiner Teil § 17 IV.

[155] Vgl. RGZ 111, 166, 178; 154, 361; BGHZ 45, 145, 147; 58, 216, 220; 61, 359, 361; 78, 374, 375.

[156] BGH in ständiger Rechtsprechung. Vgl. BGHZ 23, 198, 200; 40, 320. Vgl. zudem *Habscheid* Die Rechtsnatur des Schiedsvertrages und ihre Auswirkungen KTS 1955, 1, 33; *Schütze* aaO. Rdn. 92 m.w.N.; *Wieczorek/Schütze/Thümmel* § 1025 Rdn. 36. AA. *Zöller/Geimer* § 1029 Rdn. 15 m.w.N.

[157] *Zöller/Geimer* § 1029 Rdn. 39.

[158] *Martens* Rechtsgeschäft und Drittinteressen AcP 177 (1977), 113, 139.

auf selbstbestimmte Verhaltensbeschränkung der Privatrechtssubjekte angelegte Regelung darstellen.[159]

Zu prüfen bleibt jedoch, ob das Schiedsgericht Eilmaßnahmen gegen einen Dritten aussprechen darf, der zwar (bisher) nicht Partei des Verfahrens wurde, der jedoch unmittelbar an die Schiedsvereinbarung gebunden ist.

Die Frage der Beteiligung mehrerer Parteien, sogenannte „Mehrparteienschiedsgerichte", soll an dieser Stelle indessen unerörtert bleiben, denn die Beteiligten eines dergleichen Verfahrens wären Parteien und nicht Dritte.[160]

Aber auch hier gilt, daß der Inhalt der Anordnung aus § 1041 I 1 nicht über eine Regelung inter partes hinausgehen darf. Dahinter steht die auch für das schiedsrichterliche Eilverfahren zwingende Erwägung, daß eine Entscheidung, die durch die Parteien herbeigeführt und deren Inhalt durch das Parteiverhalten bestimmt wird, nur kraft besonderer Anordnung des Gesetzes Einfluß auf die Rechtsposition eines Dritten haben kann.[161] Der Dritte hat ja gerade nicht an dem Prozeß teilgenommen und konnte somit nicht auf den Inhalt der vorläufigen Entscheidung einwirken.

Insgesamt ist deshalb festzuhalten, daß die schiedsrichterliche Eilanordnung keine Dritten verpflichten, in Vertragsverhältnisse mit Dritten eingreifen oder Dritten ein sonstiges Tun, Dulden oder Unterlassen auferlegen darf.[162] Solche Maßnahmen gegen Dritte, die in Rechte Unbeteiligter eingreifen würden, sind innerhalb der Anordnung einstweiliger schiedsrichterlicher Maßnahmen unzulässig.

3. Arrest und einstweilige Verfügung im schiedsrichterlichen Verfahren

a) Der schiedsrichterliche Arrest

Im Rahmen der vorbenannten Grenzen steht es den Schiedsgerichten aufgrund des durch § 1041 I 1 vermittelten weiten Anordnungsspielraumes und aus Gleichwertigkeitsgründen jedoch frei, Arreste und einstweilige Verfü-

---

[159] *Heinze* Zur Rechtsnatur wettbewerbsbeschränkender Verträge, FS Fechner S. 101.

[160] Vgl. zu dem Problem der gesetzlich nicht kodifizierten Mehrparteienschiedsgerichte *Diesselhorst* Mehrparteienschiedsverfahren; *Massuras* Dogmatische Strukturen der Mehrparteienschiedsgerichtsbarkeit; *Schütze* aaO. Rdn. 74 m.w.N.

[161] Vgl. Rosenberg/Schwab/Gottwald aaO. § 156 I.

[162] So auch – ohne Nennung von Gründen – der Bericht der Kommission S. 137; Begründung BT-Drucks. 13/5274 S. 45; *Berger* aaO. S. 51; *Gottwald* aaO. S. 1020.

gungen gemäß §§ 916ff. anzuordnen.[163] Aufgrund seines weiten Anordnungsspielraumes kann das Schiedsgericht jedoch auch einen beschränkten
Arrest – beispielsweise- mit dem Inhalt erlassen, daß nur Bankkonten oder
nur bestimmte Bankkonten in Beschlag genommen werden dürfen.[164] Zudem
ist in § 1041 I 1 kein Anhaltspunkt ersichtlich, der für eine restriktive Anwendung der Arrestanordnung durch die Schiedsgerichte sprechen würde.[165]

> Gemäß Art. 1696 I des belgischen GGB, wonach das Schiedsgericht auf Antrag ei-
> ner Partei vorläufige und sichernde Maßnahmen mit Ausnahme einer Beschlagnah-
> me anordnen kann, ist dies jedoch ausdrücklich angeordnet.

Da der dingliche Arrest eine typische vorläufige Sicherungsmaßnahme darstellt, umfaßt bereits der Wortlaut des § 1041 I 1 dieses Ergebnis. Es wird
folglich als „logisch zwingend"[166] angesehen, daß Schiedsgerichte Arreste
anordnen können. Deshalb wird es auch nicht zu rechtfertigen sein, daß der
Arrest „wegen seiner weitreichenden Auswirkungen vom Schiedsgericht in
den seltensten Fällen als erforderlich angesehen werden dürfte".[167] Zumal die
Maßnahmenkompetenz nach § 1041 I 1 ohne den Arrest nur relativ geringe
Bedeutung hätte und eine Gleichwertigkeit der Verfahrensarten somit nicht
zu erreichen wäre, denn gerade im internationalen Schiedsverfahren geht es
regelmäßig um Geldzahlungen, und der Arrest ist nun einmal das Sicherungsmittel par excellence für Geldansprüche.[168]

b) Persönlicher Arrest

Obwohl in diesem Zusammenhang Art. 104 GG gemäß Art. 1 III GG allein
die öffentliche Gewalt bindet, weshalb hiervon auch nur Freiheitsentziehun-
gen durch öffentliche Gewalt erfaßt werden,[169] ist die Ausstrahlungswirkung
der Norm auch im Schiedsverfahren zu berücksichtigen.[170] Aufgrund des
staatlichen Gewaltmonopols kann von den Schiedsgerichten kein persönli-

---

[163] So auch Begründung BT-Drucks. 13/5274 S. 45; *Musielak/Voit* § 1041 Rdn. 4;
Schlosser aaO. S. 176; *Schwab/Walter* aaO. Kap.17a. Rdn. 4; *Thomas/Putzo*
§ 1041Rdn. 1; *Thümmel* aaO. S. 135.

[164] *Schlosser* aaO. S. 176.

[165] Vgl. zudem *Thümmel* aaO. S. 135.

[166] Vgl. *Schlosser* aaO. S. 176.

[167] So aber Begründung BT-Drucks. 13/5274 S. 45; *Lachmann* aaO. Rdn. 659.

[168] Vgl. *Habscheid* aaO. S. 135.

[169] Vgl. *Gusy* Freiheitsentziehung und Grundgesetz NJW 1992, 457; *Hantel* Das Grundrecht der Freiheit der Person nach Art. 2 II 2, 104 GG JuS 1990, 865.

[170] Vgl. BVerfGE 10, 302, 322 für die Ausstrahlungswirkung unter Privatpersonen.

cher Arrest gemäß § 918 angeordnet werden.[171] Indem Art. 104 II 1 GG statuiert, daß eine Freiheitsentziehung grundsätzlich nur vorgenommen werden kann, wenn ein hauptamtlich und planmäßig angestellter Richter sie *vorher* angeordnet hat,[172] verbleibt den insoweit unbefugten Schiedsrichtern bei Erforderlichkeit eines „Haftarrestes" somit nur der Weg des § 1050,1. Dies ist namentlich der schiedsgerichtliche Antrag auf gerichtliche Unterstützung. Das gemäß § 1062 IV zuständige staatliche Amtsgericht ist bei der Anordnung des persönlichen Arrestes in diesem Zusammenhang jedoch nicht den Weisungen und Anschauungen des Schiedsgerichtes unterworfen, sondern ist gemäß § 1050,2 an § 918 gebunden. Folglich kann im Rahmen eines Eilschiedsverfahrens ein persönlicher Sicherheitsarrest durch die staatlichen Gerichte nur ausgesprochen werden, wenn er erforderlich ist, um die gefährdete Zwangsvollstreckung in das Vermögen des Schuldners zu sichern. Wobei hier zu berücksichtigen ist, daß dieser als ultima ratio erst in Frage kommt, wenn nicht nur andere Sicherungsmittel fehlen, sondern wenn auch der dingliche Arrest selbst zur Sicherung nicht mehr ausreicht.[173]

c) Die schiedsrichterliche einstweilige Verfügung

Da das Schiedsgericht einen weiten Anordnungsspielraum besitzt, muß es der strengen Dichotomie der §§ 916ff. nicht folgen. Neben den dem deutschen Recht bekannten einstweiligen Verfügungen gemäß §§ 935ff. kann es deshalb auch eine einstweilige Verfügung zur Sicherung einer Geldforderung erlassen. So ist es gemäß § 1041 I 1 möglich, dem Antragsgegner eine – eventuell sogar näher spezifizierte- Sicherheitsleistung zur Sicherung einer Geldforderung aufzugeben.[174]

4. Sonstige vorläufige oder sichernde Maßnahmen gemäß § 1041 I 1

Wie bereits zuvor gezeigt, kann eine schiedsrichterliche Eilmaßnahme gemäß § 1041 I 1 deshalb einen im Vergleich zu den Vorschriften der §§ 916ff. differierenden Inhalt haben. Abweichend von diesen nationalen Anordnungsmöglichkeiten kann sich das Schiedsgericht somit als befugt ansehen,

---

[171] So auch *Schwab/Walter* aaO. Kap.17a. Rdn. 4; *Zöller/Geimer* § 1041 Rdn. 2.

[172] Vgl. BVerfGE 14, 156, 162.

[173] Vgl. *Rosenberg/Gaul/Schilken* aaO. § 75 2 lit.b), die diese „doppelte Subsidiarität" erst dann aufgehoben sehen, „wenn die konkrete Besorgnis besteht, daß der Schuldner Vermögensstücke verschleudern oder verschieben werde, die durch den dinglichen Arrest mangels genauer Kenntnis des Gläubigers nicht erfaßt werden können".

[174] *Schlosser* aaO. S. 176.

gemischttypische wie auch gänzlich anderweitige Maßnahmen zu erlassen. So wird das Schiedsgericht in Anbetracht der Regelung des § 1041 I 1 einer Schiedspartei auch aufgeben können, über bestimmte Vermögenswerte keine Verfügungen zu treffen.[175] Der Inhalt einer solchen Eilanordnung würde folglich der international[176] entwickelten inhaltlichen Form einer sogenannten Mareva injunction.[177] entsprechen.

> Entgegen dem früher in Großbritannien gültigen Prinzip, daß der Schuldner/ Beklagte eines Geldanspruches bis zum Erlaß eines Urteils im Hauptverfahren frei und ungehindert über seine Vermögensgegenstände verfügen konnte (vgl. bereits die Entscheidung des Court of Appeal aus dem Jahre 1890, Lister v. Stubbs 45 Ch.D.1), stellt die englische Rechtsordnung seit den Leitentscheidungen Nippon Yusen Kaisha v. Karageorgis und Mareva Compania Naviera S.A. v. International Bulkcarriers S.A. dieses Rechtsinstitut zur Verfügung. Dieses Rechtsinstitut, das durch sec. 37 (3) des Supreme Court Act 1981 kodifiziert worden war, ist jedoch in Großbritannien jüngst wieder aufgegeben worden.[178] Mit der deutschen Normierung des § 1041 I 1 wird dieses Rechtsinstitut jedoch weiterhin aufrecht zu erhalten sein.

Mit ihrer Hilfe kann der Gläubiger verhindern, daß sein Schuldner inländische Vermögenswerte ins Ausland oder ausländische in Drittstaaten verbringt, sie dem Zugriff des Gläubigers in der Zwangsvollstreckung entzieht und so einen anhängigen oder bevorstehenden Prozeß faktisch unterläuft, bevor dieser ein vollstreckbares Urteil erstritten hat.[179] Die Mareva injunction ergeht seitens des Schiedsgerichtes mit der Wirkung eines rein schuldrechtlichen Veräußerungs- bzw. Verfügungsverbotes.[180] Dem Antragsgegner wird hierin namentlich auferlegt, es zu unterlassen, über alle oder bestimmte Vermögenswerte zu verfügen.[181] Durch die mareva injunction werden somit kei-

---

[175] Vgl. *Schlosser* aaO. S. 176.

[176] Zu nennen sind hier insbesondere Australien, England, Kanada und Neuseeland. Vgl. hierzu *Walther* Die Mareva injunction S. 176ff.

[177] So auch *Berger* aaO. S. 51; *derselbe* Internationale Wirtschaftsschiedsgerichtsbarkeit S. 237. Vgl. zudem *Hoyle* Mareva Injunction S. 1ff.; *Johnson* Interim measures of protection under the arbitration act 1996 International arbitration law review 1997, 9, 14; *Kronke* aaO. S. 264; *Walther* Die Mareva-Injunction.

[178] Vgl. zur bisherigen Rechtslage noch *Heiss* Einstweiliger Rechtsschutz im Vereinigten Königreich S. 79f.

[179] Vgl. *Eilers* aaO. S. 132; *Gloge* Darlegung und Sachverhaltsuntersuchung S. 53ff.; *Morbach* aaO. S. 195.

[180] Vgl. *Matsuura* Schiedsgerichtsbarkeit und einstweiliger Rechtsschutz S. 328; *von Bernstorff* Einstweiliger Rechtsschutz in England mit Hilfe der Mareva-Injunction RIW 1983, 160, 163.

[181] Vgl. *Kühn* aaO. S. 54; *derselbe* Interim court remedies in support of arbitration S. 59.

ne bestimmten Vermögenswerte arretiert, sondern sie verpflichtet den Antragsgegner als Person.[182] Die Rechtsnatur eines solchen Verbots liegt also
gerade nicht in einer arrestähnlichen, dinglich wirkenden Beschlagnahme,[183]
sondern ein verbotswidriges Verfügen kann nur in Form eines aus der schuldrechtlichen Verletzung resultierenden Schadensersatzanspruches sanktioniert
werden.[184] Aufgrund der fehlenden rechtlichen Qualifikation der Mareva injunction als relatives oder gar absolutes Verfügungsverbot muß diese neben
der Anordnung von Sicherheitsleistungen[185] gemäß § 1041 I 2 als weitere
Maßnahme gesehen werden, die so auf den Schuldner einwirkt, daß sich dieser veranlaßt sieht, einen tatsächlich garantierten Vermögenszugriff zu gewährleisten, um die Verfügungsfreiheit über sein Vermögen wiederzuer-
langen.[186] Sollte der Ort des schiedsrichterlichen Verfahrens in Deutschland
liegen (vgl. §§ 1043, 1025) und der Schuldner im Ausland liegendes Vermögen in einen Drittstaat verbringen wollen, um dies einer Zwangsvollstreckung
zu entziehen, könnten die Schiedsrichter über den Weg des § 1041 I 1 eine
solche Mareva injunction aussprechen. Damit würde sich der Schuldner –
unabhängig von der Rechtslage des Drittstaates oder des Ausgangslandes –
einem Schadensersatzanspruch des Gläubigers gegenüber sehen. Damit kann
diese Anordnungsform des § 1041 I 1 sowohl präventiv eine solche Vermö-
gensentziehung verhindern als auch repressiv diese über eine Kompensation
zugunsten des Gläubigers zumindest negativ sanktionieren.

5. Ergebnis

Abweichend von diesen nationalen Anordnungsmöglichkeiten kann sich das
Schiedsgericht im Ergebnis somit – wie oben bereits ausgeführt –[187] als befugt ansehen, auch anderweitige Maßnahmen zu erlassen. Die Anordnungskompetenz des Schiedsgerichts kann mit anderen Worten daher ohne weiteres
über diejenige des staatlichen Richters hinausgehen, und es ist befugt, vorläu-

---

[182] Vgl. *Scheef* Der einstweilige Rechtsschutz S. 43.
[183] *Carl* Arrest und Sicherung von Beweismaterial im englischen Recht IPRax 1983,
       141, 142; *Schlosser* aaO. S. 262. AA. wohl *Heiss* aaO. S. 80; *Walther* aaO. S. 205.
[184] Vgl. *Eilers* aaO. S. 136.
[185] Siehe unten § 5.
[186] Vgl. *Eilers* aaO. S. 136; *Schack* ZZP 100 (1987), 494, 495.
[187] Vgl. oben § 4 II.

figen Rechtsschutz auch in Abweichung von den in Deutschland bekannten Maßnahmearten zu gewähren.[188]

III. Voraussetzungen

1. Bindung an die Voraussetzungen der §§ 916 ff.

Bevor die Frage gestellt werden soll, ob und gegebenenfalls welche einzelnen Anordnungsvoraussetzungen vorliegen müssen, damit ein Schiedsgericht im Verfahren des § 1041 I eine Eilmaßnahme erlassen darf, ist zunächst zu klären, ob die Schiedsrichter an die Voraussetzungen der §§ 916ff. gebunden sind. Wie der Wortlaut des § 1041 I 1 mit der Wendung „*kann* das Schiedsgericht...Maßnahmen anordnen, die es...für *erforderlich* hält" zeigt, läßt sich bereits hieraus herleiten, daß zum Erlaß einer einstweiligen schiedsrichterlichen Maßnahme grundsätzlich weder ein Arrest- bzw. Verfügungsanspruch noch einen Arrest- bzw. Verfügungsgrund glaubhaft gemacht werden muß.[189] Vielmehr berechtigt der unbestimmte Rechtsbegriff der Erforderlichkeit die Schiedsgerichte auch dann zum Erlaß einer einstweiligen Maßnahme, wenn die staatlichen Gerichte im Vergleichsfall die Dringlichkeit des Erlasses unter Beachtung der einschlägigen bisherigen Rechtsprechung und der Vorschriften der §§ 917, 935 verneinen müßten. Im Ergebnis ist damit aber nicht der Willkür der Schiedsgerichte Tür und Tor geöffnet.[190] Vielmehr ist das benannte Tatbestandsmerkmal der Erforderlichkeit gemäß § 1041 I 1 unabdingbare Voraussetzung des Erlasses einstweiliger oder sichernder Maßnahmen. Zwar eröffnet dieser Rechtsbegriff für die Schiedsrichter in Ansehung seiner gesetzlichen Unbestimmtheit einen Beurteilungsspielraum, dennoch ist sein Anwendungsbereich bestimmbar. Demzufolge ist die Vorschrift des § 1041 I 1 gerade nicht mit einer Norm zu verwechseln, die das Schiedsgericht ermächtigt, nach Billigkeit ex aequo et bono zu entscheiden.[191] Vielmehr ersetzt das SchiedsVfG die hergebrachten Anordnungsvoraussetzungen des Arrestes und der einstweiligen Verfügung durch das Beurteilungskriterium der Erforderlichkeit. Dabei wird eine schiedsrichterliche Eilanordnung nur dann als erforderlich anzusehen sein, wenn sie notwendig ist, um die

---

[188]   *Schwab/Walter* aaO. Kap.17a. Rdn. 5.

[189]   So auch *Thomas/Putzo* § 1041 Rdn. 2; Thümmel aaO. S. 135.

[190]   Diese Gefahr sieht aber *Thümmel* aaO. S. 135.

[191]   Dieses Argument zieht jedoch *Schütze* aaO. S. 1651 heran, um die Voraussetzungen des § 1041 I 1 den Anordnungsvoraussetzungen der §§ 916ff. gleichzusetzen.

Rechtsposition des Antragstellers in Form der Sicherung oder der Regelung zu erhalten. Gleichzeitig wird den Schiedsrichtern mit dieser Voraussetzung aufgegeben, beim Erlaß vorläufiger oder sichernder Maßnahmen die Interessen des Antragsgegners zu berücksichtigen und die Eilanordnungen deshalb so zu begrenzen, daß ein geringst möglicher Eingriff in seine Rechtssphäre erfolgt. Wobei das „mildeste Mittel" zu wählen ist, das mit an Sicherheit grenzender Wahrscheinlichkeit erwarten läßt, daß der mit der Maßnahme verfolgte Zweck auch erreicht werden kann. Darüber hinaus streitet ein zweiter Gesichtspunkt gegen die Annahme, das Schiedsgericht sei im Verfahren des § 1041 I an das Vorliegen der Voraussetzungen der §§ 916ff. gebunden. Da § 1042 III den Parteien –vorbehaltlich der zwingenden Vorschriften des 10. Buches- einräumt, das Verfahren qua Vereinbarung oder unter Bezugnahme auf eine schiedsrichterliche Verfahrensordnung zu regeln, sind die Voraussetzungen für die Anordnung einer vorläufigen Maßnahme grundsätzlich ohnehin der Parteivereinbarung vorbehalten. Indem die neugefaßte ZPO jedoch keine zwingende Bindung an die Regelungen der §§ 916ff. vorschreibt, bliebe es den Schiedsparteien also unbenommen, diese Bindung gerade auszuschließen. Eine Bindung der Schiedsrichter an die Normen der §§ 916ff. kommt also umgekehrt erst dann – ausnahmsweise- zum Tragen, wenn die Parteien dies in der Schiedsvereinbarung ausdrücklich statuiert haben. Die Bindung an die §§ 916ff. umschreibt also lediglich einen Ausnahmefall. Da das Gesetz keine dahingehende zwingende Vorschrift kennt, ist der gesetzliche Regelfall die Ungebundenheit der Schiedsgerichtsbarkeit. Im gleichen Maße wie es den Schiedsgerichten frei steht, im Rahmen ihres Auswahlermessens gemäß § 1041 I 1 einstweilige Maßnahmen zu erlassen, die sich inhaltlich von der Typik des Arrestes und der einstweiligen Verfügung der §§ 916ff. unterscheiden, müssen sich die Schiedsrichter von daher auch bei der Eilanordnung von den Voraussetzungen der nationalen Vorschriften lösen können.[192]

2. Antragserfordernis

Da den Schiedsgerichten in Ansehung der §§ 1041 I 1, 1044,1 a priori eine Verfahrenseinleitung ex officio versagt ist, ist weitere Voraussetzung des Erlasses einer schiedsrichterlichen Eilmaßnahme, daß eine Schiedspartei beim Schiedsgericht ihr Rechtsschutzbegehren in Form eines Antrages vor-

---

[192] AA. *Schütze* aaO. S. 1651; *derselbe* aaO. Rdn. 237.

bringt. Das Schiedsgericht wird nicht von sich aus tätig.[193] Für die antragstellende Partei wird es der Regelung des § 938 I entsprechend[194] dabei nicht
zwingend sein, dem Schiedsgericht bereits eine konkrete, zu erlassende Maßnahme vorzuschlagen.[195] Angesichts der Vielzahl der möglichen inhaltlichen
Ausgestaltungsmöglichkeiten wäre dies für den Antragsteller zudem schwerlich möglich. Eine bloße Beschreibung des Rechtsschutzzieles oder zumindest die Angabe der erwünschten Zweckrichtung wird deshalb in dem
gestellten Antrag ausreichend sein. Zumal auch der verfahrenseinleitende
Antrag des § 1044 noch nicht in bestimmter Form gestellt werden muß.[196]
Denn im Gegensatz zu § 253 II Nr. 2, der hinsichtlich der gerichtlichen Klage
grundsätzlich einen bestimmten Antrag einfordert,[197] verlangt § 1044,2 lediglich die Bezeichnung der Parteien, die Angabe des Streitgegenstandes und
einen Hinweis auf die Schiedsvereinbarung[198].

3. Rechtliches Gehör

Bei der Frage, ob den Schiedsparteien vor Erlaß einer einstweiligen Maßnahme aus § 1041 I 1 rechtliches Gehör seitens des Schiedsgerichtes als
zwingende Anordnungsvoraussetzung zu gewähren ist, ist aufgrund der Man-
nigfaltigkeit der diesen Prozeßgrundsatz beinhaltenden Normen[199] zunächst
zu klären, welche speziellen Vorschriften das schiedsrichterliche Eilverfahren
hinsichtlich dieses Gehörsgrundsatzes reglementieren.

Denn im Gegensatz zur bisherigen allgemeinen Rechtsauffassung,[200] die in Ansehung der vormaligen Fassung des zehnten Buches der ZPO eine Eilzuständigkeit der
Schiedsgerichte unter anderem gerade deshalb ablehnte, weil das Schiedsverfahren
eine vorherige Anhörung verlange und deswegen nicht mit dem Wesen einer Eil-

---

[193] So auch *Schwab/Walter* aaO. Kap.17a. Rdn. 19.
[194] Vgl. MünchKomm/Heinze § 938 Rdn. 7; Stein/Jonas/Grunsky Vor § 935 Rdn. 10;
Wieczorek/Schütze/Thümmel § 938 Rdn. 3; Zöller/Vollkommer § 938 Rdn. 1.
[195] Vgl. *Musielak/Voit* § 1041 Rdn. 2.
[196] Vgl. *Musielak/Voit* § 1044 Rdn. 1.
[197] Vgl. u.a. BGH NJW 1980, 700; BGH NJW 1984, 2888, 2889; BGH NJW 1991,
1114f.; *Rosenberg/Schwab/Gottwald* aaO. § 91 I 4, § 97 II 3 lit.a); *Zimmermann* Der
Zins im Zivilprozeß JuS 1991, 583.
[198] Vgl. Begründung BT-Drucks. 13/5274 S. 48; *Schütze* aaO. Rdn. 146.
[199] Vgl. beispielsweise §§ 118, 136-139, 141, 278 III, 337, 551 Nr. 5, 921 I, 937 II,
1042 I 2, 1047, 1059 II Nr. 1 lit.b) und d), Nr. 2 lit.b), Art. 103 I GG,
Art. 6 I 1 EMRK.
[200] Vgl. *Lachmann* aaO. Rdn. 679.

maßnahme in Einklang gebracht werden könne,[201] wird unter Geltung des § 1041 nunmehr relevant, ob im Hinblick auf §§ 921 I, 937 II nicht auch das schiedsrichterliche Eilverfahren ohne Gewährung rechtlichen Gehörs zulässigerweise in eine einstweilige Anordnung münden darf.

Da § 1042 I 2 aus systematischen Gründen auch dem schiedsrichterlichen Verfahren des § 1041 I den Grundsatz des rechtlichen Gehörs als während des gesamten Verfahrens zwingend[202] zu beachtende Maxime überantwortet,[203] ist hierin jedoch bereits die Ausgangsnorm zu sehen, die zu beantworten hat, ob die Gewährung rechtlichen Gehörs auch im Eilverfahren gemäß § 1041 I 1 eine zwingende Anordnungsvoraussetzung ist.

a) Fehlende gesetzliche Regelung bezüglich eines überraschenden Zugriffs

Für einen Zwang des Schiedsgerichtes zur Gewährung rechtlichen Gehörs, das heißt der Gelegenheitsgabe an die Parteien, sich vor der schiedsrichterlichen Eilentscheidung zu äußern,[204] könnte sprechen, daß ein überraschender Zugriff des Schiedsgerichtes gesetzeskonzeptionell auch an keiner anderweitigen Stelle des SchiedsVfG vorgesehen ist.[205] Denn zum einen steht einem überraschenden schiedsrichterlichen Zugriff vor Beginn des Hauptverfahrens wegen der notwendigen Konstituierung des (ad hoc) Schiedsgerichtes die Zusammensetzungszeit entgegen, zum anderen geht dieses zudem aus den §§ 1035 III, 1044,1 hervor.[206] Namentlich ergeben sich hier wie dort Verzögerungen, weil das Schiedsverfahren ohnehin nur mit Beteiligung des Gegners beziehungsweise gemäß §§ 1035 III 3,IV,V, 1062 I Nr. 1 nach Anrufung des staatlichen Gerichts eingeleitet werden kann, und weil der Beginn des Verfahrens von der Entgegennahme des Antrages, die Streitigkeit einem Schiedsgericht vorzulegen, abhängig ist.

[201] Vgl. *Jeong-Ha* Einstweilige Maßnahmen in der Schiedsgerichtsbarkeit S. 87. Aber auch diejenigen, die wie *Erman* aaO. S. 14 einstweilige Verfügungen des Schiedsgerichtes für zulässig erachteten, sahen in § 1041 I Nr. 4 ZPO a.F. bzw. in § 1034 I ZPO a.F. den Grundsatz des rechtlichen Gehörs als auch hier zwingend geltend an. Vgl. hierzu *Baur* Neuere Probleme der privaten Schiedsgerichtsbarkeit S. 24; *Schmitt* Die Einrede des Schiedsvertrages S. 40. AA. *Brinkmann* Schiedsgerichtsbarkeit und Maßnahmen des einstweiligen Rechtsschutzes S. 63ff.

[202] Vgl. Begründung BT-Drucks. 13/5274 S. 46.

[203] Im Ergebnis auch *Gottwald* aaO. S. 1020; *Thümmel* aaO. S. 135.

[204] Vgl. BGH RIW 1990, 493, 495; *Rosenberg/Schwab/Gottwald* aaO. § 174 I 1 lit.a) und *Schütze* aaO. Rdn. 136 jeweils m.w.N.

[205] Vgl. *Thümmel* aaO. S. 135.

[206] Vgl. *Thümmel* aaO. S. 135.

Dies gilt sowohl für das gemäß § 1034 I 2 gesetzlich grundsätzlich vorgesehene Dreierschiedsgericht, wie auch für die zahlenmäßig anders besetzten Schiedsgerichte gemäß § 1034 I 1. Dieses Verfahren wird dabei vorwiegend wegen der Anhörungspflicht des Gegners im Vorfeld des gerichtlichen Bestellungsbeschlusses gemäß §§ 1062 I Nr. 1, 1063 I 2 sehr zeitaufwendig sein. Jedoch nicht nur der Zeitablauf bis zur Entgegennahme ist hier zu erwähnen, sondern auch Fälle der Annahmeverweigerung können zeitverzögernd wirken, wenngleich bei Anwendung der allgemeinen Regeln über den Zugang [207] bei einer unberechtigten Annahmeverweigerung die Erklärung im Zeitpunkt des Angebotes zur Aushändigung zugeht.[208]

b) Wortlaut

Zudem könnte § 1042 I 2 („Jeder Partei *ist* rechtliches Gehör zu gewähren") selbst – in Ansehung seines stringenten Wortlautes als ius cogens – die Beachtung des in ihm niedergelegten Grundsatzes auch im Verfahren des § 1041 I 1 zwingend vorsehen. In diese Richtung weist zumindest die Begründung der Bundesregierung, die davon ausgeht, daß der Grundsatz des rechtlichen Gehörs während des gesamten Schiedsverfahrens zwingend zu beachten sei und das Schiedsverfahren als eine dem Verfahren vor den staatlichen Gerichten gleichwertige Rechtsschutzmöglichkeit qualifiziere.[209] Indem schiedsrichterliche Eilmaßnahmen im Einzelfall im Sinne des § 1041 I 1 aber erforderlich sein werden, um den zur Zweckerreichung nötigen Überraschungseffekt zu sichern und Vereitelung von Rechten zu verhindern,[210] würde es jedoch eine Zweckunterlaufung des Gesetzes darstellen, den Grundsatz des § 1042 I 2 vorbehaltlos auf den einstweiligen Rechtsschutz des SchiedsVfG anzuwenden. Deshalb ist die Anwendbarkeit des § 1042 I 2 im Verfahren des § 1041 I so zu reduzieren, daß die Effizienz einer schiedsrichterlichen Eilanordnung gewahrt wird. Somit spricht der Gesichtspunkt der Zweckunterlaufung zumindest in den Fällen, in denen die vorherige Gewährung rechtlichen Gehörs nachfolgende Schiedsmaßnahme ins Leere laufen lassen könnte, gegen eine starre Anwendung des § 1042 I 2.

c) Gleichwertigkeitsgesichtspunkte

Da die Vorschriften der §§ 921 I, 937 II, 942 I,IV, 944 belegen, daß im Bereich des Arrestes und der einstweiligen Verfügung durchaus Ausnahmen

---

[207] Vgl. *Musielak/Voit* § 1044 Rdn. 1
[208] Vgl. BGH NJW 1983, 930.
[209] Vgl. Begründung BT-Drucks. 13/5274 S. 46; *Lachmann* aaO. Rdn. 297, 353.
[210] Vgl. hierzu *Lachmann* aaO. Rdn. 680.

zugelassen werden,[211] ist dieser jedoch entgegenzuhalten, daß sich gerade aus Gleichwertigkeitsgesichtspunkten[212] ergeben müßte, dem Schiedsgericht im Rahmen des § 1041 I 1 keine Verpflichtung zur vorherigen Anhörung aufzuerlegen.[213] Hiernach müßte das Schiedsgericht vor seiner Eilentscheidung weder alle Behauptungen und Beweisanträge der Parteien zur Kenntnis nehmen und bedenken, noch dürfte es nur Tatsachen und Beweise in seiner Eilentscheidung verwerten, zu denen die Parteien sich vorher haben äußern können.[214] Zwar hat die Partei – sogar dann, wenn es die ZPO nicht ausdrücklich bestimmt –[215] auch im staatlichen Verfahren in jeder Prozeßart[216] und vor jeder Entscheidung[217] Anspruch auf rechtliches Gehör.[218] Indem Art. 103 I GG in diesem Zusammenhang jedoch nicht bezweckt, bestimmte gerichtliche Verfahren in ihrer Eigenart und ihrem Sinn zu verändern, wodurch der Zweck des Verfahrens nicht mehr erreicht werden könnte, ergibt sich auch unter diesem verfassungsrechtlichen Aspekt, daß eine vorherige Anhörung nicht jedem bestehenden Verfahrenstypus gerecht werden kann.[219] Da in der vorliegenden Verfahrensart der Zweck des einstweiligen Rechtsschutzes gerade darin besteht, in den Fällen, in denen eine zeitliche Verzögerung dazu führt, daß das materielle Recht endgültig undurchsetzbar wird, eine schnelle Sicherung in der Form herbeizuführen, daß das Hauptverfahren noch sinnvoll durchgeführt werden kann, gebietet es die hier bestehende besondere Eile, daß der Antragsgegner auch von einer sichernden oder regelnden Maßnahme überrascht wird.[220] Eine Verletzung des Art. 103 I GG liegt deshalb in der Unterlassung einer Anhörung bei einer vorläufigen Entscheidung durch ein

---

211 Vgl. *Rosenberg/Schwab/Gottwald* aaO. § 86 VI; *Thomas/Putzo* Einl.I Rdn. 18.

212 Vgl. auch *Bandel* aaO. S.91; *Scheef* aaO. S.35.

213 Einschränkend *Lachmann* aaO. Rdn. 681.

214 Vgl. zum Umfang des rechtlichen Gehörs, dessen Grundsätze im Schiedsgerichtsverfahren ebenso gelten wie vor den staatlichen Gerichten BGHZ 3, 215; 23, 218; 31, 43; 85, 288; BGH NJW 1959, 2213, 2214; BGH RIW 1985, 970; *Schütze* aaO. Rdn. 136 m.w.N., BVerfGE NJW 1998, 745, 2044 und 2273; *Frohn* Rechtliches Gehör und richterliche Entscheidung; *Waldner* Der Anspruch auf rechtliches Gehör.

215 BVerfGE 6, 19; 7, 95 und 327; 8, 253; 9, 256; 11, 218; *Stein/Jonas/Pohle* Vor § 128 Anm. IX 1.

216 Vgl. BVerfGE 7, 231; NJW 57, 1228; NJW 91, 2757 m.w.N.

217 BVerfGE NJW 1982, 2367.

218 Vgl. *Bocrk* Das rechtliche Gehör im Verfahren auf Erlaß einer einstweiligen Verfügung, MDR 1988, 908ff.

219 Vgl. *Brinkmann* aaO. S. 64; *Maunz/Dürig/Herzog* Art. 103 Rdn. 44.

220 Vgl. *Brinkmann* aaO. S. 64; *Grunsky* aaO. S. 277.

staatliches Gericht nicht vor.[221] Zumindest in den Fällen besonderer Dringlichkeit, die sich durch das Verhalten des Schuldners, – der beispielsweise
sein Vermögen verschwendet, verschleudert oder sonst wie beiseite schafft[222]
und damit „die begrenzte Gewalt der Norm über das Faktische"[223] im Sinne
der Schaffung vollendeter Tatsachen manifestiert, – im Einzelfall indiziell als
besonders sicherungsbedürftig hervortun, ist jedenfalls dann eine Grund-
rechtsverletzung abzulehnen, wenn der Antragsgegner durch die Anhörung
gewarnt wird und sich der gefährdete Anspruch nur durch eine überraschende
Maßnahme sichern läßt.[224] Mit dem BVerfG ist in diesen Fällen anzunehmen,
daß das Unterlassen der Anhörung unabweisbar ist, um nicht den Zweck der
Maßnahme zu gefährden.[225] Daß die Sicherung gefährdeter Interessen einen
sofortigen Zugriff notwendig macht, der nicht nur eine Aufklärung des Sach-
verhaltes nicht zuläßt, sondern sogar eine vorgängige Anhörung des Betroffenen ausschließt; daß es sogar, wenn schwerwiegende Interessen auf dem
Spiel stehen, geboten sein kann, auf eine an sich mögliche Anhörung des Betroffenen zu verzichten, um ihn nicht zu warnen,[226] ist aber nicht bloßes Pri-
vileg des staatlichen Verfahrens, sondern auch im schiedsrichterlichen
Verfahren denkbar. Aus Gründen der Gleichwertigkeit der Verfahrensarten
müßte es somit auch den Schiedsrichtern˙freistehen, zumindest in solchen
Einzelfällen eine Eilentscheidung ohne vorherige Anhörung fällen zu können.
Zudem sind auch die Fälle denkbar, in denen ein Hauptverfahren bereits anhängig ist, aber beispielsweise aufgrund einer drohenden Kontenräumung des
Schuldners, ein Bedürfnis nach einem raschen Zugriff entsteht. Auch hier ist
es überaus sinnvoll, daß ein Zugriff ohne Anhörung des Gegners erfolgt.

Gegen dieses Verständnis läßt sich ferner nicht vorbringen, daß das schiedsgerichtliche Eilverfahren keine Rechtsbehelfe[227] gegen die Anordnung vor-

---

[221] BVerfGE 9, 89, 97; *Maunz/Dürig/Herzog* Art. 103 Rdn. 46.

[222] Vgl. RGZ 67, 365; OLG Köln ZIP 1988, 445; OLG Karlsruhe WM 1994, 1983.

[223] *Radbruch* Einführung in die Rechtswissenschaften S. 113.

[224] Vgl. *Schellhammer* aaO. Rdn. 12; *Schmitt* aaO. S. 23f.

[225] Vgl. BVerfGE 9, 89, 98; OLG Hamm RPfl 1973. Letztlich verbirgt sich hinter diesem
Lösungsweg das Gebot des effektiven Rechtsschutzes aus Art. 19 IV 1, 92, 101 I,
103 I GG, das namentlich in solchen Sachverhaltskonstellationen im Wege einer
praktischen Konkordanz das Interesse des Antragsteller überwiegt, vgl. *Schmitt* aaO.
S. 25.

[226] BVerfGE 9, 89, 98. Vgl. zudem BVerfGE 7, 95, 99.

[227] Siehe unten § 4 VI.

läufiger oder sichernder Maßnahmen kennt.[228] Sicherlich ist hieran richtig, daß der Antragsgegner im Verfahren des Arrestes und der einstweiligen Verfügung die Möglichkeit hat, gemäß §§ 924 I, 936 Widerspruch einzulegen, wobei gemäß § 925 II das Gericht entscheidet, das zuvor die Eilmaßnahme erlassen hat,[229] und somit in einer gemäß § 924 II 2 zwingend vorgesehenen mündlichen Verhandlung einen Rechtsbehelf erhält, der mit Rechtsfolge der Aufhebung (§ 925 II) der Eilmaßnahme den ursprünglichen Nachteil des einseitigen, gegnerischen Sachvortrages ausgleichen kann. Dennoch ist zu berücksichtigen, daß der Zweck einer vorherigen Anhörung letztlich darin besteht, daß die Gerichte ihre Aufgabe, über einen konkreten Lebenssachverhalt ein abschließend rechtliches Urteil zu fällen, in der Regel ohne Anhörung der Beteiligten nicht gehörig lösen können.[230] Daraus folgt aber, daß vor allem die den Entscheidungen der Gerichte in der Regel eigentümliche Endgültigkeit und Unabänderbarkeit des Spruches dazu zwingt, die Beteiligten zu hören, ehe endgültig entschieden wird. Dies wird jedoch nur bei Endurteilen oder bei gleichstehenden, verfahrensabschließenden, vor allem der materiellen Rechtskraft fähigen Entscheidungen relevant,[231] nicht aber bei rein vorläufigen Entscheidungen, wie sie die Anordnung einer vorläufigen oder sichernden Maßnahme gemäß § 1041 I 1 darstellt.

d) argumentum a maiore ad minus zu § 1063 III

Für die gänzliche Verzichtbarkeit einer vorherigen Anhörung im Verfahren des § 1041 I 1 streitet das argumentum a maiore ad minus zu § 1063 III 1. Denn wenn der Vorsitzende des Zivilsenates ohne vorherige Anhörung des Gegners anordnen kann, daß der Antragsteller bis zur Entscheidung über den Antrag die vorläufigen oder sichernden Maßnahmen des Schiedsgerichtes nach § 1041 vollziehen darf, muß es erst Recht für die Schiedsrichter angängig sein, diese Maßnahmen ohne vorherige Anhörung als weit weniger einschneidendes Mittel bloß anzuordnen.[232] Zudem manifestiert sich auch in der Normierung des § 1063 III 1, daß der Gesetzgeber den erwähnten Überraschungseffekt als maßgebend angesehen hat.[233]

---

[228] So aber *Schütze* aaO. S. 1651 und wohl auch *Thümmel* aaO. S. 135.

[229] Vgl. *Brinkmann* aaO. S. 64; *Thomas/Putzo* § 924 Rdn. 2.

[230] Vgl. BVerfGE 9, 89, 95.

[231] Vgl. zuvor.

[232] Vgl. *Musielak/Voit* § 1041 Rdn. 3; *Thümmel* aaO. S. 135 Fn. 24.

[233] Vgl. *Musielak/Voit* § 1041 Rdn. 2 ; *Scheef* aaO. S. 105.

e) Weitere normative Bestimmungen rechtlichen Gehörs

Eine weitere normative Bestimmung des rechtlichen Gehörs könnte in Art. 103 I GG analog[234] zu sehen sein. Denn anerkanntermaßen ist dieses grundrechtsgleiche Recht[235] als Ausprägung des Rechtsstaatsprinzips[236] auch im schiedsrichterlichen Verfahren zu berücksichtigen.[237] Auch vor einem privaten Schiedsgericht muß das rechtliche Gehör des Art. 103 I GG im wesentlich gleichen Umfang gewährt werden.[238] Als „Eckpfeiler" eines jeden gerichtlichen Verfahrens[239] oder gar als „prozessuales Urrecht des Menschen"[240] ist dieser Grundsatz in Anbetracht der Grundsatzentscheidung des Bundesverfassungsgerichtes im Bereich des einstweiligen Rechtsschutzes entsprechend dahingehend einzuschränken, daß Art. 103 I GG analog nicht verletzt ist, wenn die Anhörung bei einer vorläufigen (gerichtlichen wie schiedsgerichtlichen) Entscheidung unterlassen wurde.[241] Indem des weiteren § 1059 die Aufhebungsgründe des Absatzes 2 Nr. 1 lit.b), lit.d), Nr. 2 lit.b),

---

[234] Lediglich eine entsprechende Anwendung dieses „Prozeßgrundrechtes" ist hier denkbar. Denn in Ansehung des Art. 1 III GG ist nur der Staat und seine Organe Adressat der Grundrechte; grundsätzlich wird nur die „öffentliche Gewalt" durch sie gebunden und verpflichtet. Vgl. beispielsweise *Pieroth/Schlink* Grundrechte Rdn. 59: „Die Grundrechte sind eben von ihrer Struktur [status negativus] und von ihrer Geschichte her die Rechte des einzelnen als den Grundrechtsberechtigten gegen den Staat als den Grundrechtsverpflichteten". Vgl. darüber hinaus zum ebenso begrenzten Adressatenkreis des SchiedsVfG *Musielak/Voit* § 1025 Rdn. 1; *Solomon* Das vom Schiedsgericht in der Sache anzuwendende Recht RIW 1997, 981, 987, *Voit* aaO. S. 122. Vgl oben § 1 III.

[235] Vgl. Art. 93 I Nr. 4a GG.

[236] BVerfGE 1, 347 und 429; 7, 275, 279; 74, 220, 224.

[237] Vgl. zur vormaligen Gesetzeslage BGH RIW 1985, 970; *Schütze* aaO. Rdn. 136; *Wieczorek/Schütze* § 1034 Rdn. 20.

[238] Vgl. BGHZ 31, 43; BGH NJW-RR 1993, 444; *Thomas/Putzo* Einl. I Rdn. 10. Selbiges wird für Art. 6 I 1 EMRK zu gelten haben. Vgl. hierzu *Klose* Grundrechtsschutz in der Europäischen Union und die Europäische Menschenrechtskonvention DRiZ 1997, 122; *Habscheid* Schiedsgerichtsbarkeit und Europäische Menschenrechtskonvention, FS Henckel S. 341ff.; *Matscher* Zur Versagung der Anerkennung eines ausländischen Schiedsspruchs wegen behaupteter Verletzung des rechtlichen Gehörs IPrax 1992, 335; *Röhl* Das rechtliche Gehör NJW 1964, 273, 275 und *Peukert* Die Garantie des „fair trial" in der Straßburger Rechtsprechung EuGRZ 1980, 247.

[239] BGHZ 48, 327, 329.

[240] BVerfGE 55, 1, 6.

[241] BVerfGE 9, 89, 97. Dazu eingehend *Deguchi* Die prozessualen Grundrechte S. 142ff.; *Schmitt* aaO. S. 23f. Siehe im einzelnen unten lit.c).

die die Verletzung des rechtlichen Gehörs sanktionieren,[242] nur bezüglich der Anfechtung eines Schiedsspruches durchgreifen läßt, ist auch diese Norm im Rahmen des § 1041 außer acht zu lassen.

f) Ergebnis

Im Ergebnis ist somit festzuhalten, daß in Ansehung der hier einschlägigen Normen die Schiedsrichter nicht grundsätzlich und ausnahmslos gezwungen sind, beide Parteien vor dem Erlaß einer einstweiligen Maßnahme aus § 1041 I 1 zu hören. Wegen der oftmals bestehenden Dringlichkeit des Erlasses solcher Eilmaßnahmen sowie wegen des nötigen Überraschungseffektes[243] kann folglich das Schiedsgericht – wie auch das staatliche Gericht –[244] in Fällen mit dringendem Handlungsbedarf eine beantragte Eilanordnung treffen, ohne den Antragsgegner vorher anzuhören.[245] Das bedeutet jedoch nicht, daß die Gewährung rechtlichen Gehörs derart zurückgedrängt ist, daß der Antragsgegner auch nach Erlaß einer solchen Maßnahme nicht anzuhören ist. Da § 1042 I 2 weiterhin Geltung beansprucht und seine Anwendbarkeit im Verfahren des § 1041 I nur deshalb reduziert wird, damit die Effizienz einer schiedsrichterlichen Eilanordnung gewahrt wird, ist die Anhörung des Antragsgegners nach der Wahrung dieser Effizienz unbedingt nachzuholen. Dieses Ergebnis ließe sich zudem mit der Überlegung stützen, daß die Behauptungen beider Parteien im Rahmen der Glaubhaftigkeitsprüfung zu berücksichtigen sind und deshalb das rechtliche Gehör unmittelbar nach Anordnung einer Eilmaßnahme zu gewähren sei.[246]

4. Glaubhaftmachung

Will sich das Schiedsgericht nicht dem Vorwurf der Willkürlichkeit im Rahmen einer Eilentscheidung nach § 1041 I 1 aussetzen,[247] wird es trotz der fehlenden Bindung an die Voraussetzungen der §§ 916ff.[248] gehalten sein, im Vorfeld seiner Entscheidung in Anlehnung an die §§ 920 II, 936, 294 einen

---

[242] Vgl. Begründung BT-Drucks. 13/5274 S. 46; *Baumbach/Lauterbach/Hartmann* § 1042 Rdn. 2.

[243] Siehe oben § 4 III 3 b) und e).

[244] Siehe oben § 4 III 3 c).

[245] Vgl. *Schwab/Walter* aaO. Kap.17a. Rdn. 20.

[246] Vgl. *Schwab/Walter* aaO. Kap.17a. Rdn. 20.

[247] Siehe oben § 4 III 3 lit.c).

[248] Siehe oben § 4 II.

Grad subjektiver Überzeugung zu erreichen, der es zuläßt, die vorläufige Anordnung aus ex-ante-Sicht zu rechtfertigen. Wie auch immer man diesen
Überzeugungsgrad definieren möchte, steht dabei jedoch fest, daß hier aufgrund der Natur und des Wesens des einstweiligen Rechtsschutzes geringere
Anforderungen als an den hauptverfahrensrechtlichen Beweis zu stellen
sind.[249] Der beschriebene Verfahrenscharakter ruft eine grundsätzliche Beweisbeschränkung hervor. Trotzdem wird der Schiedsrichter in Ausübung
seines pflichtgemäßen Ermessens aus § 1041 I 1 nach Kriterien fragen müssen, die um den Maßnahmeanspruch und den Maßnahmegrund kreisen.[250]
Eine Glaubhaftmachung ist also auch im schiedsrichterlichen Verfahren des
§ 1041 I 1 zu fordern.[251] Bezüglich der Beweisführung des Antragstellers
wird man deshalb nicht zwingend die Voraussetzungen zu beachten haben,
die im staatlichen Eilverfahren einen Arrest oder eine einstweilige Verfügung
legitimieren.[252] In beiden Verfahren rechtfertigt die bloß summarische Prüfung der materiellen Rechtslage jedoch eine Beweisbeschränkung, so daß
hier wie dort gelten wird, daß eine Überzeugung über die Wahrscheinlichkeit
des tatsächlichen Geschehens im Rahmen der Glaubhaftmachung als ausreichend anzusehen sein wird.[253] Dabei wird § 1042 IV 2 für die Glaubhaftmachung gelten.[254] Danach ist das Schiedsgericht berechtigt, über die Zulässigkeit einer Beweiserhebung zu entscheiden, diese durchzuführen und das
Ergebnis frei zu würdigen.

Aus Gleichwertigkeitsaspekten (vgl. §§ 920 II, 936, 294 I) ist das schiedsrichterliche
Verfahren jedoch dadurch benachteiligt ist, daß sich der Antragsteller nicht der
eidesstattlichen Versicherung als Instrument der Glaubhaftmachung bedienen
kann.[255] Das Schiedsgericht ist keine zur Abnahme von Eiden befugte Stelle und

---

[249] So auch *Bandel* aaO. S. 103.

[250] Vgl. *Schlosser* aaO. S. 177.

[251] Vgl. *Zöller/Greger* § 294 Rdn. 1.

[252] Gemeint sind hier nur die Anforderungen an das Beweismaß, denn auch im staatlichen einstweiligen Rechtsschutz wird nur dieses gesetzlich erleichtert, nicht aber die
Behauptungs- noch die Beweislast, vgl. BGHZ 68, 187; OLG Stuttgart WRP 1978,
316; OLG Karlsruhe WRP 1983, 170.

[253] Vgl. BGH VersR 1976, 928, 929; *MünchKomm/Prütting* § 294 Rdn. 23; *Rosen-
berg/Schwab/Gottwald* aaO. § 112 II 2 m.w.N; *Schwab/Walter* aaO. Kap.17a.
Rdn. 20; *Thomas/Putzo* § 294 Rdn. 1.

[254] *Bandel* aaO. S. 104.

[255] Vgl. Begründung BT-Drucks. 13/5274 S. 45; *Lachmann* aaO. Rdn. 676; *Schütze* aaO.
S. 1651; derselbe aaO. Rdn. 237. Vgl. zur bisherigen Rechtslage *Jeong-Ha* aaO.
S. 59ff.

damit entfällt auch die durch die Strafdrohung des § 156 StGB bedingte erhöhte Glaubwürdigkeit der eidesstattlichen Versicherung.[256]

5. Rechtsschutzbedürfnis

Auch das Rechtsschutzbedürfnis als allgemeine „Rechtsschutzgewährungs-voraussetzung"[257] ist im Rahmen der Zulässigkeit eines schiedsgerichtlichen Eilverfahrens vom ersuchten Schiedsgericht zu beachten.[258] Das Rechts-schutzbedürfnis des Antragstellers, verstanden als berechtigtes Interesse, zur Erreichung seines begehrten Rechtsschutzzieles ein (konstituiertes) Schieds-gericht in Ansehung des § 1029 I in Anspruch zu nehmen,[259] mag beispiels-weise in den Fällen entfallen und somit zu einer Abweisung des Eilantrages führen, wenn der Antragsteller sein Rechtsschutzziel auf einfacherem und billigerem Wege erreichen kann,[260] wenn er keinen irgendwie schutzwürdi-gen Vorteil erlangen kann,[261] wenn die begehrte Anordnung unmöglich oder sicherlich nicht vollziehbar ist,[262] oder wenn sein Begehren eine wiederholte querulatorische Eingabe darstellt.[263] Aus der gesetzlichen Parallelität der einstweiligen Rechtschutzverfahren, die insbesondere ihren Ausdruck in den Vorschriften der §§ 1033, 1041 I findet, geht indessen hervor, daß das Schiedsgericht das Rechtsschutzbedürfnis des Antragstellers nicht deswegen verneinen darf, weil er gleichzeitig auch gemäß § 1033 Zugang zum staatli-chen Verfahren der §§ 916ff. habe. Die im SchiedsVfG bezweckte Freiheit der Verfahrenswahl widerspricht auch einer Entscheidung, die das Rechts-schutzbedürfnis mit Hinweis darauf negiert, daß das Schiedsgericht in Anse-hung der §§ 1042 II,III, 1062 I Nr. 4, 1063 III 1 nicht die Möglichkeit besitzt, die eventuell zu erlassende Eilmaßnahme auch zu vollziehen.

---

[256] Vgl. *Bandel* aaO. m.w.N.

[257] So Rosenberg/Gaul/Schilken aaO. § 23 II 8.

[258] Für das Zulässigkeitserfordernis des Rechtsschutzinteresses im Rahmen der Schieds-klage vgl. *Schütze* aaO. Rdn. 139 m.w.N.

[259] Vgl. zur Bestimmung des Rechtsschutzbedürfnisses im staatlichen Verfahren BGH NJW-RR 1989, 263.

[260] Vgl. BGH WM 1990, 2060.

[261] Vgl. BGH WM 1996, 835.

[262] Vgl. BGHZ 68, 372; 97, 178.

[263] Vgl. *Rosenberg/Schwab/Gottwald* aaO. § 92 IV 2 lit.a) m.w.N.

IV. Rechtsfolge

Unter Beachtung der vorbenannten Anordnungsvoraussetzungen belegt der Wortlaut des § 1041 I 1 auf der Rechtsfolgenseite mit der Wendung „*kann* das Schiedsgericht...anordnen", daß hiermit nicht nur die Kompetenz der Schiedsgerichtsbarkeit zum Erlaß einstweiliger Maßnahmen kodifiziert werden sollte („Kompetenz-kann"), sondern daß die Schiedsrichter sowohl hinsichtlich des Erlasses („Ob") als auch hinsichtlich der erforderlichen Maßnahme („Wie") einen Ermessensspielraum besitzen („Ermessens-kann").[264] Dabei resultiert die Einräumung des inhaltlichen Ermessensspielraumes aus der Notwendigkeit, daß für den Fall einer ausländischen Vollziehung gewährleistet sein muß, daß das Schiedsgericht hinsichtlich der erforderlichen Maßnahme einen Gestaltungsfreiraum besitzt. Zudem würde der unbestimmte Rechtsbegriff der „Erforderlichkeit" auf Tatbestandsseite in unnötiger Weise eingeschränkt, wenn kein schiedsrichterliches Ermessen bezüglich des „Ob" zulässig wäre. Denn wenn die Schiedsrichter auf Rechtsfolgenseite gezwungen wären, eine Maßnahme entweder anzuordnen oder sie ganz zu versagen, würde diese scharfe Trennung der Anordnungsmöglichkeiten den Schiedsrichtern nicht ermöglichen, adäquat auf die regelungsbedürftige Sachlage zu reagieren. Die tatbestandliche gesetzliche Wertung des § 1041 I 1 zeigt aber gerade mit dem Ausdruck „erforderlich", daß diese Feinabstimmung möglich sein soll. Demzufolge und in Anbetracht der Absolutheit des schiedsrichterlichen Verfahrens bezüglich der Anordnungsvoraussetzungen des Arrestes und der einstweiligen Verfügung sind die Schiedsrichter selbst bei Vorliegen der Voraussetzungen der §§ 916ff. nicht verpflichtet, die beantragte Maßnahme zu erlassen.[265] Der gesetzlichen Wertung folgend ist dieser für die Schiedspartei eher nachteilige Aspekt somit hinzunehmen.

V. Form der Entscheidung

Da die gesetzliche Statuierung eines eigenen Vollziehungsverfahrens gemäß §§ 1041 II, III i.V.m. §§ 1062 I Nr. 3, 1063 III 1 nur dann sinnvoll ist, wenn eine schiedsrichterliche Eilanordnung nicht schon als Schiedsspruch im Wege der §§ 1060, 1061 i.V.m. §§ 1062 I Nr. 4, 1064 vollstreckt werden könn-

---

[264] Im Ergebnis, ohne Begründung, *Baumbach/Lauterbach/Hartmann* § 1041 Rdn. 2; *Schlosser* aaO. S. 177. Vgl. auch *Scheef* aaO. S. 41.

[265] So auch der Bericht der Kommission S. 108; *Zöller/Geimer* § 1041 Rdn. 1. AA. wohl *Gottwald* aaO. S. 1020; *Thomas/Putzo* § 1041 Rdn. 2; *Thümmel* aaO. S. 135.

te,[266] ergibt sich, daß die Anordnung vorläufiger oder sichernder Maßnahmen durch das Schiedsgericht gemäß § 1041 I 1 nicht in Form eines Schiedsspruches[267] gemäß § 1054 erlassen werden muß.[268] Zudem zeigt der Wortlaut des § 1063 III 1, daß das Gesetz zwischen einem Schiedsspruch und vorläufigen oder sichernden Maßnahmen des Schiedsgerichts nach § 1041 differenziert. Aus der fehlenden Zuordnung der schiedsrichterlichen Entscheidung nach § 1041 I 1 in die Form des Schiedsspruches gemäß § 1054 ist jedoch nicht zu folgern, daß diese somit als Beschluß zu ergehen habe.[269] Vielmehr geht aus § 1056 I, II hervor, daß das Schiedsverfahrensrecht die Entscheidungsform des Beschlusses ausdrücklich den enumerativ benannten, verfahrensbeendigenden, schiedsrichterlichen Entschlüssen vorbehält. Auch aus Gründen der Rechtsklarheit und der besseren Verständlichkeit, die sich daraus ergibt, daß eine Verwechselung der schiedsrichterlichen Eilentscheidung mit dem gerichtlichen Beschluß aus § 1063 I 1 beziehungsweise aus §§ 922 I 1, 936 vermieden wird, ist in der Anordnung einer vorläufigen oder sichernden Maßnahme gemäß § 1041 I 1 grundsätzlich eine Entscheidung sui generis zu sehen.[270] Dieses Ergebnis bedeutet darüber hinaus nicht, daß das zehnte Buch der ZPO in dieser Vorschrift neue Wege hinsichtlich der Form beschreitet, denn auch andere zivilprozessuale Verfahrensarten kennen ähnliche Institute, wie zum Beispiel die einstweiligen Anordnung der §§ 620, 644, 707, 732 II, 766 I 2. Ungeachtet des nachgezeichneten, gesetzlichen Leitbildes des SchiedsVfG ist aber zu berücksichtigen, daß die Schiedsrichter gleichwohl über die Regelung des § 1041 I 1 hinweggehen können und somit auch in Form eines Beschlusses entscheiden können. Denn diese sind nur den Parteien gegenüber aus Dienst- bzw. Geschäftsbesorgungsvertrag[271] oder aus einem Vertrag eigener Art[272]

---

266   So wohl auch *Thümmel* aaO. S. 136.

267   Vgl. hierzu *Musielak/Voit* § 1054; *Schütze* aaO. Rdn. 203.

268   Im Ergebnis auch *Baumbach/Lauterbach/Hartmann* § 1041 Rdn. 2; *Schütze* aaO. S. 1652; *Thümmel* aO. S. 136.

269   AA. *Baumbach/Lauterbach/Hartmann* § 1041 Rdn. 2; *Schütze* aaO. S. 1652.

270   Im Ergebnis auch *Mönning* aaO. S. 114; *Thümmel* aaO. S. 136.

271   Vgl. zur rechtlichen Qualifikation des Schiedsrichtervertrages, der streng von der Schiedsvereinbarung zu unterscheiden ist, *Hausmann* Der Schiedsrichtervertrag; *Hoffet* Rechtliche Beziehungen zwischen Schiedsrichtern und Parteien; *Inderkum* Der Schiedsrichtervertrag; *Real* Der Schiedsrichtervertrag; *Strieder* Rechtliche Einordnung und Behandlung des Schiedsrichtervertrages.

272   Vgl. RGZ 59, 274, 74, 321; BGHZ 15, 12.

und nicht dem Gesetzgeber gegenüber verpflichtet.[273] Die Vorschriften des Neuregelungsgesetzes richten sich in Ansehung der Art. 1 III, 20 III, 97 I GG nämlich unmittelbar nur an die staatlichen Richter.

VI. Rechtsbehelfe

Indem das SchiedsVfG im siebten Abschnitt lediglich in § 1059 einen Rechtsbehelf in Form der gerichtlichen Aufhebung gegen Schiedssprüche gewährt, folgt aus dem Umkehrschluß für die schiedsrichterliche Anordnung nach § 1041 I 1, daß diese mit ordentlichen, förmlichen Rechtsbehelfen nicht anfechtbar sind. Mangels einer planwidrigen Regelungslücke verbietet sich insoweit zudem eine Gesetzesanalogie zu § 1059. Anders als das gerichtliche Eilverfahren, daß in dem Widerspruch gemäß §§ 924f. bzw. in der Berufungsmöglichkeit gegen das erstinstanzliche Urteil nach § 922 I 1 1.Alt., 936,[274] sowie in dem Aufhebungsantrag wegen Versäumung der Klagefrist gemäß § 926 II bzw. wegen späterer Veränderungen gemäß § 927, zahlreiche Rechtsbehelfe kennt, ist mithin ein Rechtsbehelf, der dem unterliegenden Antragsgegner die Möglichkeit bietet, beim Schiedsgericht die Aufhebung oder Änderung seiner Entscheidung aus § 1041 I 1 zu bewirken, im zehnten Buch nicht vorgesehen.[275] Auch die Möglichkeit der Schiedspartei, auf Antrag beim Oberlandesgericht eine Abänderung der einstweiligen Schiedsanordnung gemäß § 1041 II 2 zu erwirken, hat in diesem Zusammenhang außer Betracht zu bleiben, denn die gerichtliche Abänderungsbefugnis besteht zum einen nur im Rahmen des Exequaturverfahrens und ist zum anderen durch das Kriterium der Notwendigkeit zur Vollziehung eng umgrenzt.

VII. Schiedsgerichtliche Abänderungsmöglichkeit

In Anbetracht des Fehlens einer Rechtsbehelfmöglichkeit ergibt sich auf Grund des weiten schiedsrichterlichen Ermessens aus § 1041 I 1, daß beispielsweise in den entsprechenden Fällen des § 927 I, also wegen veränderter Umstände durch Erledigung des Rechtsstreits oder auf Grund des Erbietens einer Sicherheitsleistung, das Schiedsgericht auf Antrag oder nach Gegenvorstellung seine ursprünglich angeordnete Maßnahme ändern oder aufheben

---

[273] Vgl. *Voit* aaO. S. 122; *Musielak/Voit* § 1056 Rdn. 1.

[274] Auch im Arrestprozeß ist das streitige Endurteil nur mit der Berufung anfechtbar, vgl. OLG Karlsruhe NJW 1987, 509; OLG Köln WRP 1083, 43.

[275] So auch *Lachmann* aaO. Rdn. 685.

kann.[276] Selbst wenn diese Möglichkeit eines actus contrarius im SchiedsVfG expressis verbis nicht zum Ausdruck kommt, muß aus der positiven Kompetenz zum Erlaß einer einstweiligen Maßnahme gemäß § 1041 I 1 gefolgert werden, daß darin gleichzeitig auch eine korrespondierende Kompetenz zur Zurücknahme enthalten ist. Dabei wird diese Kompetenz auch noch nach einer Vollziehungsanordnung durch ein staatliches Gericht von den Schiedsrichtern ausgeübt werden dürfen. Die Bejahung einer schiedsrichterlichen Abänderungsmöglichkeit wird auch von dem bereits gewonnenen Ergebnis unterstützt, daß in Ausnahmefällen das rechtliche Gehör erst nach Erlaß der einstweiligen Anordnung gewährt werden darf.[277] Denn sollte sich im Rahmen der nachgeholten Anhörung ergeben, daß das Schiedsgericht sich deshalb veranlaßt sieht, das ursprünglich Angeordnete zu ändern oder gar ganz aufzuheben, würde es einen nicht begründbaren Wertungswiderspruch darstellen, wenn die Schiedsrichter diesem Umstand nicht Rechnung tragen dürften.[278]

---

[276] So auch *Schütze* aaO. S. 1653. AA. wohl *Lachmann* aaO. Rdn. 685.
[277] Siehe oben § 4 III 3.
[278] So auch *Schwab/Walter* aaO. Kap. 17a. Rdn. 20.

§ 5 Sicherheitsleistung

I. Regelung des § 1041 I 2

Gemäß § 1041 I 2 kann das Schiedsgericht von jeder Partei im Zusammenhang mit einer vorläufigen oder sichernden Maßnahme des Absatzes 1 Satz 1 angemessene Sicherheit verlangen. Vom inhaltlichen Gefüge entspricht die Regelung damit Art. 17, 2 ModG.[1]

> § 1041 I 2 spricht hier zwar nicht expressis verbis von vorläufigen oder sichernden Maßnahmen des Satzes 1, sondern lediglich von einer „*solchen*" Maßnahme. Durch die reflexive Wortwahl nimmt § 1041 I 2 aber erkennbar Bezug auf die sprachlich konkretisierten schiedsrichterlichen Eilmaßnahmen des vorhergehenden Satzes. Denn das Demonstrativpronomen „solche" wird im allgemeinen Sprachgebrauch dann verwendet, wenn die Art bereits benannt oder bekannt ist.[2]

Diese Vorschrift ist dem deutschen Recht grundsätzlich nicht fremd. Denn auch den staatlichen Gerichten steht es gemäß § 921 II 2 frei, die Anordnung des Arrestes von einer Sicherheitsleistung abhängig zu machen. Selbiges gilt aufgrund der Verweisungsnorm des § 936 bei der Anordnung einstweiliger Verfügungen.[3] Die Rechtsähnlichkeit der für die Schiedsgerichte wie auch für die staatlichen Gerichte gleichermaßen bestehende Situation, die beiderseitigen Interessen der Verfahrensbeteiligten bei der Anordnung einer Sicherheitsleistung im Rahmen einer Eilentscheidung zu berücksichtigen, gebietet dabei die grundsätzliche Gleichbehandlung der gesetzlichen Normierungen der §§ 921 II 2, 936 und des § 1041 I 2. Ungeachtet der – auch – internationalen Ausrichtung des SchiedsVfG wird es deshalb erlaubt sein, zu einzelnen Fragestellungen der schiedsrichterlichen Sicherheitsleistung auf die einschlägige Rechtsprechung und Literatur im Bereich der gerichtlichen Sicherheitsanordnung der §§ 921 II 2, 936 Rückgriff zu nehmen.

---

[1]   Art. 17, 2 ModG: „The arbitral tribunal may require any party to provide appropriate security in connection with such measure". Vgl. zudem die Begründung BT-Drucks. 13/5274 S. 45.

[2]   Vgl. Microsoft Encarta Enzyklopädie 1998, Wörterbuch Stichwort „solche".

[3]   OLG Nürnberg BayJMBl. 1957, 428; OLG Köln MDR 1989, 920; *Lidl* Der Bereitschaftsdienst GRUR 1978, 93, 96; *MünchKomm/Heinze* § 936 Rdn. 11; *Musielak/Huber* § 936 Rdn. 2; *Zöller/Vollkommer* § 921 Rdn. 7. Zu den Besonderheiten der Sicherheitsleistung bei einstweiligen Verfügungen vgl. *Schuschke/Walker* § 921 Rdn. 22.

II. Partei der Sicherheitsleistung

Abweichend vom obig entworfenen Gleichklang des § 1041 I 2 zu den §§ 921 II 2, 936 sieht die schiedsverfahrensrechtliche Regelung jedoch vor, daß das Schiedsgericht sowohl vom Antragsteller als auch vom Antragsgegner Sicherheit verlangen kann:[4] „Das Schiedsgericht kann *von jeder Partei* im Zusammenhang mit einer solchen Maßnahme angemessene Sicherheit verlangen."

1. Sicherheitsleistung des Antragstellers

Indem aber zunächst die Regelung des § 921 II 2 die Möglichkeit vorsieht, die Anordnung des Arrestes (respektive den Erlaß einer einstweiligen Verfügung gemäß §§ 921 II 2, 936) von einer Sicherheitsleistung durch den Antragsteller abhängig zu machen,[5] läßt sich ein erstes Ergebnis gewinnen. Der gerichtlichen Befugnis entsprechend wird auch das Schiedsgericht die Anordnung der einstweiligen Maßnahme unter die aufschiebende Bedingung des vorherigen Nachweises der Erbringung einer Sicherheitsleistung stellen dürfen.[6] Damit würde schon der Erlaß der beantragten Rechtsschutzmaßnahme im Falle der Nichtleistung der Sicherheit durch den Antragsteller zugunsten des Antragsgegners verhindert. Die Sicherheitsleistung des Antragstellers diente in diesem Fall somit der schiedsrichterlichen Anordnung der begehrten Maßnahme (Anordnung *nach* Sicherheitsleistung).[7]

2. Sicherheitsleistung des Antragsgegners

Die Befugnis des Schiedsgerichtes, den Antragsgegner mit einer Sicherheitsleistung im Zusammenhang mit einer Eilmaßnahme aus § 1041 I belegen zu dürfen, stellt gegenüber den Vorschriften der §§ 921 II 2, 936 eine Neuerung dar. Das Sicherheitsverlangen des Schiedsgerichtes darf jedoch – ungeachtet des in § 1041 I 2 eingeräumten Anordnungsermessens („kann")[8] – nicht eo ipso und a funktional ausgesprochen werden. Trotz Belastung der betreffenden Partei, sollte die schiedsrichterliche Anordnung gemäß § 1041 I 2 ihren

---

[4] Vgl. Begründung BT-Drucks. 13/5274 S. 45. Ebenso Art. 17,2 ModG: „...require *any party*...".

[5] Vgl. OLG Dresden SeuffA 80, 189; OLG München BayJMBl 1955, 175; *Rosenberg/Gaul/Schilken* Zwangsvollstreckungsrecht § 79 I 3; *Thomas/Putzo* § 921 Rdn. 3.

[6] Vgl. auch *Schwab/Walter* Schiedsgerichtsbarkeit Kap.17a. Rdn. 32.

[7] Vgl. *Christmann* Arrestvollziehung gegen Sicherheitsleistung DGVZ 1993, 109.

[8] Vgl. hierzu unten Abschnitt VI.

Interessen dienen. Damit würde die Parallelität zu der Anordnung der Sicherheitsleistung gegenüber dem Antragsteller gewahrt. Deshalb muß auch der Antragsgegner in der Sicherheitsleistung einen ihm dienenden Zweck erkennen können. Der Antragsgegner muß mit der Leistung einer Sicherheit also imstande sein, auf die vorläufige oder sichernde Maßnahme des Schiedsgerichtes in seinem Sinne einwirken zu können. Auf welche Art und Weise zeigt die Gleichstellung der Befugnisse des Antragstellers mit denen des Antragsgegners. Die nicht bloß sprachlich-formale Gleichstellung der Parteien in § 1041 I 2 und der generalisierende Wortlaut ebnen dem Antragsgegner von daher nicht nur den Weg, durch das Erbieten einer Sicherheitsleistung die Aufhebung der (vollzogenen) Maßnahme zu erwirken oder zumindest die Vollziehung hieraus zu hemmen. Hiermit wird dem Antragsgegner gleichzeitig die Möglichkeit eingeräumt, bereits vor Anordnung der einstweiligen Maßnahme diese durch Sicherheitsleistung in toto – oder zumindest in Teilen – abzuwenden. Damit ist dem Antragsgegner mit anderen Worten gemäß § 1041 I 2 eine Abwendungsbefugnis bezüglich der Anordnung einstweiliger schiedsrichterlicher Maßnahmen aus Satz 1 zuzuerkennen. In diesem Punkt wird die oben erwähnte Diskrepanz zum gerichtlichen Eilverfahren manifest. Im Hinblick auf die Möglichkeit des Antragsgegners, mit Hilfe der Sicherheitsleistung Einfluß auf das Eilverfahren zu nehmen, weisen die §§ 923, 925 II, 927 I, 934 I (in Verbindung mit § 936) eine weit diffizilere und einschränkendere Normstruktur auf. Die Vorschrift des § 939 belegt dies.[9] Demnach ist dem staatlichen Gericht nur unter besonderen Umständen gestattet, die Aufhebung einer einstweiligen Verfügung gegen Sicherheitsleistung des Antragsgegners anzuordnen. Dennoch steht gerade die Normierung des § 921 II 2 auch in dieser Hinsicht nicht isoliert neben der Bestimmung des § 1041 I 2, sondern hinter § 1041 I 2 verbirgt sich m.E. eine konsequente Fortsetzung des Schutzgedankens des § 921 II 2. Ausgangspunkt dieses Schutzgedankens des § 921 II 2 und auch ein inhärenter Zweck ist dabei, den Antragsgegner vor den besonderen Gefahren des einstweiligen Rechtsschutzes zu bewahren.[10]

---

[9] Diese Bestimmung ersetzt §§ 925 II und 927 teilweise und §§ 923, 934 I ganz, vgl. *Thomas/Putzo* § 939 Rdn. 1; *Rosenberg/Gaul/Schilken* aaO. § 79 I 1 und 4 lit.a).

[10] Vgl. OLG Hamm WRP 1989, 116, 118; *Dunkl* Handbuch des vorläufigen Rechtsschutzes S. 60; *Leipold* Grundlagen des einstweiligen Rechtsschutzes S. 69f.; *MünchKomm/Heinze* § 921 Rdn. 8; *Walker* Der einstweilige Rechtsschutz im Zivilprozeß § 10 Rdn. 499; *Wieczorek/Schütze/Thümmel* § 921 Rdn. 12.

Belegt wird dies bereits durch die Vorläufer des § 921 II, die in den §§ 745, 746 des dritten Entwurfes einer CPO von 1874 ihren Niederschlag gefunden hatten. Schon ihre Begründung sah eine Anordnung der Sicherheitsleistung in den bedenklichen Fällen vor, in denen der Arrest einen unverhältnismäßigen Schaden zu stiften droht. Wobei die Begründung expressis verbis davon sprach, daß dem Antragsgegner durch die Anordnung einer Sicherheitsleistung, die der Antragsteller zu erbringen hatte, Schutz gewährt werden sollte.[11]

Aus § 921 II 2 wird dementsprechend gemeinhin gefolgert, daß er die Durchsetzbarkeit eines eventuellen, verschuldensunabhängigen Schadensersatzanspruches des Antragsgegners aus § 945 gewährleisten soll.[12] Wenn aber § 921 II 2 gerade deshalb besteht, den im Fall einer ungerechtfertigten Anordnung entstehenden Schadensersatzanspruch aus § 945 abzusichern und auf diese Weise dazu beizutragen soll, daß wenigstens die dem Antragsgegner nachteiligen Folgen einer Fehlentscheidung ausgeglichen werden können, dann ist es anhand der parallelen Schutzrichtung des § 1041 I 2 auch hier folgerichtig, dem Antragsgegner bereits im Vorfeld die Möglichkeit der Abwendung der Maßnahme durch Sicherheitsleistung einzuräumen.[13] Durch diese Verhinderungsoption kann der Antragsgegner unter Wahrung der Interessen des Antragstellers den größtmöglichen Schutz erfahren. Zumal hierdurch der Schaden, der schon mit der bloßen Anordnung der schiedsrichterlichen Maßnahme entstehen könnte (Rufschäden, Verlust der Kreditwürdigkeit etc.) und gemäß § 1041 IV 1 weder restitutions- noch kompensationsfähig wäre,[14] gar nicht zur Entstehung gelänge. Die für die Annahme einer Abwendungsbefugnis sprechenden Gründe basieren letztendlich jedoch auf der weiten grammatikalischen Fassung des § 1041 I 2. Zwar ließe sich durchaus vertreten, den insoweit indifferenten Wortlaut des § 1041 I 2 derart restriktiv zu deuten, daß die einstweilige Maßnahme bereits vom Schiedsgericht angeordnet worden sein muß. Das Ergebnis hiervon wäre, daß demzufolge die Sicherheitsleistung des Antragsgegners lediglich immer nur die staatliche Vollziehung hindern könnte. Diesem Einwand der Aberkennung der Abwendungsbefugnis ist aber zum einen zu entgegnen, daß die Anordnung der einstweiligen Maßnahme hauptinhaltlich aus dem Sicherheitsverlangen des Schiedsgerichtes bestehen kann und es somit in Einzelfällen gar

---

[11] Abgedruckt bei *Hahn* Materialien zur ZPO S. 474.

[12] Vgl. *Christmann* aaO. S. 109; *Schuschke/Walker* § 921 Rdn. 19.

[13] Vgl. im Ergebnis *Musielak/Voit* § 1041 Rdn. 2.

[14] Vgl. dazu im einzelnen unten § 8 Schadensersatz.

nicht zu einer anderweitigen schiedsrichterlichen Anordnung kommt.[15]Die Möglichkeit des Antragsgegners, mit einer Sicherheitsleistung von seiner Abwendungsbefugnis gemäß § 1041 I 2 Gebrauch zu machen, ist jedoch dann sinnlos, wenn dem Antragsgegner vor Erlaß der abzuwendenden schiedsrichterlichen Eilmaßnahme kein rechtliches Gehör gewährt wurde. In diesen Fällen kann die Abwendungsbefugnis mangels Kenntnis des Antragsgegners von der bevorstehenden Maßnahme nicht ausgeübt werden. In dieser Konstellation greift die gesetzliche Statuierung einer Abwendungsbefugnis des Antragsgegners grundsätzlich ins Leere. Es sei denn, der Antragsgegner erreicht mit dem späteren Angebot, Sicherheit leisten zu wollen, daß das Schiedsgericht von seiner Kompetenz gebraucht macht und die bereits erlassene Eilmaßnahme im Austausch einer Sicherheitsbestellung wieder aufhebt.

3. Freiwilligkeit der Sicherheitsleistung

Aufgrund der aufgezeigten Vorteile der Befugnis des Antragsgegners, durch Sicherheitsleistung die Anordnung einer vorläufigen oder sichernden Maßnahme abzuwenden, wird die betreffende Partei deshalb in praxi durchaus ein Interesse daran haben, Sicherheit gegen Abwendung der Anordnung leisten zu dürfen.[16] Obwohl aus dem argumentum e contrario zu § 1041 I 1 i.V.m. § 1041 II, III folgt, daß im Rahmen des § 1041 I 2 eine staatliche Mitwirkung zur zwangsweisen Durchsetzung der Anordnung der Sicherheitsleistung gegen den Willen des Sicherheitsschuldners nicht vorgesehen ist, spricht auch dies dafür, daß nur freiwillig geleistet werden kann, ohne daß dies gesondert durchgesetzt werden müßte. Denn ohne einen ordnungsgemäßen Nachweis der auferlegten Sicherheitsleistung kann weder der Antragsgegner noch der Antragsteller sein individuelles Rechtsschutzziel erreichen. Beide sind also auch ohne das Druckmittel einer zwangsweisen Durchsetzung gehalten, die Auflagen des Schiedsgerichtes als ureigenste Obliegenheit zu erfüllen. Da die Sicherheitsleistung somit von der jeweils belegten Partei freiwillig erfüllt — oder eben nicht erfüllt- wird, ist zu prüfen, welche weiteren Motive eine Partei (neben dem bereits erwähnten Anreiz der Rechtsschutzverwirklichung hinaus) haben kann, damit die betroffene Partei dieser schiedsrichterlichen Auferlegung aus § 1041 I 2 nachkommt. Fraglich ist also, ob der Vorschrift

---

15 So auch *Thümmel* Einstweiliger Rechtsschutz im Schiedsverfahren DZWir 1997, 133, 135.
16 AA. *Thümmel* aaO. S. 135.

des § 1041 I 2 weitere Funktionen innewohnen, die die Schiedsparteien veranlassen, der Sicherheitsanordnung des Schiedsgerichts zu folgen.

a) Befriedungsfunktion

Über Anreiz der Rechtsschutzverwirklichung hinaus, verschafft zunächst eine weitere Funktion des § 1041 I 2 den Schiedsrichtern die Möglichkeit, die Wahrscheinlichkeit der freiwilligen Befolgung der angeordneten Maßnahme zu erhöhen. Denn gerade der Antragsgegner wird sich eher bereit erklären, der Anordnung auch ohne Vollziehungsdruck nachzukommen, wenn dem obsiegenden Antragsteller aufgegeben wird, im Zusammenhang mit der Anordnung der begehrten Eilmaßnahme Sicherheit zu leisten. Insbesondere in Fällen einer ungerechtfertigten Schiedsanordnung garantiert diese Sicherheitsleistung des Antragstellers den Regreß des Antragsgegners, indem sie jenem einen ungehinderten Vermögenszugriff offeriert. Zwar haftet der Antragsteller dem Antragsgegner gegenüber gemäß § 1041 IV verschuldensunabhängig und mit seinem gesamten Vermögen, doch gerade bei drohender Insolvenz oder Illiquidität des Antragstellers wird dieser Haftungszugriff für den Antragsgegner oftmals nicht ausreichend sein.[17] Aufgrund der Risikominimierung, die dadurch entsteht, daß der Antragsgegner in der Leistung einer Sicherheit durch den Antragsteller einen tatsächlichen und rechtlich gesicherten Nachweis über dessen Solvenz erhält,[18] wird der Antragsgegner deutlich eher gewillt sein, freiwillig den entsprechenden vorläufigen Maßnahmen des Schiedsgerichtes Folge zu leisten. Das Entbehrlichwerden der staatlichen Vollziehung setzt voraus, daß die Sicherheit ausreicht, grundsätzlich jegliche Schäden des Antragsgegners aus der Vollziehung zu decken.[19] Bei dieser schiedsgerichtlichen Vorgehensweise erübrigt sich zudem nicht nur der (für beide Parteien) mühsame Weg der Erwirkung einer Vollziehbarerklärung nach § 1041 II in Verbindung mit der Weiterführung der Vollziehung durch die staatlichen Vollstreckungsorgane gemäß §§ 803ff. Vielmehr wird durch den Wegfall der zwangsweisen Durchsetzung auch ein vorläufiger Zustand der Befriedung der Parteien erreicht. Diese in § 1041 I 2 erkennbare

---

[17] Darüber hinaus könnte der Antragsgegner zudem auf den Rechtsverfolgungskosten dieses Regresses sitzen bleiben. Vgl. allgemein zu den Kostentragungspflichten der Schiedsparteien *Schütze* Schiedsgericht und Schiedsverfahren Rdn. 224ff. m.w.N.

[18] Vgl. zu den verschiedenen Möglichkeiten Sicherheit zu leisten unten Abschnitt V.

[19] So auch im Bereich des ModG UN-Commentary A/CN.9/264 para 5 Satz 3 zu Art. 17.

Funktion der Befriedung stellt also ein weiteres Motiv dar, warum die betroffene Partei Sicherheit leisten wird.[20]

b) Schadensersatzrechtliche Ergänzungsfunktion

Neben diesen eher allgemeinen Erwägungen hebt die Vorschrift mit dem normativen Tatbestandsmerkmal der „angemessenen" Sicherheit aber zudem eine andere, bereits kurz skizzierte Funktion in den Vordergrund. Der unbestimmte Rechtsbegriff der Angemessenheit legt zum einen bereits auf Tatbestandsebene einen weitgehenden Beurteilungsspielraum des Schiedsgerichtes hinsichtlich der Höhe der Sicherheitsleistung fest. Zum anderen konkretisiert dieser Rechtsbegriff vor dem Hintergrund des Leitbildes des Art. 17 ModG die Schutzrichtung des § 1041 I 2. Lautete Art. 26 II 2 der UNCITRAL-Schiedsordnung noch, daß das Schiedsgericht berechtigt ist, Sicherheit für die Kosten der angeordneten Maßnahmen zu verlangen, so sollte schon für das UNCITRAL-Modellgesetz durch den Gebrauch des Wortes angemessen in Art. 17 ModG („appropriate") eine Interpretation anhand der vorbezeichneten Regelung vermieden werden.[21] Diese Weitung des Anwendungsbereiches in dem Erfordernis der Angemessenheit, die von der bloßen Sicherheitsleistung für die Kosten der angeordneten Maßnahme abrückt, ist im nationalen Schiedsrecht aber nur dann sinnvoll, wenn die Regelung hier aus teleologischer Sicht generell die obig genannten Risiken im Zusammenhang mit ungerechtfertigen Maßnahmen minimieren will. Dieses kann aber nur erreicht werden, wenn die Kompensation der verfahrensrechtlichen Benachteiligung des Antragsgegners im Eilverfahren in einem umfassenden Sinne gewährleistet wird. Dies ist jedoch wiederum nur zu bewerkstelligen, wenn es § 1041 I 2 vermag, die tatsächliche Durchsetzbarkeit des Schadensersatzanspruches aus § 1041 IV 1 vollständig abzusichern. Das sind die Fallkonstellationen, in denen der Antragsteller die von ihm beantragte Eilmaßnahme, die sich später als von Anfang an ungerechtfertigt erweist, aufgrund des bloß summarischen Erkenntnisverfahrens des Schiedsgerichtes zugesprochen be-

---

20 Vgl. zur befriedigenden Funktion des Rechts allgemein *Henkel,* Rechtsphilosophie S. 47, stellt auf die Erzielung eines Vergleiches ab. Vgl. zudem *Radbruch* Rechtsphilosophie S. 124; *Fechner* Funktionen des Rechts in der menschlichen Gesellschaft Jb.f.Rsoz.u.Rtheorie 1970 S. 91, 93; *Maihofer* Die gesellschaftliche Funktion des Rechts Jb.f.Rsoz.u.Rtheorie 1970, S. 11, 36; *Schelsky* Systemfunktionaler, anthropologischer und personfunktionaler Ansatz der Rechtssoziologie Jb.f.Rsoz.u.Rtheorie 1970 S. 39, 44f.; *Zippelius* Rechtsphilosophie S. 67.

21 Vgl. UN-Report A/40/17 para 166 zu Art. 18.

kommt. Derentwegen aber finanzielle Einbußen beim Antragsgegner entstehen, die mangels Liquidität des Antragstellers auch über einen verschuldensunabhängigen Schadensersatzanspruch de facto nicht mehr zu kompensieren sind. Angesichts der Zweckrichtung des § 1041 I 2 wohnt der Sicherheitsleistung damit primär eine schadensersatzrechtliche Ergänzungsfunktion inne. Auch diese Funktion könnte somit eine Schiedspartei – beispielsweise aus Rücksichtnahme vor zukünftig geplanten Geschäftsbeziehungen- veranlassen, freiwillig Sicherheit zu leisten.

c) Warnfunktion

Unabhängig davon übt die restriktive Sicherungswirkung des § 1041 I 2 darüber hinaus mittelbar Einfluß auf den einstweiligen Rechtsschutz aus. Indem beispielsweise die Anordnung der Sicherheitsleistung gegen Vollziehung geeignet ist, dem Antragsteller letztendlich sein Schadensersatzrisiko aus § 1041 IV vor Augen zu führen, verhilft § 1041 I 2 dazu, den obsiegenden Antragsteller bei zweifelhafter Rechtslage von einer zwangsweisen Durchsetzung seines rein vorläufig festgestellten Anspruches abzuhalten. Ein nach § 1041 IV 1 ersatzfähiger Vollziehungsschaden würde demnach bereits im Ansatz ausbleiben.[22] Mithin soll die Sicherheitsleistung dem Antragsteller letztendlich auch sein Schadensersatzrisiko vor Augen führen und ihn vor übereilter Vorgehensweise warnen. Aus dieser Warnfunktion folgt zudem, daß trotz einer unzweifelhaften Solvenz des Antragstellers, die den Wegfall der schadensersatzrechtlichen Ergänzungsfunktion mangels Sicherungsinteresses des Antragsgegners bewirken würde, eine Anordnung der Sicherheitsleistung dennoch angezeigt sein kann.[23]

III. Umfang der Sicherheitsleistung

1. Grundsatz der vollständigen Deckung

Im Grundsatz wird das Schiedsgericht die Sicherheitsleistung gemäß § 1041 I 2 aufgrund der vorbezeichneten Funktionen höhenmäßig so zu taxieren haben, daß sie im Falle ihrer Bestellung durch den Antragsteller geeignet ist, sämtliche voraussehbare Schäden des Antragsgegners zu decken. Die gleiche Handhabung weist auch das ModG in Art. 17,2 ModG aus. Um zum

---

[22] Ähnliches gilt auch im gerichtlichen Eilverfahren, vgl. *Schuschke/Walker* § 921 Rdn. 19; *Walker* aaO. § 10 Rdn. 501.

[23] Vgl. *Walter* Internationale Schiedsgerichtsbarkeit in der Schweiz S. 152.

Schutz der betroffenen Partei deutlich zu machen, daß die Höhe der Sicherheit auch die Kosten der Maßnahme übersteigen darf, weicht das ModG deshalb konzeptionell von ihrem Vorläufer, der UNCITRAL-Schiedsordnung,
ab.[24] Nach der endgültigen Fassung des Art. 17,2 ModG ist es dem Schiedsgericht deshalb auch gestattet, künftige oder voraussehbare Schäden, die
durch den Erlaß der vorläufigen Maßnahme hervorgerufen werden können, in
die Sicherheitsleistung einzubeziehen.[25]

2. Höchstgrenze der Sicherheitsleistung anhand des § 1041 IV 1

Die dargetane teleologische Korrelation der Sicherheitsleistung aus
§ 1041 I 2 in bezug auf den Schadensersatzanspruch aus § 1041 IV 1[26] ist
gleichzeitig auch das limitierende Kriterium des Umfanges der Sicherheitsleistung. Die Nachteile, die dem Antragsgegner durch die verfahrensbe-
schleunigende Regelung des § 1041 drohen, können aufgrund der
schadensersatzrechtlichen Ergänzungsfunktion des § 1041 I 2 nur die in Absatz 4 Satz 1 beschriebenen und damit ersatzfähigen Nachteile sein. Ausge-
nommen bleiben hier die eingangs erwähnten Schäden, wie beispielsweise
Rufschäden oder der Verlust der Kreditwürdigkeit, die aufgrund einer bloßen
Anordnung der schiedsrichterlichen Eilmaßnahme hervorgerufen werden
können. Die Höhe der Sicherheitsleistung wird also mit anderen Worten
durch die maximal voraussehbare Schadensersatzforderung aus § 1041 IV 1
begrenzt.[27] Zwar beinhaltet § 1041 I 2 auch die angeführten Warn- und Be-
friedungsfunktionen, allein maßgebend ist hier aber aus vermögensrechtlicher
Betrachtung die schadensersatzrechtliche Ergänzungsfunktion. Denn nur dieser kommt ein unmittelbarer Vermögensbezug zu. Zudem werden die Warn-
und auch die Befriedungsfunktion schon allein durch die bloße Anordnung
der Sicherheitsleistung erfüllt, wohingegen es zur Erreichung der Ergänzung
des § 1041 IV 1 einer geldwerten Angleichung in § 1041 I 2 an selbige bedarf. Mithin steht nur die schadensersatzrechtliche Ergänzungsfunktion in
einer wechselwirkenden Relation mit § 1041 IV 1.

---

24 Vgl. *Granzow* Das UNCITRAL-Modellgesetz S. 135.
25 Vgl. UN-Commentary A/CN.9/264 para 5 Satz 2 zu Art. 17; *Hußlein-Stich* Das UN-
    CITRAL-Modellgesetz S. 102.
26 Siehe oben Abschnitt 3 Punkt 2.
27 Im Ergebnis auch *Schwab/Walter* aaO. Kap.17a. Rdn. 32. Zu Art und Ausmaß des
    Schadensersatzes aus § 1041 IV 1 vgl. unten § 8 Schadensersatz.

3. Vermeidung einer Übersicherung des Antragsgegners

Aber auch diese Begrenzung des Umfanges der Sicherheitsleistung des § 1041 I 2 durch § 1041 IV 1 kann einen interessensgerechten Ausgleich für beide Parteien herbeiführen. Auf der einen Seite berücksichtigt das SchiedsVfG damit – zumindest unter Voraussetzung der Notwendigkeit einer Sicherheitsbestellung durch den Antragsteller – den berechtigten Wunsch desselbigen, sein Rechtsschutzziel gegen geringst mögliche Sicherheitsleistung erreichen zu können. Auf der anderen Seite wird hierdurch auch eine Übersicherung des Antragsgegners ausgeschlossen. Er muß sich im Wege eines argumentum a maiore ad minus darauf verweisen lassen, daß sein Interesse an vorläufiger Sicherung wegen drohender Schäden nicht das Interesse übersteigen kann und darf, welches er im Höchstfalle der Verwirklichung des Schadens als Ersatz liquidieren könnte. Maßstab der Höhe der Sicherheitsleistung ist aufgrund der Ergänzungsfunktion des § 1041 I 2 deshalb auch nicht der Streitwert des Hauptverfahrens, sondern die angeführte mutmaßliche Schadensersatzforderung aus Absatz 4 Satz 1.[28]

4. Umfang der Sicherheitsleistung des Antragsgegners

Abweichend von den bisherigen Ausführungen, die sich auf die Konstellation der Sicherheitsleistung des Antragstellers zum Schutze des Antragsgegners bezogen, ist nunmehr zu erörtern, inwieweit sich die höhenmäßige Ausgestaltung der Sicherheitsleistung des Antragsgegners in § 1041 I 2 bestimmen läßt. Dabei ist wiederum die mit der Sicherheitsleistung verbundene Zweckrichtung zu berücksichtigen. Indem der Antragsgegner gerade deshalb leistet, um die dem Antragsteller nützende Anordnung einer vorläufigen Maßnahme zu verhindern oder zumindest ihre Vollziehung abzuwenden, ist für den Umfang der zu leistenden Sicherheit das Interesse des Antragstellers an der hypothetisch ungehinderten Vollziehung der beantragten Maßnahme ausschlaggebend. In diesem Rahmen wird also maßgeblich, ob der Antragsteller die Sicherung des bestehenden Zustandes oder die Regelung eines Rechtsverhältnisses begehrt. Hiernach hat sich die Höhe der Sicherheitsleistung auszurichten. Wobei in einzelnen Fällen eine Annäherung an den Streitwert der Hauptsache gerechtfertigt sein wird.

---

[28] So auch *Schütze* Schiedsgericht und Schiedsverfahren Rdn. 238.

IV. Art der Sicherheitsleistung

Aufgrund des dispositiven Charakters des § 1041 I 2 ist die Bestimmung der Art der Sicherheitsleistung zunächst den Parteien vorbehalten, vgl. § 1042 III. Erst wenn eine derartige Vereinbarung nicht vorliegt, kann das Schiedsgericht aufgrund der Stufenfolge des § 1042 IV 1, die in § 1041 I 2 näher konkretisiert ist, diesbezüglich eine eigene Entscheidung treffen. Soweit es der Sicherung der betreffenden Partei überhaupt dienen kann, kann das Schiedsgericht theoretisch alle denkbaren Sicherungsmittel zulassen. Dazu gehören beispielsweise die Verpfändung von Sachen oder Rechten, insbesondere von Sparguthaben,[29] die Sicherungsübereignung und -abtretung, die Bestellung einer Hypothek oder Grundschuld, wie auch die Hinterlegung bei einem Rechtsanwalt oder Notar durch Einzahlung auf ein von dort geführtes Anderkonto.[30] Bei der Wahl einer geeigneten prozessualen Sicherheitsleistung wird sich das Schiedsgericht auch an die materiell-rechtlichen Vorschriften des BGB, das in den §§ 232-240 Regelungen zu Art und Weise der Sicherheitsleistung trifft, ausrichten können.[31] Ein gesetzlicher Verweis des SchiedsVfG auf das BGB ist aufgrund des eingeräumten schiedsrichterlichen Ermessens nicht zu fordern.[32] Dabei ist der ermessensleitende Maßstab für die Bestimmung der Art der Sicherheitsleistung das zuvor bereits erwähnte Sicherungsinteresse der betreffenden Partei.[33] Aus empirischer Sicht wird sich aber auch in der Schiedsgerichtsbarkeit die Vielfalt der Sicherungsmittel auf zwei – im nationalen gerichtlichen Verfahren nahezu ausschließlich gewählte – Arten der Sicherheitsleistung reduzieren.[34] So bestimmen die deutschen Gerichte wegen der zumeist komplizierten Handhabung der weiteren Sicherungsmittel

---

[29]   RGZ 124, 220.

[30]   Vgl. BayObLGZ 1988, 256 m.w.N.

[31]   Vgl. *Goedeke* Grundfragen der Sicherheitsleistung im Zivilprozeß S. 2.

[32]   So aber *Palandt/Heinrichs* Überblick vor § 232 Rdn. 1, für die gerichtliche Bestimmung der prozessualen Sicherheitsleistung aus § 108.

[33]   Im Resultat vergleichbar sieht beispielsweise auch die Schiedsgerichtsordnung des London Court of International Arbitration (LCIA) vom 1. Januar 1998 in Art. 25 I lit.a) Satz 2 vor, daß die Sicherheit durch Hinterlegung oder Bankgarantie oder auf jede andere Weise gestellt werden kann. Art. 25 I LCIA: „..., to provide security, by way of deposit or bank guarantee or in any other manner,...".

[34]   Siehe die vergleichende Studie von Goedeke aaO. S. 28, die er beim Amts- und Landgericht Hannover durchführte.

für gewöhnlich entweder die Hinterlegung[35] oder die Bankbürgschaft[36] als prozessuale Sicherheit. Eine ähnliche Vorgehensweise dürfte aus praktischer Sicht – ergänzt um die Möglichkeit, einer Einzahlung auf ein Treuhandkonto– auch den Schiedsgerichten anzuraten sein.[37]

V. Ermessen

Fraglich bleibt jedoch, ob sich die Schiedsrichter in ihrer Entscheidung gesetzlichen Wertungen in Form einer sogenannten gebundenen Entscheidung verpflichtet sehen, oder ob sie die Sicherheitsleistung nach eigenem Ermessen treffen können. Auch wenn das schiedsrichterliche Ermessen in einer ganzen Reihe von Bestimmungen im Gegensatz zu § 1034 II ZPO a.F. zugunsten des Prinzips der Rechtssicherheit ausgeschlossen beziehungsweise in bestimmter Weise („intendierend") vorgezeichnet wird,[38] eröffnet § 1041 I 2 für den Fall einer fehlenden Parteivereinbarung[39] dem Schiedsgericht eine überaus weite Ermessensfreiheit. Für dieses weite Ermessen streitet zum einen der Wortlaut des § 1041 I 2, der auf Rechtsfolgenseite ohne weitere Reglementierungen statuiert, daß das Schiedsgericht angemessene Sicherheit verlangen *kann*. Zum anderen sprechen Gründe der Flexibilität und der ratio legis dieser Vorschrift dafür. Denn § 1041 I 2 will und muß den Schiedsrichtern angesichts der Freiwilligkeit der Bestellung der Sicherheit ermöglichen, mit dem Instrumentarium einer möglichst variablen Sicherheitsanordnung zu erreichen, daß die betroffene Partei die Sicherheit freiwillig erbringt. Das Schiedsgericht ist somit nicht nur in seinem Entschluß frei, *ob* es überhaupt eine Sicherheitsleistung verlangt („Entschließungsermessen"), sondern es bestimmt in freiem Ermessen von wem es diese verlangt und in welcher Art und Weise die Sicherheitsleistung inhaltlich ausgestaltet sein soll („Auswahlermessen"). Ermessensleitende Gesichtspunkte mögen sich zwar aus den dargestellten Funktionen und dem Zweck der Sicherheitsleistung ergeben, aber dadurch wird das Ermessen nicht beschränkt oder gar auf eine einzig mögli-

---

[35] *Stein/Jonas/Bork* § 108 Rdn. 12.

[36] *Behr* Sicherheitsleistung und Sicherungsvollstreckung JurBüro 1995, 568, 569. Zu den Vorteilen der Bankbürgschaft vgl. *Retemeyer* Sicherheitsleistung durch Bankbürgschaft S. 13ff.

[37] Vgl. zu den dann weiter geltenden Bestimmungen im einzelnen *Musielak/Foerste* § 108; *Thomas/Putzo* § 108 jeweils m.w.N.

[38] Begründung BT-Drucks. 13/5274 S. 24.

[39] Siehe oben Abschnitt V.

che Ermessensentscheidung reduziert.[40] Selbst das Erbieten einer Sicherheitsleistung durch eine Partei übt keinen Einfluß hierauf aus. Die Sicherheitsleistung kann demnach von dem Schiedsgericht nach freiem Ermessen
festgesetzt werden, ohne daß weitere Voraussetzungen hinzutreten müssen.[41]
Analog zu der Systematik des § 1042 ergeben sich die Grenzen des Ermessens somit also nur dann, wenn zwingende gesetzliche Vorschriften, Parteivereinbarungen, oder dispositive gesetzliche Regelungen entgegenstehen.[42]

VI. Rückgabe der Sicherheitsleistung

Die Rückgabe der erbrachten Sicherheit vollzieht sich je nach Art der gelei-
steten Sicherheit. Wie schon bei der ursprünglichen Anordnung der Sicherheitsleistung[43] bedarf es auch bei der schiedsrichterlichen Rückgabeanordnung keines speziellen Parteiantrages. In beiden Fällen darf die Anordnung des Schiedsgerichts von Amts wegen erlassen werden. Dies folgt aus
dem Wortlaut des § 1041 I 2 und wird auch anhand des Gegensatzes zum
Antragserfordernis des Satzes 1 erkennbar. Aufgrund des Fehlens einer
anderweitigen herauskehrenden Anordnungsmöglichkeit ergibt sich aus
§ 1041 I 2 zwingend, daß das Schiedsgericht seine ursprünglich angeordnete
Sicherheitsleistung auch wieder ändern oder aufheben können muß. Denn in
§ 1041 I 2 wird grundsätzlich nur dem auf den Ablauf des einstweiligen Verfahrens begrenzten Umstand Tribut gezollt, daß dem Gesuchsgegner durch
den Erlaß einer Eilmaßnahme ein Schaden entstehen kann. Die Anordnung
einer Sicherheitsleistung ist somit eo ipso immer eine vorläufige. Den Charakter der Vorläufigkeit kann das Schiedsgericht somit nur dann wahren,
wenn gleichzeitig mit der Anordnungsmöglichkeit der Sicherheitsleistung
immanent das Recht und die Verpflichtung des Schiedsgerichts einhergeht,
die Rückgabe der Sicherheitsleistung auszusprechen. Selbst wenn eine solche
Möglichkeit eines actus contrarius in § 1041 I 2 nicht ausdrücklich erwähnt
wird, muß aus der positiven Kompetenz zur Anordnung einer Sicherheitsleistung gefolgert werden, daß darin gleichzeitig auch eine korrespondierende
Kompetenz zur Rückanordnung enthalten ist. Die Anordnung der Rückgabe
der Sicherheitsleistung untersteht dabei wiederum dem freien Ermessen des
Schiedsgerichtes. In Anlehnung an die Vorschrift des § 109 I 1. HS. werden

---

40   So auch *Scheef* Der einstweilige Rechtsschutz S. 51.
41   *Thümmel* aaO. S. 135.
42   Vgl. Begründung BT-Drucks. 13/5274 S. 46f.
43   Vgl. Schwab/Walter aaO. Kap.17a. Rdn. 32.

die Schiedsrichter dabei jedoch im Kern darauf abzustellen haben, ob die ursprüngliche Veranlassung für die Sicherheitsleistung weggefallen ist. Wobei in diesem Rahmen dann sämtliche Umstände zu berücksichtigen sind, die bei erneuter Betrachtung ex post zu einer anfänglichen Ablehnung des Erbietens einer Sicherheitsleistung geführt hätten. Dabei ist der Zeitpunkt des Entstehens der Versagungsgründe genauso unbeachtlich wie die Tatsache, ob die Parteien beziehungsweise das Schiedsgericht von ihnen Kenntnis hatten oder nicht. Aus dem Merkmal des „Zusammenhanges mit einer solchen Maßnahme" im Sinne des § 1041 I 2 läßt sich folgern, daß sich immer dann, wenn der Zusammenhang der Sicherheitsleistung mit der einstweiligen Maßnahme entfällt oder gestört wird, ein Rückgewähr- oder zumindest ein Teilrückgewährgrund ergibt.[44] Die innere Rechtfertigung der Sicherheitsleistung entfällt mit Ende des einstweiligen Verfahrens, also dann, wenn die einstweilige Maßnahme aufgehoben wurde. Aber auch die Anordnung einer Teilrückgabe kann geboten sein, wenn die Höhe der Sicherheitsleistung unzumutbar übersetzt ist.[45] Fehler in bezug auf das Bestehen der einstweiligen Maßnahme schlagen also auf die ursprüngliche Veranlassung der Sicherheitsleistung durch. Dabei kann die schiedsrichterliche Anordnung der Rückgewähr auf Antrag einer Partei oder auf Veranlassung des Schiedsgerichtes selbst erfolgen. Weitere Sachverhaltskonstellationen, die eine schiedsrichterliche Rückgabeanordnung erforderlich machen, ergeben sich dann, wenn der unsichere Zustand beendet ist, der bei Sicherheitsleistung vorgelegen hat. Wenn also Ansprüche, deren Verwirklichung gesichert werden sollte, nicht oder nicht mehr entstehen können[46] beziehungsweise wenn einer abgesicherten Geltendmachung bereits entstandener Ansprüche kein Hindernis mehr entgegensteht.[47] Im tatsächlichen Ablauf der Rückgewährung entbehrt das SchiedsVfG in § 1041 I 2 der (gemäß § 109 I gerichtlich zulässigen) Möglichkeit, daß das Schiedsgericht, das die Bestellung der Sicherheit angeordnet oder zugelassen hat, auf Antrag eine Frist bestimmen kann. Eine Frist, binnen derer die Partei, zu deren Gunsten die Sicherheit geleistet wurde, die Einwilligung in die Rückgabe der Sicherheit zu erklären oder die Erhebung der Klage wegen ihrer Ansprüche nachzuweisen hat. Indem jedoch durch die

---

[44] Ist die Veranlassung nur für einen Teil des Streitgegenstandes weggefallen, dann kann eine Teilrückgabe angeordnet werden, vgl. OLG München OLGZ 1997, 23.
[45] Vgl. OLG Düsseldorf MDR 1982, 412.
[46] Vgl. OLG Düsseldorf RPfleger 1996, 165.
[47] Vgl. RGZ 61, 300; 97, 130.

schiedsrichterliche Rückgabeanordnung der Rechtsgrund ihrer originären Bestellung gemäß § 812 I 2, 1. Alt. BGB entfällt,[48] erhält die betreffende Partei bei Geltung dieser Vorschrift zumindest einen bereicherungsrechtlichen Anspruch. Dieser versetzt die Partei, die Sicherheit geleistet hat, im Falle der Hinterlegung in die Lage, von der sicherheitsberechtigten Partei die Einwilligung zur Herausgabe gemäß § 13 II Nr. 1 HinterlO zu verlangen,[49] beziehungsweise den durch Leistung einer anderweitigen Sicherheit erlangten Vermögensvorteil auszukehren.[50]

VII. Rechtsbehelfe

Rechtsbehelfe gegenüber der schiedsrichterlichen Anordnung einer Sicherheitsleistung gemäß § 1041 I 2 stehen ausweislich der fehlenden diesbezüglichen Regelung in den §§ 1025-1066, insbesondere der Nichtberücksichtigung im siebten Abschnitt der ZPO, die ausschließlich die Rechtsbehelfe gegenüber Schiedssprüchen normiert,[51] weder dem Antragsteller noch dem Antragsgegner zur Verfügung. Eine Inhaltskontrolle der Anordnung der Sicherheitsleistung ist demnach ausgeschlossen. Indem aufgrund der rein vorläufigen Geltung der fraglichen Anordnung, der Ermessensfreiheit des Schiedsgerichtes und des zugrundeliegenden summarischen Charakters des schiedsrichterlichen Verfahrens insgesamt eine Rechtsähnlichkeit zu einem endgültigen Schiedsspruch, dem gemäß § 1055 die Wirkungen eines rechtskräftigen gerichtlichen Urteiles beigelegt ist, abzulehnen ist, scheidet damit auch eine analoge Anwendbarkeit des § 1059 aus.[52] Somit wird durch das SchiedsVfG gegenüber Anordnungen aus § 1041 I 2 auch ein Rechtsbehelf in Form der gesetzlichen Einräumung eines Aufhebungsantragsrechts gemäß § 1059 (analog) nicht gewährt.

---

[48] Vgl. *Stein/Jonas/Bork* § 109 Rdn. 7.

[49] Vgl. BGH NJW 1972, 1045; NJW-RR 1994, 847.

[50] Aus den Gesichtspunkten zu Abschnitt IV Punkt 3 wird die Geltendmachung dieser Einwilligung genau wie die Klage auf Entlassung aus der Bürgschaft mangels Schiedsunterworfenheit vor einem staatlichen Gericht erfolgen müssen. Vgl. zur Klage auf Entlassung aus der Bürgschaft RGZ 156, 164, 166; BGH NJW 1971, 701, 702; *Musielak/Foerste* § 109 Rdn. 1.

[51] Vgl. Begründung BT-Drucks. 13/5274 S. 58.

[52] In Ansehung des Wortlautes des § 1059 I scheidet eine direkte Anwendung bereits deshalb aus, weil in der Anordnung der Sicherheitsleistung gemäß § 1041 I 2 kein Schiedsspruch im Sinne der §§ 1054, 1055 zu erblicken ist.

§ 6 Zulassung der Vollziehung

I. Schiedsgerichtsbarkeit und das staatliche Gewaltmonopol

1. Das staatliche Gewaltmonopol

Die Schiedsgerichtsbarkeit im Sinne des 10. Buches der ZPO in Form von Privatgerichten aus einem oder mehreren Schiedsrichtern, denen die Entscheidung bürgerlicher Rechtsstreitigkeiten anstelle staatlicher Gerichte durch private Willenserklärung übertragen ist, beabsichtigt, die sich ihr unterwerfenden Parteien zu befrieden.[1] Eine endgültige Befriedung der Parteien ist aber grundsätzlich nur dann zu erwarten, wenn sie gezwungen sind, das durch die Schiedsgerichte festgestellte Recht anzuerkennen.

Dieser Ansicht könnte jedoch entgegengehalten werden, daß alternative Methoden der Streiterledigung (conciliation, mediation, mini-trial etc.)[2] zu dem selben Ergebnis führen können. Denn diese Verfahren alternativer Streiterledigung sind gerade dazu bestimmt, die Parteien zu einer gemeinschaftlichen Lösung zu führen, ihnen bei einer einverständlichen Regelung zu helfen und zur Seite zu stehen.[3] Da diese Methoden jedoch keine endgültige Entscheidung des Streitfalles herbeiführen können, wird letztlich die oben gewonnene Ansicht in den Fällen echter streitentscheidender Tätigkeit weiter Geltung beanspruchen dürfen.

Das heißt mit anderen Worten, daß eine effiziente Konfliktlösung über die bloße Erkenntnis des Rechts hinaus – abgesehen von der freiwilligen Erfüllung – grundsätzlich auch immer die Möglichkeit bieten sollte, eine zwangsweise Durchsetzung des erkannten Rechtsanspruches zu erreichen.

Durch die Möglichkeit, zum Zwecke des Rechtsgehorsams notfalls in legaler Weise physische Gewalt einzusetzen, unterscheidet sich in diesem Zusammenhang das Recht von anderen – religiösen, sittlichen, gesellschaftlichen – Sollensordnungen.[4] Denn anders als diese Teilordnungen muß die Rechtsordnung als staatliche Gesamtordnung zwangsbewehrt sein, weil Zwangsregeln immer noch die stärkste Klammer eines menschlichen Verbandes sind[5] und sich für seinen Bestand als unentbehrlich erweisen.[6]

---

[1] Dieses kommt u.a. dadurch zum Ausdruck, daß dem Schiedsspruch gemäß § 1055 (§ 1040 ZPO a.F.) die Wirkungen eines rechtskräftigen gerichtlichen Urteiles innewohnen.

[2] Siehe oben § 1 Fn. 57.

[3] Vgl. *Schütze* Schiedsgericht und Schiedsverfahren Rdn. 4.

[4] Vgl. *Brodmann* Recht und Gewalt S. 58.

[5] *Quaritsch* Staat und Souveränität S. 108.

[6] *Ihering* Der Zweck im Recht S. 444.

Sinn und Zweck dieses Zwanges ist dabei grundsätzlich nicht die abstrakte, generelle Bewährung der objektiven Rechtsordnung, sondern vorwiegend die konkrete, individuelle Realisierung der in ihr enthaltenen subjektiven Rechtsstellungen des einzelnen.[7] Die Gewährleistung der Verwirklichung und des Schutzes dieser subjektiven Rechte obliegt jedoch in Anbetracht der Geltung des staatlichen Gewaltmonopols[8] und des Verbotes individueller Selbsthilfe[9] ausschließlich dem Staat als dem äußeren Träger und Garanten der Rechtsordnung[10]. Als private Rechtseinrichtung[11] hat die Schiedsgerichtsbarkeit somit keine Kompetenz zur zwangsweisen Durchsetzung seiner Entscheidungen.[12] Sie ist deshalb zur effizienten Wahrnehmung der ihr zufallenden Befriedungsfunktion auf staatliche Mitwirkung angewiesen. Dies gilt sowohl bezüglich der Erklärung der Vollstreckbarkeit (vgl. § 1060 I) als auch hinsichtlich der Durchführung der Zwangsvollstreckung.

> Denn erst in Verbindung mit der Vollstreckbarerklärung wird der Schiedsspruch gemäß § 794 I Nr. 4a zum Vollstreckungstitel, wobei das Verfahren auf Vollstreckbarerklärung eine Fortsetzung des Schiedsverfahrens vor den ordentlichen Gerichten und nicht bereits Bestandteil der Zwangsvollstreckung ist, vgl. §§ 1041 II, 1060 I i.V.m. § 1062 I Nr. 3, 4.

Der Nachteil der fehlenden Möglichkeit zur schiedsrichterlichen Vollstreckbarerklärung kann aber zum Teil durch die Vorzüge der Schiedsgerichtsbarkeit kompensiert werden.[13] Die dank hoher Sachkunde größere Autorität ihrer Richter kann zum Beispiel dazu führen, daß Schiedssprüche in weit größerem

---

7   Vgl. *Lorenz* Der grundrechtliche Anspruch auf effektiven Rechtsschutz AöR 105 (1980), 623, 625f.; *Gaul* Zur Frage nach dem Zweck des Zivilprozesses AcP 168 (1968), 27, 46.

8   Vgl. *Merten* Rechtsstaat und Gewaltmonopol S. 56: „Das staatliche Gewaltmonopol besagt, daß nur der Staat physischen Zwang ausüben und daß jede nichtstaatliche Gewaltanwendung nur aufgrund einer staatlichen Gewaltgestattung erfolgen darf".

9   Selbsthilfe als Durchsetzung oder Sicherung eines Anspruches vermittels privater Gewalt ist in einem rechtsstaatlich geordneten Gemeinwesen grundsätzlich unzulässig, vgl. *Deguchi* Die prozessualen Grundrechte S. 139f.; *Staudinger/Werner* § 229 Rdn. 1 jeweils m.w.N. Lediglich in den Grenzen der §§ 227-231, 561, 859, 904, 962 u.a. BGB ergänzen sie den staatlichen Rechtsschutz, vgl. *Palandt/Heinrichs* § 229 Rdn. 1.

10 *Pawloski* Aufgabe des Zivilprozesses ZZP 80 (1967), 345, 346.

11 *Blomeyer* Betrachtungen über die Schiedsgerichtsbarkeit S. 51, 52.

12 Andernfalls wäre hierdurch die staatliche Hoheitsgewalt in Frage gestellt, vgl. *Merten* aaO. S. 56.

13 Vgl. *Berges* Die Schiedsgerichtsbarkeit als Aufgabe KTS 1960, 97ff.

Umfange freiwillig erfüllt werden als staatliche Urteile. Dennoch verlangt die Effektivität der Schiedsgerichtsbarkeit, daß die im Schiedsverfahren unterliegende Partei rechtlich gezwungen werden kann, ihren – durch die Schiedsentscheidung – festgelegten Verpflichtungen nachzukommen.[14]

In dem hier behandelten Bereich des einstweiligen schiedsrichterlichen Rechtsschutzes lautet die diesbezügliche Diktion des SchiedsVfG hinsichtlich der staatlichen Verleihung der Vollstreckbarkeit[15], „die Vollziehung einer Maßnahme nach [§ 1041] Absatz 1 zuzulassen", vgl. § 1041 II 1 i.V.m. § 1062 I Nr. 3. Inhaltlich knüpft dieses aber an das Vorbenannte an, und auch hier unterstellt das SchiedsVfG die Vollziehung der schiedsrichterlichen Eilmaßnahmen den staatlichen Rechtspflegeorganen.

2. Schiedsentscheidungen und staatliche Vollstreckung

In diesem Bereich der zwangsweisen Durchsetzung kommt die Schiedsgerichtsbarkeit also grundsätzlich nicht umhin, staatliche Hilfe in Anspruch nehmen zu müssen. Die beschriebene erforderliche Mitwirkung der staatlichen Gerichte ist jedoch im Verfahren des § 1041 I nicht zwingend erforderlich. Eine Mitwirkung der staatlichen Richter ist erst dann erforderlich, wenn sich der Gesuchsgegner nicht freiwillig der angeordneten Maßnahme unterzieht, und wenn sich die Maßnahme nicht auf die vorläufige Feststellung der Un- beziehungsweise Zulässigkeit eines bestimmten Verhaltens beschränkt.[16]

Bei letzterer Maßnahme ist die inhaltliche Feststellung ja bereits per Anordnung getroffen worden, so daß eine Vollziehung nicht mehr notwendig ist.

Fraglich ist jedoch , wie sich das Verhältnis der Schiedsgerichtsbarkeit und der staatliche Gerichtsbarkeit ausgestaltet. Gleichwertigkeit und die Abkoppelung des Schiedswesens von der nationalen Rechtsordnung sind dabei ausschlaggebende Kriterien.

Einen anderen Weg als den der Zwangsvollziehung, erreichte man im römischen Recht. Darin verpflichteten sich die Parteien zur Zahlung einer Vertragsstrafe, falls sie nicht am Schiedsverfahren teilnahmen oder die Verpflichtungen aus dem Schiedsurteil nicht erfüllten.[17]

---

14 Vgl. *Sonnauer* Die Kontrolle der staatlichen Gerichtsbarkeit S. 5.

15 Dies wird in Form der gerichtlichen Vollstreckbarerklärung, die eine gestaltende Natur aufweist (vgl. BGH BB 1960, 302), bewerkstelligt.

16 Vgl. *Schwab/Walter* Schiedsgerichtsbarkeit Kap.17a. Rdn. 28.

17 Vgl. *Ziegler* Das private Schiedsgericht im antiken römischen Recht S. 93ff..

Dabei wird die Gleichwertigkeit der Schiedsgerichtsbarkeit nur dann zu bejahen sein, wenn die staatliche Gerichtsbarkeit keine weitgehende Kontroll-
möglichkeit besitzt und ihr ein direkter Zugriff auf die schiedsrichterliche
Entscheidung versagt ist. Nur unter der Voraussetzung der vollständigen Re-
spektierung des schiedsrichterlichen Willens, der sich in dem Schiedsspruch
respektive in der Anordnung einer Eilmaßnahme manifestiert, läßt sich die
Schiedsgerichtsbarkeit als eigenständiges und staatlich unabhängiges Ent-
scheidungsorgan definieren. Den staatlichen Gerichte fällt nach dem gesetzlichen Vorstellungsbild somit lediglich die Rolle zu, den schiedsrichterlichen
Entscheidung zur tatsächlichen Durchsetzung zu verhelfen. Denn wenn jedwede schiedsrichterliche Tätigkeit in vollem Umfang gerichtlich nachprüfbar
wäre, so wäre die rechtliche Relevanz schiedsrichterlicher Entscheidungen
und damit auch die Bedeutung der Schiedsgerichtsbarkeit insgesamt deutlich
reduziert.[18] Von einer Liberalisierung und Stärkung der Schiedsgerichtsbarkeit, die nach dem Vorbild der Entwurfsverfasser gerade hierdurch die staatliche Gerichtsbarkeit entlasten sollte,[19] wäre dann im Zuge der Novellierung
des Schiedsrechts nicht zu sprechen.

Solch ein düstres Bild zeigte sich beispielsweise in England. Denn im common law
betrachtete man die Schiedsgerichtsbarkeit lange Zeit als Versuch, die staatliche
Rechtsprechung auszuschalten und weigerte sich seitens der Rechtsprechung deshalb, Schiedsvereinbarungen zur Durchsetzung zu verhelfen.[20]

Dieser aufgezeigte sensible Überschneidungsbereich findet im SchiedsVfG
seine Positivierung in dem Normbereich des § 1041 II, III. Als tertium com-
parationis enthält er sowohl die Elemente der Privatautonomie als auch des
öffentlichen Interesses, das bei einer hoheitlichen Zwangsmaßnahme entsteht.
Nur die rechtliche Analyse des § 1041 II III vermag deshalb die aufgeworfe-
nen Fragen zu beantworten.

3. Das UNCITRAL-Modellgesetz

Mit der vorbenannten gesetzlichen Regelung ging der Gesetzgeber eigene
Wege. Denn diese unterscheidet sich deutlich von der Ausgestaltung des gerichtlichen Vollstreckbarerklärungsverfahrens bezüglich inländischer und
ausländischer Schiedssprüche gemäß §§ 1060, 1061 i.V.m. §§ 1062 I Nr. 4,

---

[18] Vgl. *Sonnauer* aaO. S. 5.
[19] Siehe oben § 4 II.
[20] Vgl. *Sonnauer* S. 5 m.w.N.

1063 I, 1064 II. Die neugeschaffene, differenzierte Normierung in § 1041 II, III sucht vergeblich eine Entsprechung in anderen national-prozessualen Rechtsbereichen. Auch eine Anlehnung an das ModG mußte unterbleiben. Dies erklärt sich aber nicht daraus, daß man zugunsten einer eigenständigen Lösung hinsichtlich der Vollziehung schiedsrichterlicher Eil-maßnahmen einen rechtsvereinheitlichenden Vorschlag des UNCITRAL-Modellgesetzes ablehnen wollte. Die Neuschaffung fußt darauf, daß das ModG nichts über die Vollstreckbarkeit der Entscheidungen des Schiedsge-richtes, mit denen einstweiliger Rechtsschutz gewährt wird, vorsieht.[21] Insbe-sondere der hier grundsätzlich einschlägige Art. 17 ModG sollte nach übereinstimmender Auffassung der Verfasser des UNCITRAL-Modell-gesetzes weder dem Schiedsgericht die Befugnis verleihen, seine einstweili-gen Anordnungen zu vollstrecken, noch sollte er die gerichtliche Vollstrek-kung solcher Schiedsentscheidungen vorschreiben.[22]

> Es galt vielmehr als vereinbart, daß es dem jeweiligen Staat selbst überlassen wer-den sollte, im Rahmen seines nationalen Prozeßrechts den Schiedsparteien in diesem Zusammenhang Hilfe anzubieten.[23] Konkret könne der Staat hier entweder eine ge-richtliche Zwangsvollstreckung bestimmen oder das Schiedsgericht selbst ermächti-gen, bestimmte Zwangsmaßnahmen zu ergreifen.[24]

Das ModG schlug damit bewußt einen Weg ein, den vormals bereits die UN-CITRAL-Schiedsordnung ging. Sie enthält ebenfalls keine Regelungen über die Vollstreckung von schiedsrichterlichen Entscheidungen.[25] Sie stellt nur eine mögliche Voraussetzung für die Vollstreckung dadurch sicher, daß Art. 32 VII der UNCITRAL-Schiedsordnung[26] dem Schiedsgericht die Regi-

---

21 Vgl. Begründung BT-Drucks. 13/5274 S. 45; *Calavros* Das UNCITRAL-Modell-gesetz S. 102; *Granzow* Das UNCITRAL-Modellgesetz S. 134f.; *Hußlein-Stich* Das UNCITRAL-Modellgesetz S. 102ff.

22 UN-Commentary A/CN.9/264 para 4: „...article 18 [17] neither grants the arbitral tribunal the power to enforce its orders nor provides for judicial enforcement of such orders of the arbitral tribunal".

23 UN-Commentary A/CN.9/264 para 4: „...,it was understood that a State would not be precluded from rendering such assistance under its procedural law,..." Vgl. zudem UN-Doc. A/CN.9/245 para. 72; *Calavros* aaO. S. 102; *Granzow* aaO. S. 134; *Hußlein-Stich* aaO. S. 103.

24 UN-Commentary A/CN.9/264 para 4: „..., whether by providing judicial enforcement or by empowering the arbitral tribunal to take certain measures of compulsion".

25 Vgl. *Böckstiegel* Die UNCITRAL-Verfahrensordnung RIW 1982, 706, 711.

26 Art. 32 VII UNCITRAL-Schiedsordnung: „Verlangt das für die Schiedsgerichtsbar-keit geltende Recht des Staates, in dem der Schiedsspruch erlassen wird, daß das

strierung oder Hinterlegung in Ländern vorschreibt, wo dies Voraussetzung für die Vollstreckung ist.

Gemäß § 1039 III 1 1.HS ZPO a.f. war der – inländische – Schiedsspruch vormals in Deutschland auf der Geschäftsstelle des gemäß §§ 1045, 1047 ZPO a.f. zuständigen Gerichts niederzulegen. Wenn der Schiedsspruch für vollstreckbar erklärt werden sollte, war dieses Erfordernis der Niederlegung sogar zwingend.[27] Die Novellierung der bisherigen Vorschrift in § 1054 enthält in diesem Rahmen keine Bestimmung über die Niederlegung des Schiedsspruches mehr.

Interessanterweise verzichtete die Arbeitsgruppe des ModG sogar auf die Übernahme eines schon nahezu ausformulierten letzten Satzes des Art. 17 ModG.[28] Dieser statuierte für den Fall der Notwendigkeit der Zwangsvollstreckung einer einstweiligen schiedsrichterlichen Anordnung, daß das Schiedsgericht das zuständige staatliche Gericht beziehungsweise ein noch näher zu bestimmendes Gericht, um Vollzugshilfe ersuchen kann.[29] Im Zuge der Nichtübernahme wurde die Hoffnung gehegt, im Rahmen eines Eilverfahrens werde sich die unterliegende Schiedspartei schon den Anordnungen des Schiedsgerichtes fügen und freiwillig die auferlegten Maßnahmen befolgen beziehungsweise selbst veranlassen. Dabei vertraute man augenscheinlich auf die Autorität des Schiedsgerichts als Druckmittel.[30] Schließlich werde dieses Schiedsgericht das Verfahren letztlich entscheiden.[31] Möchte sich die unterliegende Partei mit anderen Worten nicht negativen Sanktionen des Schiedsgerichts in der Hauptverhandlung aussetzen, sei sie vor diesem Hintergrund also gehalten, freiwillig das Auferlegte zu befolgen.[32] Der nationale Gesetzgeber entschied sich hinsichtlich der Ermöglichung der zwangs-

---

Schiedsgericht den Schiedsspruch bei Gericht hinterlegt oder registrieren läßt, so hat das Schiedsgericht diesem Erfordernis innerhalb der gesetzlich vorgeschriebenen Frist nachzukommen".

[27] Vgl. *Thomas/Putzo* § 1039 Rdn. 10f.

[28] Vgl. *Calavros* aaO. S. 103 Fn. 441.

[29] UN-Doc. A/CN.9/245 § 71: „....if enforcement of any such interim measure becomes necessary, the arbitral tribunal may request (a competent / the Court specified in article V) to render executory assistance".

[30] Vgl. hierzu bereits *Berges* Die Schiedsgerichtsbarkeit als Aufgabe treuhänderischer Rechtspflege KTS 1960, 97, 98f. Siehe zudem oben § 1 II 2.

[31] UN-Commentary A/CN.9/264 para 4: „It seems probable that a party will comply with the order and take the measure considered necessary by the arbitrators, who, after all, will be the ones to decide the case".

[32] Diese inzidente Anspielung der Arbeitsgruppe des ModG läßt sich allerdings schwerlich mit dem Grundsatz der Gleichbehandlung aus § 1042 I 1 vereinbaren.

weisen Durchsetzung der schiedsrichterlichen Eilanordnung für den erst-
benannten Vorschlag der Arbeitsgruppe zum ModG: Der deutsche Staat gewährt nunmehr den Schiedsparteien Vollziehungshilfe, indem die staatlichen
Gerichte die Zwangsvollstreckung schiedsrichterlicher Eilentscheidungen
grundsätzlich gewährleisten, §§ 1041 II 1 i.V.m. § 1062 I Nr. 3.

II. Umfassende Nachprüfungsbefugnis

Da das schiedsrichterliche Eilerkenntnisverfahren zum Zeitpunkt des Voll-
ziehungszulassungsantrages des § 1041 II 1 bereits abgeschlossen ist, ist
fraglich, ob das staatliche Gericht in die hier gewonnene Erkenntnis eingreifen darf. In Ansehung der Bestimmung des § 1041 II 1 ist somit zunächst zu
prüfen, ob die staatlichen Gerichte im Rahmen der Zulassung der Vollziehung die zugrundeliegenden schiedsrichterlichen Eilmaßnahmen in einem
umfassenden und uneingeschränktem Sinne nachprüfen dürfen. Eine dergestalt umfassende gerichtliche Nachprüfungsbefugnis würde zur Folge haben,
daß die Schiedsrichter, die unter diesen Umständen eine vorläufige Entscheidung treffen müßten, mittelbar an die gerichtlichen Anordnungsvoraussetzungen gebunden wären. Damit würden die Schiedsrichter jedoch ihren
weitestgehenden Anordnungsfreiheiten, die ihnen § 1041 I gewährt, im Rahmen der zwangsweisen Durchsetzung der vorläufigen oder sichernden Maßnahmen wieder verlustig gehen.

1. Gegen eine umfassende Nachprüfungsbefugnis sprechende Gründe

a) Sachentscheidungsnähe

Gegen eine umfassende Nachprüfungsbefugnis der Gerichte könnte zum einen jedoch die Sachentscheidungsnähe der Schiedsgerichtsbarkeit sprechen.
Diese Nähe ergibt sich daraus, daß die Sachentscheidung durch das Schiedsgericht gemäß § 1041 I getroffen wird. Deshalb ließe sich argumentieren, daß
diese schiedsrichterliche Entscheidung nicht durch eine erneute Prüfung im
Rahmen der gerichtlichen Zulassung der Vollziehung gemäß Absatz 2 Satz 1
unterlaufen werden dürfe.[33] Zu berücksichtigen ist ferner, daß das Schiedsgericht die regelmäßig erforderliche Abwägung zwischen den Interessen der
Parteien an dem Erlaß einer einstweiligen Maßnahme bereits vorgenommen
hat. Insoweit bliebe folglich für eine eigene Ermessensentscheidung des

---

[33] Vgl. *Thümmel* Einstweiliger Rechtsschutz im Schiedsverfahren DZWir 1997, 133,
136.

staatlichen Gerichts wenig Raum.[34] Hinter diesem Argument der Sachentscheidungsnähe steht dabei nicht unbedingt der Gedanke der Prozeßökonomie. Nicht ein Bestreben im Sinne eines möglichst prozeßwirtschaftlichen
gerichtlichen Vollziehungsverfahrens, daß frei von einer erneuten, aufwendigen Sachprüfung bleiben soll, steht diesbezüglich im Vordergrund. Vielmehr
ist es die Erwägung, daß das Schiedsgericht eine eigene Entscheidung fällt
und nach der gesetzlichen Wertung auch fällen darf. Wobei die schiedsrichterliche Eilmaßnahme deshalb vom staatlichen Gericht in der angeordneten
Art und Weise im Rahmen der weiteren zwangsweisen Durchsetzung auf-
recht zu erhalten ist. Hierbei ist ferner unterstützend zu bedenken, daß der
einstweilige Rechtsschutz insbesondere in Ansehung der Erfolgsaussichten
des Rechtsbegehrens in der Hauptsache gewährt oder versagt wird. Indem
hier aber gemäß § 1029 I wiederum die Schiedsgerichtsbarkeit zur Entscheidungsfindung berufen ist, ist ihr auch von daher eine Sachentscheidungsnähe
innerhalb des einstweiligen Rechtsschutzverfahrens des § 1041 I auch von
daher zuzusprechen.

b) Rechtssystematische Einbeziehung des § 1041 II 2

Für diese Betrachtungsweise streitet zum anderen auch die rechtssystema-
tisch einzubeziehende Vorschrift des § 1041 II 2. Aufgrund der grammatikalischen Fassung darf das staatliche Gericht namentlich eine (schiedsrichterliche) Anordnung nur dann „abweichend fassen, wenn dies zur Vollziehung der [vorläufigen oder sichernden] Maßnahme [des § 1041 I 1] notwendig ist". Daraus ergibt sich aber, daß das Gesetz die schiedsrichterliche
Entscheidung soweit aufrechterhalten möchte, wie es im Rahmen der Vollziehung überhaupt erreichbar ist. Denn erst beim Vorliegen einer tatbestandlichen Notwendigkeit darf das Gericht gemäß § 1041 II 2 die schiedsrichterliche Anordnung abweichend fassen, um eine Vollziehung zu ermöglichen. Fraglich ist jedoch, ob hierin eine stets zu befolgende gesetzliche Wertung zu sehen ist. Dagegen spricht, daß § 1041 III gerade keine tatbestandliche Begrenzung in der Weise enthält, daß bei der gerichtlichen Aufhebung beziehungsweise Änderung des Zulassungsbeschlusses eine Berücksichtigung der ursprünglichen schiedsrichterlichen Sachentscheidung
stattfinden muß oder zumindest kann. Wie auch immer diese beiden Vor-

---

[34] Vgl. *Musielak/Voit* § 1041 Rdn. 4, zudem *Musielak/Voit* § 1041 Rdn. 7

schriften in ihrem Verhältnis zueinander zu bewerten sind:[35] In § 1041 III
wird zumindest erkennbar, daß die neugefaßte ZPO keine konsequente Wertungsentscheidung enthält, daß die schiedsrichterliche Eilmaßnahme immer
aufrechtzuerhalten ist.

c) Justizentlastungsfunktion

Wäre jedwede schiedsrichterliche Eilentscheidung in vollem Umfange der
gerichtlichen Kontrolle unterzogen, könnte die Bedeutung der Schiedsgerichtsbarkeit im Bereich des einstweiligen Rechtsschutzes gleich null sein.[36]
Denn die dadurch erwachsende zeitliche Verzögerung könnte die Schiedspartei aus Gründen der Effektivität und in Ansehung ihres Interesses an einem beschleunigten Verfahren[37] veranlassen, den Weg zu den staatlichen Gerichten zu wählen. In Anbetracht der daraus resultierenden Bedeutungs-
minderung oder gar eines damit einhergehenden völligen Bedeutungsverlu-
stes[38] könnte die Schiedsgerichtsbarkeit in diesem markanten Rechtsbereich
aber gerade keine Entlastung der staatlichen Justiz bewirken. Indem dies jedoch erklärtes Ziel des Gesetzgebers war,[39] würde diese Intention gegen eine
umfassende gerichtliche Nachprüfungsbefugnis sprechen. Hiergegen ist jedoch einzuwenden, daß gerade die Schiedsgerichtsbarkeit davon profitiert,
daß ihren Anordnungen weit mehr freiwillig Folge geleistet wird als den Entscheidungen der staatlichen Gerichte.[40] Allein deshalb wird die staatliche Justiz entlastet werden. Denn die dadurch seltener anzutreffende Notwendigkeit
der Vollziehung macht deshalb – unabhängig von der Fragestellung der
Kontrollbefugnis im gerichtlichen Zulassungsverfahren – eine zwangsweise
Durchsetzung zumeist obsolet. Des weiteren folgt aus dem Regelungsbild des
§ 1041 II, III, daß das SchiedsVfG in diesem Bereich eher eine Belastung der
Gerichte denn eine Entlastung kodifizieren wollte. Das Kriterium der Justi-
zentlastung spricht also nicht zwingend gegen eine umfassende Nachprüfungsbefugnis der staatlichen Gerichte.

---

[35] Siehe hierzu unten § 8.
[36] Vgl. *Sonnauer* aaO. S. 5.
[37] Vgl. *Schwab/Walter* aaO. Kap.17a. Rdn. 29.
[38] Vgl. *Thümmel* aaO. S. 136.
[39] Siehe oben § 4 II.
[40] Siehe oben § 1 II 2.

2. Für eine umfassende Nachprüfungsbefugnis sprechende Gründe

a) Ermessen des Gerichts

Ein gewichtiges Argument für eine umfassende Nachprüfungsbefugnis der staatlichen Gerichte ergibt sich aus der Normierung der Rechtsfolgenseite des § 1041 II 1. Denn gemäß § 1041 II 1 untersteht es dem Ermessen des zuständigen Oberlandesgerichts, ob es die Vollziehung der schiedsrichterlichen Eilmaßnahme zuläßt oder ob es im Gegenteil beschließt, diesen Antrag der Schiedspartei zurückzuweisen. In Ansehung des Wortlautes des § 1041 II 1 1.HS. gewährt diese „Kannvorschrift" („Das Gericht *kann* auf Antrag...") somit nicht nur die prinzipielle Kompetenz zur Vollziehungszulassung, sondern vermittelt darüber hinaus dem betreffenden staatlichen Gericht ein sogenanntes „Ermessen beim Ob"[41]. Die Einräumung eines gerichtlichen Ermessens weist somit daraufhin, daß die staatlichen Gerichte eine umfassende Nachprüfungsbefugnis besitzen. Denn eine dahingehende Einschränkung des Ermessens hätte gesondert angeordnet werden müssen. Zwar ist im Hinblick auf die Ermessensausübung anerkannt, daß hieraus kein gänzlich freies Ermessen des Gerichts folgen kann.[42] Dennoch ist mit dieser Regelung in Anbetracht der fehlenden näheren Ermessenskonkretisierung ein pflichtgemäßes Ermessen eröffnet.[43] Das heißt aber, daß aufgrund des hier gewährten gerichtlichen Entschließungsermessens nicht gefolgt werden darf, daß das Oberlandesgericht insoweit auf die Entscheidung des Schiedsgerichtes Rücksicht zu nehmen hat. Vielmehr wird daran ersichtlich, daß das SchiedsVfG den staatlichen Gerichten damit einen eigenen Entscheidungsspielraum zugesteht. Wenngleich jedoch einschränkend zu beachten ist, daß das Gericht hinsichtlich der Prognose über die Entscheidung in der Hauptsache gemäß der Wertung des § 1029 I grundsätzlich an die Einschätzungen des Schiedsgerichtes gebunden ist. Denn diesen Kompetenzbereich haben die Parteien mit dem Abschluß ihrer Schiedsvereinbarung unzweifelhaft und in

---

[41] Vgl. *Baumbach/Lauterbach/Hartmann* Einl. III Rdn. 33 m.w.N.

[42] Vgl. zu § 448 BGH NJW 1983, 2033; BGH NJW-RR 1989, 410, 411; zu § 293 BGH NJW-RR 1997, 1154. Vgl. zudem BGH NJW 1984, 2580, 2581; BGH NJW-RR 1987, 806; BGH NJW 1992, 2691, 2693. Vgl. auch *Bandel* Einstweiliger Rechtsschutz im Schiedsverfahren. S.227.

[43] So im Ergebnis auch Bericht der Kommission S. 139; Begründung der Bundesregierung BT-Drucks. 13/5274 S. 45; *Labes* Das neue deutsche Recht der Schiedsgerichtsbarkeit MDR 1997, 420, 422; *Osterthun* Das neue deutsche Recht der Schiedsgerichtsbarkeit S. 177, 183; *Thomas/Putzo* § 1041 Rdn. 3; *Zöller/Geimer* § 1041 Rdn. 3.

gesetzlich zulässigerweise den Schiedsgerichten überantwortet. Unbeschadet hiervon redet die grammatikalische Auslegung des § 1041 II 1 in Ansehung der bereits benannten Argumente eher einer umfassenden gerichtlichen Nachprüfungsbefugnis das Wort. Gegen dieses Argument läßt sich zudem nicht vorbringen, daß die Regelung des § 1041 II 2, die ja gerade eine solche Einschränkung des gerichtlichen Ermessens vorschreibt, mißachtet werde. Diese Vorschrift schränkt zwar das Ermessen mit dem Wortlaut „Es kann die Anordnung abweichend fassen, wenn dies zur Vollziehung der Maßnahme notwendig ist" ein, indem es das Ermessen von der dargetanen tatbestandlichen Notwendigkeit abhängig macht. Diese Einschränkung bezieht sich jedoch nicht auf das gerichtliche Entschließungsermessen des „Ob", sondern meint nur den Fall des Auswahlermessens, des „Wie". Denn im Rahmen des § 1041 II 2 geht es nicht um die Entscheidung, ob die Vollziehung zuzulassen ist, sondern nur darum, in welcher Weise („wie") die schiedsrichterliche Anordnung im Zulassungsbeschluß abweichend gefaßt werden kann. Demzufolge ist § 1041 II 2 im Rahmen des in Rede stehenden Entschließungsermessens des § 1041 II 1 außer Acht zu lassen.

Mit dieser hier begrifflich weiten Ausdrucksweise hat sich der Gesetzgeber zudem nicht etwa seiner Aufgabe entzogen, für Rechtsklarheit und Rechtssicherheit zu sorgen. Denn für die Rechtsfolgenseite ergibt sich eine mangelnde Konkretisierung der auszusprechenden Rechtsfolge aus der Unmöglichkeit für den Gesetzgeber, jeden denkbaren Sachverhalt vorauszusehen und entsprechend zu regeln.[44] Mit einer zu detaillierten Regelung würden sich überdies nur Hindernisse für die Findung der Einzelfallgerechtigkeit ergeben.[45] Zumal das Verfahrensrecht vielmehr der Herbeiführung gesetzmäßiger und unter diesem Blickpunkt gerechter Entscheidungen dient. Es hält daher dem Richter im Interesse einer dem jeweiligen Verfahrensgegenstand angemessenen Prozedur in weiten Bereichen Ermessens- und Beurteilungsspielräume zur Leitung, Förderung und Ausgestaltung des Verfahrensganges offen.[46]

b) Gleiche Bestimmung in § 769

Die ein solch weites Ermessen gewährende Vorschrift des § 1041 II 1 ist des weiteren keine Ausnahmeregelung („kein Fremdkörper")[47] im Zwangsvoll-

---

44 Vgl. *Schiffczyk* Das freie Ermessen des Richters im Zivilprozeß S. 41.
45 Vgl. *Schiffczyk* aaO. S. 41.
46 BVerfGE 42, 71, 73.
47 Vgl. den Bericht der Kommission S. 139 und die Begründung BT-Drucks. 13/5274 S. 45.

streckungsrecht. In gleicher Weise bestimmt § 769, daß das Prozeßgericht auf Antrag anordnen *kann*, daß bis zum Erlaß des Urteils über die in den §§ 767, 768 bezeichneten Einwendungen die Zwangsvollstreckung gegen oder ohne Sicherheitsleistung eingestellt oder nur gegen Sicherheitsleistung fortgesetzt werde. Ob das Gericht eine Anordnung trifft, wird aber auch hier seinem freien Ermessen unterstellt.[48] Aus rechtssystematischer Sicht folgt daraus, daß diese Ermessensfreiheit somit auch im Bereich des § 1041 II 1 Geltung beansprucht.

c) argumentum ex contrario zu § 1060 II

Dafür streitet auch ein systematischer Vergleich innerhalb des SchiedsVfG hinsichtlich der Normierung des Vollstreckbarerklärungsverfahrens von inländischen Schiedssprüchen gemäß § 1060 II. So resultiert aus dem argumentum ex contrario zu § 1060 II 1, daß im Rahmen der Vollziehungszulassung des § 1041 II 1 eine unumschränkte Nachprüfungsbefugnis vom Gesetz bezweckt sein muß. Denn wäre der Antrag auf Zulassung nur unter bestimmten Gesichtspunkten – im Rahmen des § 1060 sind dies die Aufhebungsgründe des § 1059 II – abzulehnen, wäre dies auch hier vom Gesetz expressis verbis benannt worden. Zudem zeigt das Fehlen einer ausdifferenzierten Regelung in § 1041 II 1, daß nicht nur enumerativ benannte, spezifische Gründe zur Ablehnung der Zulassung führen können – so aber § 1060 II 2, 3 –, sondern auch so allgemeine wie die der Verhältnismäßigkeit[49] der schiedsrichterlichen Maßnahme. Darüber hinaus eröffnet § 1060 II den staatlichen Gerichten – im Gegensatz zu § 1041 II 1 – gerade kein Ermessen hinsichtlich der Vollstreckbarerklärung von Schiedssprüchen, sondern der Antrag auf Vollstreckbarerklärung ist aus dem Umkehrschluß zu Satz 1 zwingend positiv zu bescheiden, wenn einer der in § 1059 II bezeichneten Aufhebungsgründe *nicht* vorliegt. Die nachgezeichnete unterschiedliche Handhabung des Gesetzes bezüglich der Vollstreckbarerklärung von schiedsrichterlichen Eilmaßnahmen gemäß § 1041 und von Schiedssprüchen gemäß § 1060 belegt also, daß den staatlichen Gerichten im erstgenannten Fall ein deutliches Mehr an Kontrollkompetenzen zugewiesen werden sollte.

---

[48] Vgl. *Stein/Jonas/Münzberg* § 769 Rdn. 11.

[49] Vgl. Begründung BT-Drucks. 13/5274 S. 45; Bericht der Kommission S. 139; *Labes* aaO. S. 422; *Lörcher* Das Schiedsverfahren Rdn. 71; *Osterthun* aaO. S. 183.

d) Erst-Recht-Schluß aus § 1041 III

Indem § 1041 III bedingt, daß das staatliche Gericht in vollem Umfang über die (fortbestehende) Berechtigung der Anordnung des Schiedsgerichts zu befinden hat,[50] spricht auch aus dieser Hinsicht mehr dafür, dem staatlichen Gericht besagte Kompetenz zuzuerkennen. Denn wenn das Gericht in Ansehung des Absatzes 3 die Macht hat, den Vollziehungsbeschluß im nachhinein unabhängig von jedwedem einschränkendem tatbestandlichen Kriterium gänzlich aufheben zu dürfen, dann muß es erst recht im Rahmen des Absatzes 2 Satz 1 die Befugnis besitzen, die Vollziehung der schiedsrichterlichen Maßnahme vor der originären Beschlußfassung und ohne Bindung an die Wertungsentscheidungen des Schiedsgerichts zu verweigern.

e) Eigene gerichtliche Entscheidung

Weiterhin stellt der Zulassungsbeschluß des § 1041 II 1 in Ansehung der §§ 1062 I Nr. 3, 1063 I 1 eine eigene gerichtliche Entscheidung dar. Das jeweils zuständige Oberlandesgericht fungiert somit nicht als bloß verlängerter Arm des Schiedsgerichtes. Im Rahmen dieser eigenständigen, originären Entscheidung muß es ihm also obliegen, beispielsweise außerhalb des Schiedsverfahrens liegende Gründe in die Vollziehungsanordnung einzubeziehen. Deshalb kann es sich aber ohnehin nicht mit einer überschlägigen Prüfung begnügen, sondern muß in Anbetracht des mit der Vollziehung einhergehenden Eingriffes in Rechtspositionen der gegnerischen Partei,[51] in jedem Einzelfall eine erneute umfassende Prüfung vornehmen.

f) Ermessensausübunsgpflicht

Zusätzlich ist zu nennen, daß das Gericht in Ansehung der Rechtsprechung zu ermessensfehlerhaften Entscheidungen nicht nur die Möglichkeit hat, eine eigenes Ermessen auszuüben, sondern hierzu gerade auch verpflichtet ist.[52] Denn die Ermessensunterschreitung beziehungsweise der Ermessensnichtgebrauch, oder auch Ermessensausfall ist ein pflichtwidriger Verstoß gegen die Grundsätze der Ermessensausübung.[53] Somit ist vom SchiedsVfG gerade eine dahingehendes Tätigwerden gefordert. Dieses gesetzliche Erfordernis paßt

---

[50] *Thümmel* aaO. S. 137.
[51] Vgl. *Musielak/Voit* § 1041 Rdn. 4.
[52] Vgl. beispielsweise aus jüngerer Zeit BGH NJW 1994, 1143; BGH NJW 1997, 3385.
[53] Vgl. *Alexy* Ermessensfehler JZ 1986, 701, 711f.

aber nicht ins Bild einer bloß eingeschränkten oder völlig zu unterlassenden Prüfung der schiedsrichterlichen Anordnung.

g) Begründung der Bundesregierung

Schließlich wird dieses Verständnis des § 1041 II 1 auch von den Begründungen der Bundesregierung und der eingesetzten Reformkommission zur Neuordnung des Schiedsverfahrensrechts[54] indiziert. Indem sie davon sprechen, daß das hier eingeräumte Ermessen insbesondere eine Überprüfung der Gültigkeit der Schiedsvereinbarung sowie der Verweigerung der Vollziehbarerklärung – etwa bei unverhältnismäßigen Anordnungen – ermögliche,[55] geht auch hieraus hervor, daß durch § 1041 II 1 ungeachtet der besonders genannten Fallgruppen eine generelle gerichtliche Nachprüfungsbefugnis eingeräumt wird.

3. Ergebnis

Im Ergebnis bleibt somit festzuhalten, daß das Gericht in Ansehung der novellierten Rechtssituation das Recht – und auch die korrespondierende Pflicht – hat, die schiedsrichterliche Anordnung einer vorläufigen oder sichernden Maßnahme nach § 1041 I 1 gemäß Absatzes 2 Satz 1 umfassend nachzuprüfen.[56] Damit kann das staatliche Gericht neben der Prüfung von Verfahrensfehlern und der Prüfung der zur Aufhebung eines Schiedsspruches berechtigenden Gründe (Aufhebungsgründe des § 1059 II analog),[57] die Eilmaßnahme des § 1041 I 1 auch inhaltlich nachprüfen.

4. Ausnahmen

Aufgrund der damit einhergehenden Minderung der Effektivität des einstweiligen schiedsrichterlichen Rechtsschutzes ist fraglich, ob von diesem dargetanen Verständnis des § 1041 II 1 ausnahmsweise abzuweichen ist. In Anbetracht der vorbenannten Argumente sind Ausnahmen vom Grundsatz der umfassenden gerichtlichen Nachprüfungsbefugnis nur dann zuzulassen, wenn dies die gesetzliche Konzeption des SchiedsVfG im Einzelfall erforderlich macht, um Wertungswidersprüche zu vermeiden. So könnte insbe-

---

[54]   Siehe oben § 1 I 1.

[55]   Vgl. den Bericht der Kommission S. 139 und die Begründung der Bundesregierung BT-Drucks. 13/5274 S. 45.

[56]   So auch *Scheef* Der einstweilige Rechtsschutz S. 53.

[57]   Vgl. auch *Bandel* aaO. S. 218f.

sondere die gesetzliche Grundentscheidung, den Schiedsgerichten gemäß § 1040 I 1 die Befugnis zuzusprechen, über die eigene Zuständigkeit zu entscheiden, einer umfassenden staatlichen Nachprüfungsbefugnis in dieser Rechtsfrage entgegenstehen. Genauer ist hier zu hinterfragen, ob das Oberlandesgericht im Rahmen der Vollziehungszulassung des § 1041 II 1 auch die Kompetenz besitzt, inzident über das Bestehen oder die Gültigkeit der Schiedsvereinbarung zu entscheiden. Denn gemäß § 1040 I 1 ist gerade diese Entscheidung, den Schiedsgerichten überantwortet: So kann das Schiedsgericht nach dieser Bestimmung „über die eigene Zuständigkeit und im Zusammenhang hiermit über das Bestehen oder die Gültigkeit der Schiedsvereinbarung entscheiden". Indem es aber gemäß § 1040 III 2 i.V.m § 1062 I Nr. 2 möglich ist, den durch Rüge nach § 1040 II zu erzielenden schiedsrichterlichen Zwischenentscheid über die diesbezügliche Kompetenz von einem staatlichen Gericht, dem Oberlandesgericht, auf Antrag überprüfen zu lassen, spricht die gesetzliche Konzeption des § 1040 nicht gegen eine auch diesen Bereich umfassende Kontrollbefugnis des Gerichts in dem Verfahren des § 1041 II 1. Wie auch die Vorschriften der §§ 1059 II Nr. 1 lit.a) und lit c) i.V.m. § 1062 I Nr. 4 zeigen, entscheidet also in jedem Fall letztlich das staatliche Gericht über die Kompetenz-Kompetenz des Schiedsgerichtes.[58] Bei der Ausübung des Ermessens des § 1041 II 1 hat das zuständige Oberlandesgericht dementsprechend auch zu prüfen, ob eine wirksame Schiedsvereinbarung vorliegt.[59]

Mit diesem Auslegungsergebnis der grundsätzlich umfassenden Nachprüfungsbefugnis des staatlichen Gerichtes hinsichtlich der Wirksamkeit der Schiedsvereinbarung ist in § 1041 II 1 die Gefahr angelegt, daß das schiedsrichterliche Eilverfahren umsonst durchgeführt worden ist. Dieser Gefahr wollte die bisherige Rechtsprechung des BGH – die sich in Ermangelung der Anerkenntnis des vorläufigen schiedsrichterlichen Rechtsschutzes jedoch nicht auf dieses Verfahren bezog- dadurch entgehen, daß durch eine Schiedsklausel auch die Kompetenz des Schiedsgerichts zuerkannt werden konnte, über die Wirksamkeit des Schiedsvertrages abschließend zu entscheiden.[60]

---

58 Vgl. Begründung BT-Drucks. 13/5274 S. 44.
59 Im Ergebnis auch Begründung BT-Drucks. 13/5274 S. 45; Bericht der Kommission S. 139; *Gottwald* Das neue deutsche Schiedsverfahrensrecht DStR 1998, 1017, 1020; *Labes* aaO. S. 422. AA. *Baumbach/Lauterbach/Albers* § 1041 Rdn. 4.
60 Vgl. BGH NJW 1994, 1008, 1012 m.w.N.

Ständige Rechtsprechung war demgemäß, daß die Parteien einer Schiedsvereinbarung dem Schiedsgericht auch die (für die ordentlichen Gerichte verbindliche) Entscheidung über die Wirksamkeit und Auslegung der Schiedsabrede übertragen konnten.[61] Darin sollte nach der vormaligen Rechtsprechung des BGH eine zweite Schiedsvereinbarung, deren Gegenstand die Gültigkeit der Schiedsvereinbarung für die Hauptsache sei, liegen.[62] In diesem Fall hatte des weiteren das ordentliche Gericht ohne Bindung an die Entscheidung des Schiedsgerichtes nur die Gültigkeit dieser sogenannten „Kompetenz-Kompetenz-Klausel" zu prüfen.[63] Indem aber nunmehr im Zuge der Novellierung des Schiedsverfahrensrechts der Zuständigkeitsentscheid des Schiedsgerichtes gemäß §§ 1040 III 2, 1059 II Nr. 1 lit.a), lit.b) gerichtlich überprüfbar ist, wird die vorbenannte Rechtsprechung des BGH nicht mehr aufrechtzuerhalten sein.[64]

III. Voraussetzungen

1. Antragserfordernis

Als Ausdruck des Dispositionsgrundsatzes[65] ist auch die gerichtliche Zulassung der Vollziehung gemäß § 1041 II 1 1.HS. von dem Antrag einer Schiedspartei abhängig. Ohne das Vorliegen der tatbestandlich zwingenden Voraussetzung der Antragstellung ist ein gerichtliches Tätigwerden mithin ausgeschlossen.

a) Antragsbefugnis

Dieses Antragsrecht wird dabei interessanterweise nicht nur der Partei zugestanden, die die einstweilige schiedsrichterliche Maßnahme nach § 1041 I 1 beantragt hat oder derjenigen, die im einstweiligen Verfahren eine obsiegende und vollziehungsfähige Eilentscheidung erreichen konnte. Vielmehr zeigt die sprachliche Verwendung des Indefinitpronomens „eine", daß jedwede beteiligte Schiedspartei diese Antragsbefugnis gemäß § 1041 II 1 besitzen soll. Dazu zählt demzufolge insbesondere die unterliegende Partei des schiedsrichterlichen Eilverfahrens, wie die Partei, die den Antrag auf Erlaß

---

[61]   Vgl. BGH NJW-RR 1991, 2215.

[62]   Vgl. zudem *Schütze/Tscherning/Wais* Handbuch des Schiedsverfahrensrechts Rdn. 118.

[63]   Vgl. BGHZ 68, 356, 366; BGH NJW-RR 1988, 1526.

[64]   So wohl auch die Begründung BT-Drucks. 13/5274 S. 44.

[65]   Siehe oben § 4 III 2.

einer Maßnahme durch das Schiedsgericht nicht gestellt hat[66]. Der Sinn dieser Regelung kann hierbei nur in der Systematik des § 1041 gefunden werden. Denn grundsätzlich erscheint es paradox, daß eine Partei ein Vollziehungsverfahren soll einleiten können, durch welches sie im Erfolgsfalle Gefahr läuft, einen eigenen Rechts- und Vermögenseingriff in Kauf nehmen zu müssen. Dahinter kann jedenfalls nicht allein der Gedanke stehen, den womöglich daraufhin vollziehenden Gegner der Haftung des § 1041 IV 1 auszusetzen. Eher muß die Regelung der Antragsbefugnis des § 1041 II 1 dahingehend verstanden werden, daß die unterliegende Partei in dem gerichtlichen Verfahren die erneute Möglichkeit erhält, die schiedsrichterliche Anordnung einer umfassenden Prüfung zu unterziehen.

b) Antragsfrist

Da die Maßnahmen des § 1041 I aus Gründen der bloßen Einstweiligkeit des gewährten Rechtsschutzes befristet sind, ist fraglich, ob auch der Antrag des § 1041 II 1 einer Frist unterworfen ist. Indem Sinn und Zweck des § 929 II darin gesehen wird, die Vollziehung nach längerer Zeit und unter veränderten Umständen zu verhindern,[67] könnte dieser Rechtsgedanke eine entsprechende Anwendung hinsichtlich einer womöglichen Antragsfrist in § 1041 II 1 erfahren. Dagegen spricht aber, daß diese Vorschrift gerade einer Regelung entbehrt, die das SchiedsVfG gemäß § 1060 II 3 i.V.m. § 1059 III im Rahmen der Befristung des Antrages auf Vollstreckbarerklärung eines Schiedsspruches durchaus angeordnet hat. Der Umkehrschluß legt es dementsprechend nahe, eine dergleiche Befristung in § 1041 II 1 abzulehnen. Zudem tritt die Situation, daß veränderte Umstände, die erst nach Erlaß der einstweiligen Maßnahme eingetreten sind, im Rahmen einer späteren Vollziehung nicht mitberücksichtigt werden könnten, innerhalb des Absatzes 2 gar nicht auf. Denn nach der hier vertretenen Auffassung gewährt ja gerade die Vorschrift des § 1041 II 1 den staatlichen Gerichten die Befugnis, die Schiedsmaßnahme umfassend nachzuprüfen. Dementsprechend besteht auch noch im gerichtlichen Zulassungsverfahren die schuldnerschützende Möglichkeit, auf nachträgliche Veränderungen reagieren zu können. Eine Antragsfrist im Rahmen der Zulassung der Vollziehung ist demnach in Ansehung der gesetzlichen Konzeption des § 1041 nicht erkennbar.

---

66   Vgl. *Musielak/Voit* § 1041 Rdn. 3.
67   Vgl. BGH NJW 1990, 122, 124; BGH NJW 1991, 496, 497; BVerfGE NJW 1988, 3141; *Rosenberg/Gaul/Schilken* aaO. § 78 I 1.

2. Analogiefähigkeit der Vorschrift des § 929 II

Da die Bestimmung des § 929 II dem Schutz des Vollziehungsgegners dient, könnte davon auszugehen sein, daß sie auch im schiedsrichterlichen einstweiligen Anordnungsverfahren anwendbar sei.[68] Demgemäß wäre die Vollziehung der schiedsrichterlichen Maßnahme nach § 1041 I 1 dann unstatthaft, wenn seit dem Tage, an dem die Zulassung der Vollziehung gemäß Absatzes 1 Satz 1 beschlossen worden ist, ein Monat verstrichen ist.

> Bei der konkreten Bestimmung des Fristlaufes ist dabei grundsätzlich zu beachten, ob das Gericht die Zulassung durch Beschluß aufgrund oder ohne mündliche Verhandlung entschieden hat. Da das Oberlandesgericht, sofern nicht die §§ 1063, 1064 etwas anderes bestimmen, die Vorschriften der Zivilprozeßordnung über das Verfahren erster Instanz anzuwenden hat,[69] ist im ersteren Fall der Tag maßgeblich, an dem der Zulassungsbeschluß gemäß § 329 I 1 i.V.m. §§ 310, 311 IV verkündet worden ist. Im Fall der Beschlußfassung ohne mündliche Verhandlung ist dies der Tag, an dem der Beschluß den Parteien gemäß § 329 II 1 formlos mitgeteilt worden ist.

Gegen die analoge Anwendung des § 929 II spricht aber, daß es an einer Essentiale der Analogiebildung, namentlich der Planwidrigkeit der Regelungslücke, innerhalb des Verfahrens des § 1041 fehlt. Denn mit der Nichtübernahme des § 1041 II 3, der in der Fassung des Kommissionsentwurfes noch lautete, daß die §§ 921 II, 922 II und 929 I entsprechend anzuwenden sind,[70] zeigt der Gesetzgeber in bewußter Ansehung der Problematik der entsprechenden Anwendbarkeit der Vorschriften der §§ 916ff., daß er von dieser Möglichkeit Abstand nehmen wollte. Deshalb scheidet eine analoge Anwendung des § 929 II im Rahmen des § 1041 aus.[71] Verschärfend tritt in Ansehung des § 929 II hinzu, daß sich auch der Kommissionsentwurf gegen eine Analogie aussprach.[72]

3. Analogiefähigkeit der Vorschrift des § 926 I

Aus Gründen der fehlenden Planwidrigkeit der Regelungslücke – und nicht etwa, weil dies auf der gesetzlichen Vorstellung beruhe, daß das Schiedsgericht mit der Hauptsache ohnehin befaßt sei, wenn es wegen vorläufiger oder

---

68 Vgl. *Thümmel* aaO. S. 136.
69 Vgl. Baumbach/Lauterbach/Albers § 1063 Rdn. 2.
70 Bericht der Kommission S. 135, 139.
71 So wohl auch *Baumbach/Lauterbach/Albers* § 1041 Rdn. 5.
72 Bericht der Kommission S. 135, 139.

sichernder Maßnahmen angerufen werde,[73]- ist auch eine Analogie des § 926 I abzulehnen. In Ermangelung einer Planwidrigkeit der Regelungslücke ist ferner jedwede Analogiebildung zu den Verfahrensvorschriften der §§ 916ff. unstatthaft.

4. Regelung des § 1041 II 1 2.HS.

Wesentliche Voraussetzung der Entscheidung nach § 1041 II 1 ist die tatbestandliche Einschränkung der oberlandesgerichtlichen Vollziehungszulassung in den Fällen, in denen gemäß Satz 1 2.Halbsatz „schon eine entsprechende Maßnahme des einstweiligen Rechtsschutzes bei einem Gericht beantragt worden ist".

a) Gefahr abweichender Entscheidungen

Indem unter dem Begriff des Gerichts im Sinne des § 1041 II 1 2.HS. die gemäß §§ 919, 937 I, 942 zuständigen Amts- und Landgerichte zu subsumieren sind, zeigt diese Regelung, daß der Gesetzgeber die Gefahr erkannt hat, daß es in Ansehung der unterschiedlichen Zuständigkeiten – hier das Oberlandesgericht gemäß § 1062 I Nr.3, dort die Amts- und Landgerichte – zu abweichenden Entscheidungen über das Rechtsschutzbegehren des Antragstellers kommen kann.[74] Dieses generelle Interesse an einem „Entscheidungsmonopol"[75] erwächst dabei vor dem Hintergrund der Rechtssicherheit und Rechtsklarheit gerichtlicher Entscheidungen aus der Gefahr einer unerwünschten unterschiedlichen Beurteilung desselben Lebenssachverhaltes[76]. Die Sperrung der oberlandesgerichtlichen Zulassungsmöglichkeit in § 1041 II 1 2.HS. bezweckt von daher, diese Gefahr abweichender Entscheidungen zu vermeiden.[77] Dementsprechend ist eine Partei daran gehindert, nach abweisender gerichtlicher Entscheidung im Verfahren der §§ 916ff. einen Antrag auf Erlaß einer entsprechenden Maßnahme vor dem Schiedsgericht gemäß § 1041 I 1 zu stellen und bei dessen positiver Entscheidung

---

[73] So aber *Lachmann* Handbuch für die Schiedsgerichtsbarkeit Rdn. 686.

[74] Vgl. Begründung BT-Drucks. 13/5274 S. 45; *Schuhmacher* Das neue 10.Buch der Zivilprozeßordnung BB 1998 (Beilage 2) S. 6, 12; *Thümmel* aaO. S. 136.

[75] BGH NJW 1990, 3081, 3082.

[76] Vgl. BGH NJW 1984, 2531, 2532.

[77] Vgl. Begründung BT-Drucks. 13/5274 S. 45.

durch eine eventuelle Zulassung der Vollziehung durch das Oberlandesgericht einen Widerspruch staatlicher Entscheidungen zu erzeugen.[78]

b) Rechtsschutzbedürfnis

§ 1041 II 1 2.HS. verstößt damit ferner nicht gegen die gesetzgeberische Grundentscheidung der parallelen Wahlmöglichkeit des einstweiligen Rechtsschutzverfahrens gemäß §§ 1033, 1041 I 1. Denn ein berechtigtes Interesse des im gerichtlichen einstweiligen Rechtsschutzes abgewiesenen Antragstellers daran, zur Erreichung des begehrten Rechtsschutzzieles – außerhalb der Rechtsbehelfsmöglichkeiten der §§ 545, 567 I i.V.m. § 922 I 1, 936 – erneut ein Zivilgericht in Anspruch nehmen zu dürfen (Rechtsschutzbedürfnis)[79], ist hier nicht mehr gegeben.[80] Da das Rechtsschutzbedürfnis jedoch Voraussetzung jeder Rechtsverfolgung vor den Gerichten ist,[81] schließt § 1041 II 1 2.HS. diese Möglichkeit der doppelten Inanspruchnahme aus, so daß das jeweilige Oberlandesgericht den Antrag auf Vollziehung aufgrund der hier fehlenden Sachentscheidungsvoraussetzung abzuweisen hat. Die Wahlmöglichkeit, die der Partei vom SchiedsVfG anfangs eingeräumt wird, bedeutet also nur, daß die Partei vor Beginn des prozessualen Betreibens ihres Eilbegehrens frei ist, vor das Schiedsgericht oder vor die staatlichen Gerichte zu gehen. Im nachhinein muß sie sich jedoch an ihre diesbezügliche anfängliche Entscheidung festhalten lassen. Für eine Fortsetzung zweier im Kern identischer Verfahren ist somit kein Raum.[82]

c) Eindämmung der doppelten Inanspruchnahme

Für diese gesetzliche Eindämmung der doppelten Inanspruchnahme streitet letztendlich zudem die dadurch zu erzielende Vermeidung einer als vom Gesetz unnötig erachteten Belastung der staatlichen Justiz.[83]

d) „Entsprechende Maßnahme"

Im Hinblick dessen kann bei der Beurteilung darüber, wann genau sich der Antrag vor dem staatlichen Gericht im Verfahren der §§ 916ff. und die Maß-

---

[78] Vgl. *Bredow* aaO. S. 4.

[79] Vgl. hierzu beispielsweise BGH NJW-RR 1989, 263.

[80] Vgl. *Thümmel* aaO S. 136; *Thomas/Putzo* § 1041 Rdn. 3.

[81] Vgl. BGH NJW 1997, 193, 197; BGH GRUR 1976, 256, 257.

[82] Vgl. *Thümmel* aaO. S. 136.

[83] Vgl. Begründung BT-Drucks. 13/5274 S. 45; *Schumacher* aaO. S. 11f.

nahme, die das Schiedsgericht gemäß § 1041 I 1 angeordnet hat, entsprechen, nur auf das hinter der bloßen Antragsform stehende Interesse des Antragstellers an einer einstweiligen Maßnahme ausschlaggebend sein. Nur dies schafft eine konsequente Befolgung der gesetzlichen Entscheidung, daß ein Rechtsschutzinteresse an einer Betreibung zweier im Kern inhaltlich identischer Verfahren im Rahmen des SchiedsVfG nicht zu erkennen ist. Zudem würde ein rein sprachlich-formaler Vergleich zumeist allein deshalb schon keine Erkenntnisse hervorbringen können, weil die schiedsrichterlichen Anordnungsmöglichkeiten aus § 1041 I 1 derart weit und von den gerichtlichen Termini ungebunden sind,[84] daß es bereits an der Grundlage jeder Vergleichbarkeit, namentlich der Übereinstimmung der Begrifflichkeiten, fehlt. Dabei ist die Sachentscheidungsvoraussetzung des § 1041 II 1 2.HS. nicht nur zu dem Zeitpunkt vom Oberlandesgericht zu berücksichtigen, an dem der Antrag auf Zulassung der Vollziehung gestellt wird. Da Sachentscheidungsvoraussetzungen als Bedingung der Zulässigkeit des ganzen Prozesses auch dann als Mangel zu berücksichtigen sind und mithin gegenstandslos werden, wenn ein solcher Mangel sich erst im Laufe des Verfahrens herausstellt,[85] ist der Antrag auch in den Fällen abzuweisen, in denen erst nach der Antragstellung des § 1041 II 1 ein entsprechender Antrag gemäß §§ 916ff. vor dem zuständigen Amts- oder Landgericht gestellt worden ist.[86]

e) Unterlaufen der schiedsrichterlichen Entscheidung

Verhilf dieser jederzeitigen Antragsmöglichkeit auf einstweiligen Rechtsschutz vor den staatlichen Gerichten kann jedoch im Endergebnis die schiedsrichterlichen Entscheidung, genauer ihre zwangsweise Durchsetzbarkeit, unterlaufen werden.[87] Die Partei, die im schiedsgerichtlichen Verfahren nicht in vollem Umfange ihr Eilbegehren durchsetzen konnte, erhält gemäß § 1041 II 1 2.HS. also die Möglichkeit, die Entscheidung des Schiedsgerichts durch ein entsprechendes Rechtsschutzersuchen vor den staatlichen Eilgerichten bedeutungslos werden zu lassen. Demzufolge zeigt auch die Vorschrift des § 1041 II 1 2.HS., daß von einer Gleichwertigkeit der Gerichtsbarkeiten nicht gesprochen werden kann. Die staatlichen Gerichte genießen aus praktischer Sicht eine Vorrangstellung.

---

84 Siehe oben § 4 I.

85 Vgl. RGZ 70, 184; *Rosenberg/Schwab/Gottwald* § 96 I 2.

86 Vgl. *Musielak/Voit* § 1041 Rdn. 3.

87 Vgl. *Musielak/Voit* § 1041 Rdn. 3; *Schütze* aaO. S. 1652.

IV. Rechtsfolge

1. Zulassung der Vollziehung

Gesetzlich normierte Rechtsfolge des § 1041 II 1 ist die pflichtgemäße Ermessensausübung[88] des Oberlandesgerichts bezüglich der Zulassung oder
Nichtzulassung der schiedsrichterlichen Maßnahme nach Absatz 1. Im Gegensatz zu der gerichtlichen Vollstreckbarkeitserklärung von Schiedssprüchen (vgl. § 1060 I), erfolgt hier die Zulassung respektive die Nichtzulassung
der Vollziehung, § 1041 II 1.[89] Trotz der Unterschiedlichkeit der Terminologie wird dabei inhaltlich in beiden Fällen der Mangel der a priori fehlenden
Vollstreckbarkeit der schiedsrichterlichen Entscheidung durch die gestaltende[90] staatliche Verleihung[91] behoben.

2. Form der Entscheidung

Gemäß § 1063 I 1 entscheidet das Oberlandesgericht über den Antrag auf
Zulassung der Vollziehung (§§ 1041 II 1, 1062 I Nr.3) durch Beschluß.[92]
Diese Form der Entscheidung ist dabei sowohl im Falle der Stattgebung als
auch im Falle der Zurückweisung des gestellten Antrages zu wählen.

3. Mündliche Verhandlung

Darüber hinaus bestimmt Absatz 1 Satz 1, daß der Beschluß auch ohne
mündliche Verhandlung ergehen kann.

Diese Option haben im Verfahren des staatlichen einstweiligen Rechtsschutzes auch
die Gerichte (vgl. § 921 I), die über ein Arrestgesuch zu entscheiden haben beziehungsweise die gemäß § 937 II den Antrag auf Erlaß einer einstweiligen Verfügung
zurückweisen wollen oder in dringenden Fällen befinden müssen.

4. Rechtliches Gehör

Die Regelung des § 1063 I 2 zeigt, daß auch die neugefaßte ZPO zwischen
der mündlichen Verhandlung und der vorherigen Anhörung zu unterscheiden
vermag. Denn ist nach Satz 1 eine mündliche Verhandlung noch rein fakultativ, so ist das rechtliche Gehör gemäß Satz 2 zwingend zu gewähren: „Vor

---

[88] Siehe oben § 6 II 2 lit.a).

[89] Vgl. *Bredow* Das neue 10.Buch der ZPO BB 1998 (Beilage 2) S. 2, 4.

[90] Vgl. BGH BB 1960, 302.

[91] Vgl. *Schütze* aaO. Rdn. 244.

[92] Vgl. *Bandel* aaO. S. 202 m.w.N.

der Entscheidung *ist* der Gegner zu hören". Eine Ausnahme von diesem
Grundsatz der vorherigen Anhörung gewährt in dem hier behandelten Rah-
men die Vorschrift des § 1063 III 1 2.Alt.. Danach kann der Vorsitzende des
Zivilsenates auch ohne vorherige Anhörung des Gegners anordnen, daß der
Antragsteller bis zur Entscheidung über den Antrag die vorläufige oder si-
chernde Maßnahme des Schiedsgerichts nach § 1041 vollziehen darf. Aufgrund des Art. 6 I 1 der Konvention zum Schutze der Menschenrechte und
Grundfreiheiten (EMRK), der auch für die Zivilgerichtsbarkeit gilt,[93] ist die
Vorschrift indessen dahingehend zu verstehen, daß auf die Anhörung des
Antragsgegners nicht schlichtweg verzichtet werden darf, sondern daß nur
von der vorherigen Gelegenheitsgabe zur Äußerung von Gegenvorstellungen
abgesehen werden kann. Hinter § 1063 III 1 2.Alt. verbirgt sich dabei kein
gesetzliches Aufweichenwollen der Prozeßrechte des Antragsgegners, sondern die Bestimmung zollt dem umständlichen und zeitaufwendigen Vollziehungsverfahren des § 1041 II 1 Tribut. Denn die Zweckerreichung der
schiedsrichterlichen Eilmaßnahme steht umgekehrt proportional zur Verfahrensdauer der gerichtlichen Zulassungsanordnung. Insofern könnte insbesondere in diesem zweiten Verfahrensabschnitt die Gegenpartei versucht sein,
den Prozeß vor dem Oberlandesgericht zu verschleppen, um damit den ursprünglichen Anordnungszweck der schiedsrichterlichen Maßnahme zu ver-
eiteln.[94] Diese Auffassung von der Gewährung rechtlichen Gehörs fördert
dabei einen weiteren Gesichtspunkt, der gerade in Verfahren des einstweiligen Rechtsschutzes überaus wichtig ist. Dies ist neben der Eilbedürftigkeit
auch der mit einer sofortigen Anordnung der schiedsrichterlichen Eilmaßnahme bewirkte Überraschungseffekt. Dadurch kann unter anderem verhindert werden, daß der Antragsgegner infolge einer vorherigen Anhörung
gewarnt wird und so beispielsweise die Sicherung der Zwangsvollstreckung
durch Kontenräumung zunichte machen kann.

V. Anwaltszwang

Als weitere besondere Verfahrensregelung im Hinblick auf die Vollziehungszulassung des § 1041 II 1 muß ferner § 1063 IV gesehen werden. Denn indem gemäß § 1063 I 1 die mündliche Verhandlung fakultativ ist, gewinnt in
diesem Zusammenhang an Bedeutung, daß Absatz IV den Parteien – solange

---

[93] Vgl. EGMR NJW 1985, 1273.
[94] Vgl. auch Begründung BT-Drucks. 13/5274 S. 65.

eine mündliche Verhandlung nicht angeordnet ist – gestattet, Anträge zu Protokoll der Geschäftsstelle zu stellen. Dies durchbricht den Grundsatz des § 78 I, wonach sich die Parteien in Ermangelung ihrer Postulationsbefugnis vor den Landgerichten und vor allen Gerichten des höheren Rechtszuges durch einen bei dem Prozeßgericht zugelassenen Rechtsanwalt als Bevollmächtigten vertreten lassen müssen.[95] Denn diese Vorschrift ist gemäß § 78 III gerade nicht auf Prozeßhandlungen – also auch nicht auf die Antragstellung des § 1041 II 1 1.HS. – anwendbar, die vor dem Urkundsbeamten der Geschäftsstelle vorgenommen werden können. Dies gilt jedoch nur für den Antrag auf Zulassung der Vollziehung und nicht für das sich anschließende Verfahren[96] oder solange noch keine mündliche Verhandlung angeordnet wurde. Dennoch wird auch in dieser Regelung der gesetzgeberische Wille erkennbar, daß die Partei, die auf die Vollziehung der erwirkten schiedsrichterlichen Maßnahme angewiesen ist, auf möglichst zügigem Wege eine Zulassung nach § 1041 II 1 erhalten soll. Demnach kann insbesondere die Schiedspartei, die noch nicht anwaltlich oder zumindest nicht durch einen vor dem zuständigen Oberlandesgericht zugelassenen Rechtsanwalt vertreten ist, dieses bereits vor Bevollmächtigung anrufen und erst im weiteren Prozeßverlaufe einen Berater mandatieren. Die Regelung des § 1063 IV i.V.m. § 78 I, III behebt somit die mit der Suche nach einem geeigneten Prozeßvertreter verbundene Verzögerung des Verfahrenslaufes. Demnach kann unter anderem auch der Antrag auf Zulassung der Vollziehung nach § 1041 II 1 ohne einen Prozeßvertreter direkt von der betreffenden Schiedspartei gestellt werden. Nach den Regelungen der Zivilprozeßordnung muß dies zudem nicht zwingend vor dem Urkundsbeamten der Geschäftsstelle des zuständigen Oberlandesgerichtes zu Protokoll gegeben werden, sondern dies kann auch gemäß § 129a vor der Geschäftsstelle eines jeden Amtsgerichtes geschehen.

VI. Rechtsmittel

Bestand noch im bisherigen Recht die Möglichkeit, gegen alle – in den §§ 1045, 1046 ZPO a.F. bezeichneten – gerichtlichen Entscheidungen ein Rechtsmittel einzulegen,[97] so kann eine Partei in der novellierten Fassung des Schiedsverfahrensrechts, eine ihr ungünstige, noch nicht rechtskräftige Ent-

---

[95] Baumbach/Lauterbach/Albers § 1041 Rdn. 5.
[96] Vgl. *Thomas/Putzo* § 78 Rdn. 20.
[97] Vgl. Begründung BT-Drucks. 13/5274 S. 65.

scheidung nur noch in einigen wenigen Fällen durch Fortsetzung des Verfahrens vor einem höheren Gericht nachprüfen und beseitigen lassen.

Die Endurteile der Amts- und Landgerichte, die gemäß § 1046 i.V.m. § 1045 I ZPO a.f. Vollstreckbarerklärungen von Schiedssprüchen beinhalteten, unterlagen vormals den Rechtsmitteln der Berufung und gegebenenfalls der Revision.[98] Gegen die gerichtlichen Entscheidungen des § 1045 a.f. war die Einlegung eines Widerspruches gemäß § 1042c II 1 beziehungsweise die sofortige Beschwerde gemäß §§ 1042c III, 1045 III zulässig.

In Ansehung des numerus clausus des § 1065 I 1 i.V.m. § 1062 I Nr.2 und 4 sind die Entscheidungen des Oberlandesgerichtes hinsichtlich der Anträge auf Vollziehung, Aufhebung oder Änderung der Anordnung vorläufiger oder sichernder Maßnahmen des Schiedsgerichts nicht dem Rechtsmittel der Rechtsbeschwerde zum Bundesgerichtshof unterworfen.[99] Darüber hinaus statuiert § 1065 I 2 hier i.V.m. § 1062 I Nr.3, daß gegen diese Entscheidungen überhaupt kein Rechtsbehelf, insbesondere also kein Rechtsmittel, zulässig ist. Vielmehr sind die Entscheidungen im Verfahren des § 1041 II, III gemäß § 1065 I 2 unanfechtbar.[100] Damit wurde der Ausschluß von Rechtsmitteln gegenüber dem UNCITRAL-Modellgesetz, das eine dergleiche Reduzierung in den Artikeln 11 V, 13 III, 14 I und 16 II enthält, auf die dort nicht geregelten[101] Entscheidungen über Anträge auf Vollziehbarerklärung vorläufiger oder sichernder Maßnahmen des Schiedsgerichts ausgedehnt.[102] Grund dieses Ausschlusses ist hierbei wohl die im Zusammenhang mit den Zielsetzungen der Novellierung stehende Entlastung der staatlichen Gerichtsbarkeit.[103] Auch die diesbezügliche Begründung der Bundesregierung, die davon spricht, daß gegen diesen Rechtsmittelausschluß angesichts der erstinstanzlichen Zuständigkeit der Oberlandesgerichte keine rechtsstaatlichen Bedenken bestehen würden,[104] setzt sich keiner Kritik aus. In Anbetracht des hinter den Rechtsmitteln stehenden Zwecks, namentlich der Richtigkeitsgewähr, der Vertrauenserhöhung in die staatliche Rechtspflege, der Qualitätser-

---

[98] Vgl. Rosenberg/Schwab/Gottwald § 177 II 5.

[99] Vgl. *Musielak/Voit* § 1065 Rdn. 1.

[100] Siehe oben § 6 II 2 lit.f). Vgl. zudem *Baumbach/Lauterbach/Albers* § 1041 Rdn. 5

[101] Siehe oben § 6 I 3.

[102] Begründung BT-Drucks. 13/5274 S. 66.

[103] So jedenfalls auch die Begründung BT-Drucks. 13/5274 S. 66.

[104] Begründung BT-Drucks. 13/5274 S. 66.

höhung und der Vereinheitlichung der Rechtsprechung,[105] wird hier ein bloß einstufiger Rechtszug zu vertreten sein.

Die Möglichkeit der Anfechtung des grundsätzlich unanfechtbaren Beschlusses des Oberlandesgerichts über die Vollziehung, Aufhebung oder Änderung der schiedsrichterlichen Eilentscheidung wird jedoch in seltenen Fällen dann bestehen, wenn eine sogenannte „greifbare Gesetzwidrigkeit" vorliegt. Diese Möglichkeit, die im gerichtlichen Beschwerdeverfahren entwickelt worden ist,[106] wird von der Rechtsprechung dann eingeräumt, wenn die unanfechtbare gerichtliche Entscheidung mit der geltenden Rechtsordnung schlechthin unvereinbar ist,[107] weil sie jeder gesetzlichen Grundlage entbehrt und dem Gesetz inhaltlich fremd ist.[108] Darüber hinaus sei zu fordern, daß die Entscheidung dem Wortlaut der Vorschrift und dem Gesetzeszweck eklatant widerspricht und sie deshalb eine Gesetzesanwendung zur Folge hat, die der Gesetzgeber ersichtlich ausschließen wollte.[109] In Ansehung des vom Gesetzgeber in § 1041 II, III eingeräumten Ermessens des Oberlandesgerichts wird dieser Fall aber so gut wie nie eintreten. Zumal nach Meinung des BGH allein der Umstand, daß ein Gericht eine von der herrschenden Meinung abweichende Auffassung vertritt, noch nicht den Schluß darauf rechtfertige, daß diese Auffassung jeder rechtlichen Grundlage entbehre und mit der Zivilprozeßordnung unvereinbar sei.[110]

---

[105] Vgl. Rosenberg/Schwab/Gottwald § 134 II.

[106] Vgl. BGH NJW 1989, 2758.

[107] BGH NJW 1997, 3318.

[108] BGHZ 119, 372, 374; BGH NJW-RR 1986, 738; BGH NJW 1997, 744; OLG Stuttgart NJW 1987, 64.

[109] BGH NJW 1993, 135, 136.

[110] Vgl. BGH NJW-RR 1997, 1155.

§ 7 Gerichtliche Änderungsbefugnisse

I. Gerichtliche Änderungsbefugnis gemäß § 1041 II 2

Das staatliche Gericht kann gemäß § 1041 II 2 die schiedsrichterliche Anordnung nach § 1041 I 1 abweichend fassen, „wenn dies zur Vollziehung der Maßnahme notwendig ist". Dabei geht wiederum aus dem Wortlaut der Regelung hervor, daß das gemäß § 1062 I Nr. 3 sachlich zuständige Oberlandesgericht einen dahingehenden Ermessensspielraum besitzt („kann").[1] Aus dem systematischen Zusammenhang, der sich aus der Verknüpfung der vorbenannten Regelungen in einem Absatz ergibt, leitet sich dabei ein erstes Ergebnis ab. Aufgrund der Systematik des Absatzes 2 ist zu folgern, daß diese gerichtliche Änderungsbefugnis nur in Ansehung und im Rahmen des beantragten Vollziehungszulassungsverfahrens des Satzes 1 ausgeübt werden darf. Denn ist eine Änderung der schiedsrichterlichen Maßnahme notwendig, die sich erst nach der gerichtlichen Zulassung des Absatzes 2 offenbart, verweist § 1041 ausschließlich auf die Änderungsmöglichkeiten des Absatzes 3. Indem in diesen Fällen aber nur eine Änderung des gerichtlichen Zulassungsbeschlusses nach § 1041 II 1 zulässig ist, ist der gesetzlichen Wertung grundsätzlich zu entnehmen, daß eine spätere gerichtliche Änderung der schiedsrichterlichen Eilmaßnahme nicht mehr möglich sein soll. Eine Einschränkung des Rechtsschutzes ist damit nicht verbunden, denn den Schiedsparteien steht es ja – wie bereits dargetan – frei, das Schiedsgericht anzurufen, um eine Änderung der ursprünglichen Anordnung zu erreichen.[2]

1. Notwendigkeit der gerichtlichen Änderung

Das in § 1041 II 2 gewährte gerichtliche Ermessen ist durch den unbestimmten Rechtsbegriff der „Notwendigkeit" (...„notwendig ist") auf Tatbestandsebene begrenzt. Fraglich ist in diesem Zusammenhang deshalb, inwieweit das gerichtliche Ermessen durch diese gesetzliche Wortwahl eingeschränkt wird. In Ansehung des allgemeinen Sprachgebrauches bezeichnet das adverbial gebrauchte Adjektiv „notwendig" etwas von der Sache selbst Gefordertes, etwas unbedingt Erforderliches, Unerläßliches, nicht zu Umgehendes.[3] Dieser Auslegungsgesichtspunkt würde zunächst dafür streiten, die gerichtliche Än-

---

[1] Vgl. bereits oben § 4 IV.
[2] Siehe oben § 4 VI.
[3] Vgl. Duden Band 5 S. 2405f.

derung der schiedsrichterlichen Eilmaßnahme nur dann für zulässig zu erachten, wenn diese unerläßlich ist, die Eilanordnung in die Typologie des deutschen Zwangsvollstreckungsrechts zu transformieren. Ansonsten könnten aber weitergehende, den Willen des Schiedsgerichtes nicht berücksichtigende Änderungen, von Gesetzes wegen nicht zulässig sein. Eine inhaltliche Umgestaltung oder die Anordnung anderer Maßnahmen als derjenigen, die vom Schiedsgericht für erforderlich gehalten wurden, könnte mit anderen Worten demnach unzulässig sein. Dagegen spricht jedoch zum einen, daß auf der Rechtsfolgenseite ein weites gerichtliches Ermessen gemäß § 1041 II 2 statuiert ist. Sollte ein dahingehender einschränkender gesetzliche Wille wirklich zu erkennen sein, müßte der Wortlaut des Satzes 2 vielmehr so lauten, daß das staatliche Gericht nur im Falle der Notwendigkeit, eine Änderung vorzunehmen habe. Also beispielsweise in der Fassung, daß das Gericht die Anordnung abweichend zu fassen *hat* beziehungsweise, daß diese Anordnung abweichend zu fassen *ist*, wenn dies zur Vollziehung der Maßnahme notwendig ist. Zum anderen spricht auch ein argumentum ex contrario aus § 1041 II 1 gegen eine derartige tatbestandliche Einschränkung. Denn wenn das staatliche Gericht die Zulassung der Vollziehung nach Ermessensgesichtspunkten („kann") in Gänze verweigern kann,[4] muß es ihm erst recht gestattet sein, eine bloße Modifikation vornehmen zu dürfen. Darüber hinaus setzt sich dieses Verständnis auch nicht in Widerspruch mit der grammatikalischen Fassung des § 1041 II 2. Denn „notwendig" kann auch die Bedeutung annehmen, daß das Notwendige in der Natur der Sache begründet ist.[5]

2. Sinn und Zweck der Vorschrift

Hintergrund dieser Regelung ist somit nicht nur, Zurückweisungen aus formellen Gründen, beispielsweise wegen unzureichender beziehungsweise nicht der Typologie des deutschen Zwangsvollstreckungsrechts entsprechende Tenorierung, zu vermeiden, wenn der vom Schiedsgericht gewollte Inhalt klar erkennbar ist.[6] Vielmehr bringt das Gesetz hier zum Ausdruck, daß auch die Wertungen und das Normverständnis des nationalen Zwangsvollstreckungsrechtes mit in die gerichtliche Änderungsbefugnis einfließen sollen.[7]

---

[4]   Vgl. oben § 4 III, IV.

[5]   Vgl. Duden Band 5 S. 2406.

[6]   So *Bredow* Das neue 10. Buch der ZPO BB 1998 (Beilage 2), 1, 4.

[7]   So auch *Schumacher* Das neue 10. Buch der Zivilprozeßordnung BB 1998 (Beilage 2), 6, 11.

Insofern entspricht die Regelung des § 1041 II 2 nicht der Auffassung zum bisherigen Recht in Ansehung der Vollstreckbarerklärung eines Schiedsspruches. Denn mit § 1041 II 2 geht – im Gegensatz zur bisherigen Unzulässigkeit einer inhaltlich abweichenden Vollstreckbarerklärung eines Schiedsspruches – nach dem Gesagten eine diesbezügliche zulässige Änderungsbefugnis einher.[8]

3. Anwendungsbeispiele

Diese gerichtliche Abweichung wird etwa dann in Betracht kommen, wenn die vom Schiedsgericht angeordnete Maßnahme so im abschließenden Katalog des deutschen Zwangsvollstreckungsrechts nicht vorhanden ist, das Gericht sie also erst in das deutsche Recht „transformieren" muß.[9] Als konkretes Anwendungsbeispiel ist hierbei unter anderem daran zu denken, daß eine Anpassung an das Bestimmtheitserfordernis des nationalen Zwangsvollstreckungsrechts notwendig ist.[10]

4. Offizialmaxime

Die Zulässigkeit einer – auch – inhaltlichen Änderungsbefugnis manifestiert sich zudem anhand der niedergelegten Offizialmaxime des § 1041 II 2. Erfordert ein Vollziehungszulassungsverfahren gemäß § 1041 II 1 noch einen Antrag der Schiedspartei, so zeigt die sprachliche Fassung des Satzes 2, daß das Oberlandesgericht die Anordnung des Schiedsgerichts auch ohne Antrag abweichend fassen kann.[11] Daraus wird jedoch ersichtlich, daß diese gerichtliche Änderungsbefugnis dem Willen und der Dispositivität der Schiedsparteien qua iure entzogen sein soll. Mit dieser Wertungsentscheidung macht das SchiedsVfG mithin deutlich, daß die Privatautonomie, Grundpfeiler und Legitimationsquelle der Schiedsgerichtsbarkeit,[12] in diesem Bereich der staatlichen Gerichtsbarkeit untergeordnet ist.

---

[8]   So auch *Scheef* Der einstweilige Rechtsschutz S. 53, der dies damit begründet, daß „eine Verpflichtung der staatlichen Gerichte die einstweilige Maßnahme in der von dem Schiedsgericht gewählten Form für vollstreckbar erklären zu müssen, im Widerspruch zu dem abschließenden Katalog der §§ 916ff. stehen" würde.

[9]   *Berger* Das neue deutsche Schiedsverfahrensrecht DZWir 1998, 46, 51.

[10] Vgl. Bericht der Kommission S. 139; Begründung BT-Drucks. 13/5274 S. 45; *Baumbach/Lauterbach/Albers* § 1041 Rdn. 4; *Zöller/Geimer* § 1041 Rdn. 3.

[11] So auch *Thomas/Putzo* § 1041 Rdn. 3.

[12] Siehe oben § 3 II 6 lit.b), 7 lit.a).

II. Gerichtliche Aufhebungs- und Änderungsbefugnis gemäß § 1041 III

1. Regelung des § 1041 III

Gemäß § 1041 III kann das Gericht den Beschluß nach Absatz 2 aufheben oder ändern. In Ansehung der ermessensgewährenden Formulierung des § 1041 III („kann") wird auch hier insoweit deutlich, daß mit der Möglichkeit, den Vollziehungsbeschluß nach Absatz 2 unumschränkt ändern zu können, die gerichtliche Änderungsbefugnis grundsätzlich nicht in den engen Grenzen der originären schiedsrichterlichen Eilanordnung verbleiben muß.[13] Aus grammatischer Sicht ist somit von einer dahingehende Kompetenz- und Wertentscheidungsverteilung des SchiedsVfG zugunsten der staatlichen Gerichtsbarkeit zu sprechen.[14] Das die Regelung des § 1041 III deshalb in unnötiger Weise und entgegen dem in der Schiedsvereinbarung zum Ausdruck gekommenen Parteiwillen Zuständigkeiten an das staatliche Gericht verlagert und so den schiedsgerichtlichen einstweiligen Rechtsschutz entwertet,[15] ist in Ansehung der konzeptionellen Anordnung des Gesetzes hinzunehmen. Der im Vorbenannten mitschwingende Vorwurf des Systembruches ist nicht nachvollziehbar. Sicherlich übt die Privatautonomie der Schiedsparteien im gerichtlichen Vollziehungszulassungsverfahren des § 1041 II, III keine erkennbar gewichtige Rolle aus. Dennoch ist zu beachten, daß gerade der Privatautonomie willen derartige staatliche Befugnisse statuiert sind. Denn ein etwaiger abweichender gesetzlicher Sonderweg würde namentlich ein weitaus größeren Systembruch evozieren.

2. Verhältnis des § 1041 III zu § 927

Nach dem Vorstellungsbild der am Gesetzgebungsentwurf Beteiligten entspricht diese Regelung des weiteren im Kern der Vorschrift des § 927 ZPO.[16] Wegen dessen besonderer Bedeutung wurde die Aussage des § 927 ZPO in den Entwurf, genauer in § 1041 Absatz 3, mitaufgenommen.[17] Eine Aufhebung oder Änderung des Zwangsvollstreckungsbeschlusses ist also demnach

---

[13] Differenzierend *Musielak/Voit* § 1041 Rdn. 11f.

[14] Ohne Begründung auch *Scheef* aaO. S. 109.

[15] *Thümmel* Einstweiliger Rechtsschutz im Schiedsverfahren DZWir 1997, 133, 137

[16] Vgl. Bericht der Kommission S. 139; Begründung BT-Drucks. 13/5274 S. 45. Vgl. zudem *Schütze* Einstweiliger Rechtsschutz im Schiedsverfahren BB 1998, 1650, 1652; *Bandel* Einstweiliger Rechtsschutz im Schiedsverfahren s. 229

[17] Vgl. Bericht der Kommission S. 139; Begründung BT-Drucks. 13/5274 S. 45.

vor allem dann geboten, wenn der Grund für die vom Schiedsgericht angeordnete Maßnahme ganz oder teilweise entfallen oder veränderte Umstände
eingetreten sind.[18]

---

[18] Vgl. Bericht der Kommission S. 139; Begründung BT-Drucks. 13/5274 S. 46.

§ 8 Schadensersatz

I. § 1041 IV 1 im rechtssystematischen Vergleich

1. § 1041 IV 1 im Vergleich mit weiteren nationalen Prozeßvorschriften

§ 1041 IV 1 ordnet an, daß die Partei, welche die Vollziehung einer Maßnahme nach Absatz 1 erwirkt hat, im Falle einer von Anfang an ungerechtfertigten schiedsrichterlichen Anordnung verpflichtet ist, dem Gegner Schadensersatz zu leisten: „Erweist sich die Anordnung einer Maßnahme nach Absatz 1 als von Anfang an ungerechtfertigt, so ist die Partei, welche ihre Vollziehung erwirkt hat, verpflichtet, dem Gegner den Schaden zu ersetzen, der ihm aus der Vollziehung der Maßnahme oder dadurch entsteht, daß er Sicherheit leistet, um die Vollziehung abzuwenden." Demnach ist genauer der Schaden zu ersetzen, der dem Gegner des einstweiligen Schiedsverfahrens aus der Vollziehung der Maßnahme oder dadurch entsteht, daß er Sicherheit leistet, um die Vollziehung abzuwenden. Aus rechtssystematischer Sicht ist damit eine Regelung kodifiziert worden, die ihre grundsätzliche Entsprechung im gerichtlichen einstweiligen Rechtsschutz, genauer in § 945, findet.[1]

Anzumerken ist hierbei, daß § 945, der zunächst in der Entwurfsfassung als § 822 a vorgesehen war, erst im Zuge der BGB-Novelle vom 20. Mai 1898[2] nachträglich in die ZPO eingefügt worden ist. Wobei diese Bestimmung gleichzeitig mit den Vorschriften der §§ 302 IV 3, 600 II und 717 II zum 01. Januar 1900 in Kraft trat, um den in den vorbenannten Normen zur Geltung gebrachten Grundsatz auf das Gebiet des einstweiligen Rechtsschutzes auszudehnen. Dieser besteht namentlich darin, daß derjenige, welcher von einem noch nicht endgültig rechtsbeständigen Titel Gebrauch macht, dem Gegner auch ohne Verschulden Schadensersatz zu leisten hat, wenn er

---

[1] Vgl. Begründung BT-Drucks. 13/5274 S. 46; *Baumbach/Lauterbach/Alber.* § 1041 Rdn. 6; *Berger* Das neue deutsche Schiedsverfahrensrecht DZWir 1998, 45, 51; *Habscheid* Das neue Recht der Schiedsgerichtsbarkeit JZ 1998, 445, 449; *Lachmann* Handbuch für die Schiedsgerichtsbarkeit Rdn. 690; *Lörcher* Das Schiedsverfahren Rdn. 72; *Musielak/Voit* § 1041 Rdn. 13; *Osterthun* Das neue deutsche Recht der Schiedsgerichtsbarkeit TranspR 1998, 177, 183; *Schütze* Schiedsgericht und Schiedsverfahren Rdn. 240; *derselbe* Einstweiliger Rechtsschutz im Schiedsverfahren BB 1998, 1650, 1653; *Thomas/Putzo* § 1041 Rdn. 4; *Thümmel* Einstweiliger Rechtsschutz im Schiedsverfahren DZWir 1997, 133, 137; *Zöller/Geimer* § 1041 Rdn. 5.

[2] RGBl. 410.

im weiteren Verlauf des Rechtsstreits unterliegt.[3] Die gesetzgeberische Absicht des § 945 lag also in der Zuordnung desjenigen Risikos, welches die Vollstreckung einer im Prozeß ergangenen Entscheidung angesichts dessen enthält, daß die tatsächliche und rechtliche Beurteilung mit rechtskräftigem Urteil im Hauptverfahren zu einem anderen Ergebnis führen kann.[4]

Die in beiden Verfahren nunmehr gesetzlich angeordnete verschuldensunabhängige Schadensersatzpflicht trifft gemäß § 717 II 1 zudem gleichermaßen den Kläger, der ein vorläufig vollstreckbares Urteil erwirken konnte, wenn ein solches Urteil aufgehoben oder abgeändert wird.[5] Auch im Hinblick auf die Vorschriften der §§ 302 IV 2, 3, 600 II, 641g[6] fügt sich die neue Regelung des § 1041 IV 1 in das nationale Recht ein.[7] Denn in Anbetracht dieser Regelungen zeigt sich auch hieran, daß die getroffene schiedsverfahrensrechtliche Vorschrift weder vom Wortlaut noch vom teleologisch, systematischen Hintergrund eine Neuerung oder gar einen Bruch zum nationalen Zivilprozeßrecht aufweist.

2. Das UNCITRAL-Modellgesetz

Die Einheitlichkeit der nationalen zivilprozessualen Terminologie, die in § 1041 IV 1 gewahrt wird, hat einen einfachen Hintergrund. Denn insbesondere die modellgesetzliche Regelung des Art. 17 ModG schweigt hier. Seine Verfasser gingen davon aus, daß sich das UNCITRAL-Modellgesetz nicht mit Fragen befassen solle, die sich auf die Voraussetzungen und den Umfang einer möglichen Schadensersatzverpflichtung bezögen.[8] Zwar erkannten auch die Verfasser des ModG die Gefahren, die im Zuge eines bloß summarischen und Eile gebietenden Verfahrens mit einer ungerechtfertigten Anordnung einhergehen können. Diese versuchte man aber mit Hilfe einer möglichst

---

[3] Vgl. *Hahn/Mugdan* Die gesamten Materialien zu den Reichsjustizgesetzen Band 8 S. 102, 117f., 135, 173.

[4] *Pietzcker* Die Gefahr analoger Ausdehnung der Haftung nach § 945 ZPO GRUR 1980, 442.

[5] Vgl. zur Ähnlichkeit der §§ 945, 717 II BGH MDR 1996, 452; *Rosenberg/Gaul/ Schilken* Zwangsvollstreckungsrecht § 80.

[6] Vgl. *Thomas/Putzo* § 945 Rdn. 3; *Musielak/Huber* § 945 Rdn. 1.

[7] Vgl. Baumbach/Lauterbach/Hartmann § 945 Rdn. 1.

[8] Vgl. UN-Report A/40/17 para 166 Satz 2 letzter HS. zu Art. 18 (17): „...the model law should not deal with questions relating to basis or extent of possible liability for damages". Vgl. hierzu auch Begründung BT-Drucks. 13/5274 S. 46.

weiten gesetzlichen Fassung des Art. 17,2 ModG[9] zu entschärfen.[10] Deshalb wurde von der Arbeitsgruppe zum ModG entschieden, daß hinsichtlich der schiedsrichterlichen Befugnis zur Anordnung und Bestimmung von Sicherheitsleistungen ein extensiver Wortlaut gebraucht werden sollte.[11] Mit der Verwendung des Wortbegriffs „appropriate security" (angemessene Sicherheit) sollte demzufolge im Gegensatz zu Art. 26 II der UNCITRAL-Schiedsordnung[12] hervorgehoben werden, daß bezüglich der Höhe der zu bestimmenden Sicherheitsleistung auch jedweder vorhersehbare Schaden Berücksichtigung finden dürfe.[13] Indem diese Anordnungsmöglichkeit des Schiedsgerichts jedoch schon aus rechtspraktischen Gründen in das Entschließungs- und Auswahlermessen der Schiedsrichter gestellt sein muß und – wie § 1041 I 2[14] bzw. Art. 17,2 ModG[15] belegen – auch vom jeweiligen Gesetzesverfasser unter ein solches Ermessen gestellt wurde, sprach dies für die Vorschrift des § 1041 IV.

So war insbesondere die Kommission zur Neuordnung des Schiedsverfahrensrechts in Ansehung dieser rein fakultativen Anordnungsmöglichkeiten überzeugt, „daß für die Vorschrift des Absatzes 4 ein Bedürfnis besteht".[16] Somit übt § 1041 I 2 zwar durchaus eine schadensersatzrechtliche Ergänzungsfunktion aus,[17] der eigentliche Gefährdungsausgleich einer ungerechtfertigten, schiedsrichterlichen Anordnung findet aber indessen erst innerhalb und verhilf des § 1041 IV 1 statt. Denn wie die 2. Alternative des § 1041 IV 1 zeigt, ist es gerade möglich, daß dem Antragsgegner nicht nur ein Schaden aus der Vollziehung der schiedsrichterlichen Maßnahme droht. Eine negative Vermögenseinbuße kann vielmehr auch mit der Sicherheitsleistung, die er erbringt, um eben diese Vollziehung abzuwenden, einhergehen.

---

[9]   Art. 17,2 ModG: „The arbitral tribunal may require any party to provide appropriate security in connection with such measure".

[10]   Siehe bereits oben § 5 I, III 2.

[11]   Vgl. UN-Report A/40/17 para 166 Satz 3: „The Commission, therefore, decided to use more general wording...".

[12]   Siehe oben § 5 III 2.

[13]   Siehe oben § 5 IV 1. Vgl. zudem UN-Report A/40/17 para 166 Satz 4: „...including in the amount of such security any foreseeable damage of a party".

[14]   Siehe oben § 5 VI.

[15]   Art. 17, 2 ModG: „The arbitral tribunal *may* require...".

[16]   Bericht der Kommission S. 140.

[17]   Siehe oben § 5 III 2.

3. Parallelität der nationalen Vorschriften

Das um eine Internationalisierung bemühte SchiedsVfG[18] rekurriert mangels einer einheitlichen, weltweiten Anschauung somit in der Vorschrift des § 1041 IV 1 konsequenterweise auf die Normierungen der nationalen Prozeßordnung. Der Zugang und das Verständnis des ausländischen Nutzers wird durch diese Angleichung des Schiedsrechtes an das nationale Recht jedoch erschwert. Dieser Nachteil kann zu Teilen aber durch einen hierdurch gewonnenen Vorteil wieder wettgemacht werden. Zumindest die mit dem deutschen Recht vertrauten Anwender haben die Möglichkeit, die Parallelität der Vorschriften zu nutzen. So können sie über einen Rückgriff auf die bisherige Rechtsprechung und Literatur zur Vorschrift des § 945 ein näheres und dezidierteres Verständnis der neugeschaffenen Regelung des § 1041 IV gewinnen. Die aufgezeigte Orientierung des § 1041 IV 1 an die nationalen zivilprozessualen Vorschriften läßt mithin einen ersten Rückschluß zu. Die dargetane grundsätzliche Angleichung erfordert gleichzeitig auch eine grundsätzlich gleiche Auslegung beziehungsweise ein grundsätzlich gleiches Normverständnis.[19] Inwieweit sich die Regelungsbereiche der §§ 945, 1041 IV 1 dementsprechend überschneiden, aber auch inwieweit sie differieren, ist im nachfolgendem zu prüfen.

II. Schadensersatzanspruch aus § 1041 IV 1

1. Abgrenzung des § 1041 IV 1 zu § 945

In § 1041 IV 1 und § 945, die beide den Schadensersatzanspruch des Antragsgegners respektive des Arrest- bzw. Verfügungsschuldners zum Regelungsinhalt haben, hat die Zivilprozeßordnung für den Fall, daß sich die Eilanordnung als von Anfang an unbegründet erweist, einen klar abgrenzbaren Anwendungsbereich normiert.[20] Denn obwohl die Vorschrift des § 1041 IV 1 dem § 945 nachgebildet ist, so ist im Falle der unbegründeten staatlichen Arrest- bzw. Verfügungsanordnung in Ansehung des Wortlautes des § 945 ausschließlich das staatliche Gericht zur Entscheidung über die Geltendmachung eines Schadensersatzanspruches berufen. Denn indem sich

---

[18] Siehe oben §§ 1 I 2, 3 II 1 lit.b). Vgl. insbesondere den Bericht der Kommission S. 14, den Bericht des Rechtsausschusses BT-Drucks. 13/9124 S. 50 und die Begründung der Bundesregierung BT-Drucks. 13/5274 S. 22.

[19] Vgl. *Bandel* Einstweiliger Rechtsschutz im Schiedsverfahren S.231f.

[20] Vgl. auch *Schütze* aaO. Rdn. 240.

§ 1041 IV 1 lediglich auf die Anordnung einer Maßnahme nach Absatz 1, also der schiedsrichterlichen Eilanordnung, bezieht, kommt in den vorbenannten staatlich-gerichtlichen Fällen somit ausschließlich § 945 zur Anwendung.

2. Direkter Schadensersatzanspruch aus § 1041 IV 1

Im Falle einer ungerechtfertigten Inanspruchnahme statuiert § 1041 IV 1 nunmehr, daß die Schiedspartei direkt einen Schadensersatzanspruch gegenüber der Partei, welche die Vollziehung der schiedsrichterlichen Eilmaßnahme erwirkte, aus der Zivilprozeßordnung für sich beanspruchen kann. Im Hinblick auf die bisherige Rechtslage[21] ist die Kodifikation des § 1041 IV 1 neu. Denn zum einen werden hiermit die Sachverhaltskonstellationen abgedeckt, in denen der schiedsverfahrensrechtliche Vollziehungsgegner infolge vermögensgefährdender Eingriffe ein nachweisbares Restitutionsinteresse hat. Zum anderen erübrigt sich eine umständlich zu konstruierende Gesetzesanalogie zu § 945, die gerade ein ausländischer Nutzer des deutschen Schiedsverfahrensrechts nur bedingt nachvollziehen könnte.[22]

3. Unzulässige Rechtsausübung

In Ansehung der höchstrichterlichen Rechtsprechung zu § 945[23] ist fraglich, ob auch im Rahmen des § 1041 IV zu beachten ist, daß in der Geltendmachung des Schadensersatzanspruches aus § 1041 IV 1 ausnahmsweise eine unzulässige Rechtsausübung liegen kann.[24] Indem der Grundsatz von Treu und Glauben gemäß § 242 BGB sowohl im Zivilprozeßrecht[25] als auch im Zwangsvollstreckungsrecht[26] Geltung beansprucht, führt im Schiedsverfahrensrecht zumindest ein unredlicher Erwerb der eigenen Rechtsstellung des Schadensersatzgläubigers dazu, die Ausübung des Rechts aus § 1041 IV 1 als rechtsmißbräuchlich anzusehen. Insbesondere wird unter Berücksichtigung der vorbezeichneten Rechtsprechung also dann die Ausübung des Rechts aus

---

21   Vgl. vormals beispielsweise *Brinkmann* Schiedsgerichtsbarkeit und Maßnahmen des einstweiligen Rechtsschutzes S. 82ff., der die Schadensersatzpflicht der betreffenden Schiedspartei auf § 945 stützte.

22   Vgl. zur Gesetzestechnik *Bandel* aaO. S.232.

23   Vgl. BGH NJW 1993, 593, 594f.

24   Vgl. im Hinblick auf § 945 *Baumbach/Lauterbach/Hartmann* § 945 Rdn. 3 und im Hinblick auf § 717 II *Rosenberg/Gaul/Schilken* aaO. § 15 III 5.

25   Vgl. BGHZ 20, 206; 43, 292; 57, 111.

26   Vgl. *Bittmann* Treu und Glauben in der Zwangsvollstreckung ZZP 97 (1984), 32.

§ 1041 IV 1 durch den Gläubiger mißbräuchlich sein, wenn dieser den Schadensersatzanspruch durch ein objektiv unredliches Verhalten erworben und
dieses unredliche Verhalten ihm Vorteile oder der Partei, die die Vollziehung
der schiedsrichterlichen Maßnahme erwirkt hat, Nachteile gebracht hat, die
bei redlichem Verhalten nicht entstanden wären.[27] Daß sich der Gläubiger
respektive der Geschädigte wegen des entstandenen Schadens auch an einen
Dritten halten kann, wird hierbei den Schadensersatzanspruch regelmäßig
nicht ausschließen.[28] Somit kann die Geltendmachung eines Schadensersatzanspruches aus § 1041 VI1 ausnahmsweise eine unzulässige Rechtsausübung
darstellen.

4. Ungerechtfertigte schiedsgerichtliche Ablehnung

a) Direkte Anwendbarkeit

Aufgrund des eindeutigen Wortlautes und des evident vollziehungsgegner-
schützenden Zwecks des § 1041 IV 1 kommt eine direkte Anwendbarkeit
dieser Regelung, in den Fällen, in denen das Schiedsgericht eine beantragte
vorläufige oder sichernde Maßnahmen gemäß Absatzes 1 Satz 1 ungerechtfertigt ablehnt, nicht in Betracht.[29]

b) Analoge Anwendbarkeit

Fraglich ist jedoch, ob sich der zu Unrecht abgewiesene Antragsteller auf eine analoge Anwendung des § 1041 IV 1 stützen und somit einen Schadensersatzanspruch gegenüber dem Antragsgegner erheben kann. Voraussetzung
einer solchen Gesetzesanalogie wäre neben einer planwidrigen Regelungslücke die Übertragbarkeit des hier normierten Tatbestandes auf den benannten, im Gesetz nicht geregelten Tatbestand, der ungerechtfertigten schiedsgerichtlichen Ablehnung einstweiligen Rechtsschutzes.

> Diese Übertragbarkeit gründe sich im einzelnen darauf, daß infolge ihrer Ähnlich-
> keit in den für die gesetzliche Bewertung maßgebenden Hinsichten beide Tatbestän-
> de gleich zu bewerten seien, also auf die Forderung der Gerechtigkeit, Gleichartiges
> gleich zu behandeln. Die Ausfüllung der Gesetzeslücke im Wege des Rückganges
> auf ein im Gesetz angelegtes Prinzip gründe sich letztlich also darauf, daß der im

---

[27]   Vgl. BGHZ 120, 261. 268.

[28]   Vgl. BGHZ 120, 261, 269.

[29]   So auch die übereinstimmende Ansicht zu § 945. Vgl. BGH NJW 1966, 1513; *Rosen-
       berg/Gaul/Schilken* aaO. § 80 I; *Schuschke/Walker* § 945 Rdn. 1; *Stein/Jonas/
       Grunsky* § 945 Rdn. 5; *Zöller/Vollkommer* § 945 Rdn. 5 jeweils m.w.N.

Gesetz nicht ausdrücklich geregelte Sachverhalt ein solcher sei, auf den das Prinzip (ebenfalls) zutreffe, ein Grund, hier eine Ausnahme von dem Prinzip zu machen, aber nicht vorliege.[30]

Um konstatieren zu können, ob in diesem Fall eine Übertragbarkeit des § 1041 IV 1 zu rechtfertigen ist, bedarf es eines Rückganges auf den Grundgedanken dieser gesetzlichen Regelung.[31] Da im vorliegenden Fall insbesondere die Fragestellung auftritt, ob die antragstellende Partei das Risiko einer rechtzeitigen Verwirklichung ihres Rechts zu tragen hat, oder ob dies auf den von der ungerechtfertigten Ablehnung profitierenden Antragsgegner übergeht,[32] ist somit zu klären, worin der spezifische Haftungsgrund des § 1041 IV 1 besteht. Indem aus § 1041 IV 1 expressis verbis hervorgeht, daß der Partei, die die Vollziehung einer von Anfang an ungerechtfertigten Anordnung einer vorläufigen oder sichernden Maßnahme erwirkt hat, weder die positive Kenntnis beziehungsweise die fahrlässige Unkenntnis der Unrechtmäßigkeit, noch ein Verschulden nachzuweisen ist, handelt es sich im vorliegendem Fall um die gesetzliche Statuierung einer Gefährdungshaftung. Die gefahrgeneigte Handlung der besagten Schiedspartei erkennt das Schiedsverfahrensrecht genauer in der Erwirkung der Vollziehung. Indem das Gesetz also weder auf das bloße Erwirken einer vorläufigen oder sichernden schiedsrichterlichen Maßnahme gemäß § 1041 I 1, noch auf die reine gerichtliche Antragstellung der Vollziehungszulassung gemäß § 1041 II 1 abstellt, muß die Rechtsposition der gegnerischen Partei schon so erheblich gefährdet sein, daß es keiner weiteren Zwischenschritte bedarf, um in ihre Rechts- und Vermögensposition eingreifen zu können. Erst das konkrete Betreiben der zwangsweisen Vollziehung – und nicht die Herbeiführung einer potentiellen Gefährdung – ist also aus rechtssystematischer Sicht haftungsauslösender Grund des § 1041 IV 1. Wobei der rechtliche Anknüpfungspunkt das riskante Verhalten der vollziehungserwirkenden Partei ist. Die vorbenannte Norm ist mithin eine Ausprägung der Gefährdungshaftung in Form der Risikohaftung ist.

In ähnlicherweise wird auch § 945 eingestuft. Hierbei handele es sich um einen Fall der Risikozurechnung, die den Gläubiger deshalb treffe, weil er in einer ungewissen

---

30   *Larenz/Canaris* Methodenlehre der Rechtswissenschaften S. 202.

31   Vgl. *Larenz/Canaris* aaO. S. 203.

32   Vgl. *Schuschke/Walker* § 945 Rdn. 5.

Rechtslage die gefahrgeneigten Maßnahmen des einstweiligen Rechtsschutzes in Anspruch genommen habe.[33]

Demgemäß beruht § 1041 IV 1 – wie § 717 II und § 945 – auf dem allgemeinen Rechtsgedanken, daß die Vollstreckung aus einem nicht endgültigen Vollstreckungstitel auf Gefahr des Gläubigers geht.[34]

Nach Auffassung der Rechtsprechung zu §§ 717 II, 945 muß der Schuldner zwar aufgrund einer einstweiligen gerichtlichen Anordnung einen Eingriff in seinen Handlungs- und Vermögensbereich dulden, dessen Unbegründetheit sich nach weiterer Prüfung herausstellt. Indem aber die Rechtsordnung dem Gläubiger somit das Recht zu vollstrecken gewähre, bevor seine Berechtigung endgültig festgestellt ist, entspreche es jedoch nach gesetzlicher Wertung einer sachgerechten und gebotenen Risikoverteilung, daß er die Gefahr der sachlich-rechtlichen Unbegründetheit seines Rechtsschutzbegehrens trage.[35] Zudem erheische der Widerspruch der Vollstreckung oder der eine Vollstreckung abwendenden Leistung (Sicherheitsleistung) zur nachträglich festgestellten materiellen Rechtslage einen Ausgleich.[36]

Entscheidendes Kriterium der Haftung aus § 1041 IV 1 ist genauer die Rückführbarkeit auf das positive Tun des hiernach Schadenersatzpflichtigen. Indem aber gerade die Ablehnung des Antrags auf Gewährung vorläufigen Rechtsschutzes gemäß § 1041 I 1 vom Schiedsgericht angeordnet wird, beruht der eventuelle Schaden, den der Antragsteller durch die nicht mögliche Durchsetzung seines Anspruches erleidet, nicht auf einem Vermögenszugriff evozierenden, riskanten Verhalten des Antragsgegners. Selbst wenn dieser einen Ablehnungsantrag gestellt hat, ist die Dominanz des Schiedsgerichts in Ansehung des § 1041 I 1 hier so gewichtig, daß kein Grund ersichtlich ist, dem Antragsgegner einer verschuldensunabhängigen Haftung auszusetzen.[37] Demnach kommt auch eine analoge Anwendbarkeit des § 1041 IV 1 in den Fällen einer ungerechtfertigten schiedsgerichtlichen Ablehnung nicht in Betracht.

Ob sich eine andere Bewertung ausnahmsweise in den Fällen rechtfertigen läßt, in denen eine ungerechtfertigte schiedsgerichtliche Ablehnung in praxi die selben

---

[33] *Rosenberg/Gaul/Schilken* aaO. § 80. Vgl. zum Meinungsstreit bezüglich des Haftungsgrundes des § 945 (§ 717 II) *Münzberg* Der Schutzbereich der Normen §§ 717 II, 945 ZPO, FS Lange S. 599, 601ff.; Stein/Jonas/*Grunsky* § 945 Rdn. 2 m.w.N.

[34] Vgl. BGH NJW 1990, 2689, 2690.

[35] Vgl. BGHZ 54, 76, 80; BGHZ 62, 7, 9; BGHZ 95, 10, 14.

[36] BGH JR 1980, 418.

[37] Vgl. im Hinblick auf § 945 *Schuschke/Walker* § 945 Rdn. 1.

Auswirkungen zeitigt, wie wenn zugunsten des Antragsgegners eine einstweilige Maßnahme erlassen worden wäre aufgrund derer er eine Vollziehung gemäß § 1041 II 1, IV 1 erwirkt hätte,[38] ist vor dem vorbenannten Hintergrund zweifelhaft. M.E. ist diese konstruierte virtuelle Gegenüberstellung bereits aus Gründen der Rechtsklarheit und der Rechtssicherheit gesetzgeberisch nicht gewollt und demnach unzulässig. Zudem kann nur das konkrete Verhalten der betreffenden Schiedspartei im Einzelfall eine Haftung auslösen. Das zeigt schon die Haftungsbegründung im Rahmen einer Unterlassung. Denn auch hier ist das reale – und nicht bloß virtuelle – Bestehen einer Handlungspflicht Voraussetzung einer Schadensersatzverpflichtung.[39]

5. Ungerechtfertigte gerichtliche Vollziehungseinstellung gemäß § 1041 III

Aber auch im Falle einer ungerechtfertigten gerichtlichen Aufhebung des Vollziehungsbeschlusses gemäß § 1041 III verbietet sich ein analoger Rückgriff auf die Schadensersatzvorschrift des Absatzes 4 Satz 1. Denn auch der Schaden, den der Vollziehungsgläubiger durch eine möglicherweise ungerechtfertigte Einstellung nach Absatz 3 in Verbindung mit Absatz 2 erfahren mag, ist primär nicht auf das riskante, gefahrgeneigte Verhalten des Vollziehungsgegners zurückzuführen. Indem auch hier der jeweilige zur Entscheidung berufene Spruchkörper die Einstellung zu verantworten hat, ist auch der – zwingend erforderliche – Antrag des Vollziehungsgegners auf Aufhebung des gerichtlichen Zulassungsbeschlusses nicht dergestalt dominant, daß dieses Verhalten bereits mit einer verschuldensunabhängigen Haftung zu sanktionieren ist.[40]

6. Ungerechtfertigte gerichtliche Abweichung gemäß § 1041 II 2

§ 1041 IV 1 spricht grundsätzlich nur von der anfänglich ungerechtfertigten Anordnung einer (schiedsrichterlichen) Maßnahme nach Absatz 1. Dennoch ist diese Vorschrift in Ansehung ihres Haftungsgrundes auch auf einen weiteren denkbaren Fall anwendbar. Dies ist der Fall, in dem das staatliche Gericht gemäß § 1041 II 2 die schiedsrichterliche Anordnung abweichend gefaßt und dadurch eine gerechtfertigte schiedsrichterliche Anordnung so modifiziert hat, daß diese dadurch ungerechtfertigt geworden ist. Dieser gerichtliche

---

[38] Vgl. das Fallbeispiel bei *Schuschke/Walker* § 945 Rdn. 5.

[39] Vgl. nur *Palandt/Heinrichs* Vorbemerkung 84 zu § 249 und § 823 Rdn. 35.

[40] Vgl. zum Fall der ungerechtfertigten Einstellung der Vollziehung einer gerichtlichen Maßnahme des einstweiligen Rechtsschutzes *Stein/Jonas/Grunsky* § 945 Rdn. 5 m.w.N.

Zwischenakt darf die vollziehungserwirkende Partei des § 1041 IV 1 nicht aus ihrer Haftung entlassen. Denn aus Sicht des Vollziehungsgegners ist es unerheblich, ob der ungerechtfertigte Vollziehungszugriff auf Grundlage der schiedsrichterlichen Anordnung oder auf der nachfolgenden gerichtlichen Abweichung beruht. Vielmehr hat er auch im vorliegenden Fall ein berechtigtes Interesse, daß die entstandenen ungerechtfertigten Schäden restituiert beziehungsweise kompensiert werden. Zudem würde eine Haftungsfreistellung der vollziehungserwirkenden Partei eine unbillige Entlastung darstellen, die vom Gesetz nicht gewollt sein kann. Denn grundsätzlich erwirkt die Partei des § 1041 IV 1 in beiden Fällen einen Vermögenszugriff, der auf einem rein vorläufigen Titel basiert. Demnach muß ihre Haftung auch den Fall betreffen, in dem die ursprüngliche schiedsrichterliche Anordnung zwar gerechtfertigt war, aber durch das Gericht im Verfahren des § 1041 II 2 ungerechtfertigt wurde. Zumal ohne diese teleologische Extension des § 1041 IV 1 der geschädigte Vollziehungsgegner auch keinen Ersatzanspruch aus § 945 geltend machen könnte. Denn in Ansehung der grammatikalischen Fassung des § 945 greift diese Regelung – unter anderem – nur dann ein, wenn das staatliche Gericht selbst die Maßnahme des einstweiligen Rechtsschutzes angeordnet hat. Davon ist aber nicht der Fall des § 1041 II 2 erfaßt, in dem die Anordnung – trotz gerichtlicher Abweichung – grundsätzlich auf das Schiedsgericht rückführbar ist.

III. Voraussetzungen und Umfang des § 1041 IV 1

1. Voraussetzungen

a) Verschuldensunabhängigkeit

Wie bereits zuvor Erwähnung fand, besteht die Legitimationsgrundlage der Haftung der Partei, die die Vollziehung erwirkt hat, gemäß § 1041 IV 1 nicht in einem objektiv rechtswidrigen und subjektiv vorwerfbaren Verhalten[41]. Die Haftung ist also mit anderen Worten verschuldensunabhängig. Da jedoch die gesetzliche Auferlegung einer Haftung einen Eingriff in Freiheit und Eigentum des von ihr Betroffenen darstellt, bedarf diese schiedsverfahrensrechtliche Einstandsverpflichtung einer besonderen inneren Rechtfertigung.[42] Zurechnungsgrund ist dabei letztlich wohl die gesetzgeberische Vorstellung

---

[41]   Vgl. zum Begriff des Verschuldens *Palandt/Heinrichs* § 276 Rdn. 5ff.
[42]   Vgl. *Larenz/Canaris* aaO. § 75 I 2 lit.a) m.w.N.

der Zusammengehörigkeit von dem Vorteil, der sich daraus ergibt, daß der vollziehungsergreifenden Partei bereits ein vorläufiger Zugriff auf Freiheit und Vermögen des Vollziehungsgegners gewährleistet wird, und dem korrespondierendem Risiko, daß die betreffende Schiedspartei dies nur auf Grundlage eines vorläufigen Titels vollführt.[43] Die generelle Gefährlichkeit einer solchen Vollziehungserwirkung gebietet es also, im Falle einer von Anfang an ungerechtfertigten Anordnung, die vollziehungserwirkende Partei im Rahmen der Handlungshaftung für den Schaden des Vollziehungsgegners einstehen zu lassen.[44] Weder das summarische schiedsgerichtliche Anordnungsverfahren des § 1041 I 1 noch das spätere gerichtliche Zulassungsverfahren des § 1041 II nehmen diesem Parteiverhalten seine inhärente Gefährlichkeit. Deshalb soll die fragliche Partei nicht nur das Risiko einer anfänglichen Fehlbeurteilung der später konkreter aufgeklärten tatsächlichen Umstände tragen, sondern auch das Risiko abweichender rechtlicher Beurteilung desselben Tatsachenstoffes in einem späteren Verfahrensstadium.[45]

b) Kenntnis oder Kennenmüssen der Ungerechtfertigtkeit

Demgemäß verzichtet § 1041 IV 1 auch darauf, daß der zu Schaden gekommene Vollziehungsgegner zur erfolgreichen Geltendmachung seines Ersatzanspruches darlegen und gegebenenfalls beweisen muß, daß die Partei, die die Vollziehung erwirkt hat, positive Kenntnis von der Ungerechtfertigtkeit hatte beziehungsweise die Ungerechtfertigtkeit hätte kennen müssen. Ein dergleiches kognitives Element in Gestalt der haftungsbefreienden- oder verhindernden Gutgläubigkeit der vollziehungserwirkenden Partei fehlt somit in Anbetracht des Haftungsgrundes des § 1041 IV 1.

c) Das Kriterium der Ungerechtfertigtkeit der Eilanordnung

Dennoch ist die Ungerechtfertigtkeit der schiedsrichterlichen Eilanordnung objektives und zwingend erforderliches Tatbestandsmerkmal des § 1041 IV 1. Indem die Regelung nicht darauf abstellt, ob die vorläufige oder sichernde Maßnahme vom Schiedsgericht als actus contrarius zu seiner Be-

---

[43] Vgl. zu § 945 BGHZ 62, 7, 9; BGH ZIP 1085, 1414, 1415f.; *Fischer* Hat das im einstweiligen Rechtsschutz ergangene rechtskräftige Urteil Bedeutung für den Schadensersatzanspruch aus § 945, FS Merz S. 85, 87.

[44] Vgl. zur Verschuldensunabhängigen Haftung des § 945 BGH NJW-RR 1992, 998; *Thomas/Putzo* § 945 Rdn. 2.

[45] Vgl. zu § 945 BGHZ 54, 76, 81; 62, 7, 10; BGH NJW 1988, 3268, 3269; *Ahrens* aaO. S. 31, 32.

fugnis aus § 1041 I 1 zurückgenommen oder der Vollziehungsbeschluß vom staatlichen Gericht gemäß § 1041 III aufgehoben worden ist, ist das prozessuale Schicksal der schiedsrichterlichen Eilanordnung in diesem Zusammenhang ohne Belang. Vielmehr ist danach zu fragen, ob die gemäß § 1041 I 1 erforderlichen Voraussetzungen der schiedsrichterlichen Maßnahme bereits von Anbeginn des schiedsrichterlichen Erlasses objektiv nicht gegeben waren. In Ansehung des weiten schiedsrichterlichen Ermessensspielraumes bei der Beurteilung der Voraussetzungen einer einstweiligen Maßnahme kommt als Fehlergrund hierbei beispielsweise das tatsächliche oder rechtliche Nichteingreifen eines materiell-rechtlichen Anspruches zum Tragen. Weder die Nichtgewährung rechtlichen Gehörs noch die ungenügende Glaubhaftmachung des behaupteten Anspruches[46] beziehungsweise das Fehlen weiterer – im Schiedsverfahren grundsätzlich zu beachtender – Prozeßvoraussetzungen[47] können jedoch eine dahingehende Haftung auslösen.[48] Da die endgültige Zuweisung des Schadens entsprechend der materiellen Rechtslage erfolgt, die allein durch eine verbindliche Entscheidung in der Hauptsache geklärt werden kann, haben Entscheidungen im einstweiligen Verfahren keine das Schadensersatzgericht bindende Wirkung.[49] Soweit die schiedsrichterliche Anordnung gemäß § 1041 I 1 nur zu einem Teil ungerechtfertigt war und dieser Teil im Hinblick auf die Vollziehung rechtlich und tatsächlich vom gerechtfertigten Teil abtrennbar ist, muß konsequenterweise darüber hinaus der Schaden, der durch die Vollziehung des ungerechtfertigten Teiles – oder durch die vollziehungsabwendende Sicherheitsleistung – entstanden ist, gemäß § 1041 IV 1 ersatzfähig sein.[50]

d) Maßgebender Zeitpunkt

Weitere Voraussetzung des § 1041 IV 1 ist, daß diese Ungerechtfertigkeit nicht erst durch einen später eintretenden Umstand hervorgerufen wurde, sondern daß diese bereits „von Anfang an" bestand. Indem sich der gleiche

---

[46] Vgl. zu § 945 *Bruns* Schadensersatz und Rechtskraftfragen des § 945 ZZP 65 (1952), 67, 69.

[47] Vgl. oben § 4 III. Vgl. zu § 945 OLG Düsseldorf MDR 1961, 606; OLG Karlsruhe WRP 1984, 102, 105; *Zöller/Vollkommer* § 945 Rdn. 8 m.w.N.

[48] Vgl. *Bandel* aaO. S.236 ;Vgl. zu § 945 *Stein/Jonas/Grunsky* § 945 Rdn. 16ff.

[49] *Bandel* aaO. S.237. AA. *Teplitzky* Zur Bindungswirkung gerichtlicher Vorentscheidungen im Schadensersatzprozeß nach § 945 NJW 1984, 850ff.

[50] Vgl. zu § 945 RG JW 1909, 395; BGH NJW 1981, 2579; *Rosenberg/Gaul/Schilken* aaO. § 80 II.

Sprachgebrauch in der Vorschrift des § 945 wiederfindet, ist hier aus systematischen Gründen ein Gleichklang der Bedeutung anzunehmen. Da im Rahmen des § 945 unter dem Begriff „von Anfang an" der Zeitpunkt des Erlasses verstanden wird,[51] ist auch hier diese Deutung zu teilen. Demnach ist der Erlaß der schiedsrichterlichen Eilmaßnahme gemäß § 1041 I 1 der maßgebliche Zeitpunkt der Beurteilung der Ungerechtfertigtheit. Hier wie dort gilt zudem, daß sich die Ersatzpflicht dann, wenn die einstweilige Maßnahme zunächst ungerechtfertigt war, aber durch spätere Ereignisse ex nunc gerechtfertigt worden ist, auf Vermögenseinbußen beschränkt, die in die Zeit fallen, in der die Eilanordnung in Widerspruch zur materiellen Rechtslage stand.[52]

e) Erwirkung der Vollziehung

Als weitere Voraussetzung bestimmt § 1041 IV 1, daß die hiernach schadenersatzpflichtige Partei die Vollziehung erwirkt haben muß. Damit ist aber nicht schon die Antragstellung auf Zulassung der Vollziehung gemäß § 1041 II 1 gemeint. Vielmehr muß die zwangsweise Durchsetzung des vorläufig festgestellten Anspruches so weit fortgeschritten sein, daß sich in Anbetracht des Haftungsgrundes des § 1041 IV 1 bereits eine konkrete Gefährdung für Freiheit und Vermögen des Vollziehungsgegners abzeichnet. Denn erst die Einleitung der Zwangsvollstreckung auf Grundlage der gerichtlichen Vollstreckbarerklärung als Vollstreckungstitel ist hinreichend in der Lage, diese konkrete Gefährdung zu erzielen. Nur bei einer bereits eingeleiteten Vollziehung läßt sich eine Haftung der veranlassenden Partei begründen.[53] Zudem streitet auch die grammatikalische Auslegung für dieses Ergebnis. Denn eine Partei hat im Mindestmaß nur dann eine Vollziehung gemäß § 1041 IV 1 „erwirkt", wenn sie konkrete Schritte unternommen hat, um über die Organe der Rechtspflege einen zwangsweisen direkten Zugriff zu erhalten. Dabei ist unter Berücksichtigung der Rechtsprechung zu § 945 anzunehmen, daß die in Rede stehende Partei zumindest mit der Vollziehung begonnen haben muß.[54] Wenngleich es nicht erforderlich ist, daß die Voll-

---

[51] Vgl. RG JW 1928, 712; RGZ 171, 228, 231; BGH NJW 1988, 3269; *Wieczorek/Schütze/Thümmel* § 945 Rdn. 13 m.w.N.

[52] Vgl. zu § 945 *Rosenberg/Gaul/Schilken* aaO. § 80 II.

[53] Im Ergebnis auch *Musielak/Voit* § 1041 Rdn. 14.

[54] Vgl. BGH WRP 1989, 514ff.; BGH NJW 1990, 122. Vgl. zudem *Schuschke/Walker* § 945 Rdn. 31; *Stein/Jonas/Grunsky* § 945 Rdn. 8; *Wieczorek/Schütze/Thümmel* § 945 Rdn. 20; *Zöller/Vollkommer* § 945 Rdn. 14.

ziehung auch vollendet wurde.[55] Die besondere Problematik der Vollziehungserwirkung einer vorläufigen oder sichernden Maßnahme, die ein Unterlassungsgebot des Antragsgegners zum Inhalt hat,[56] ist hierbei wohl so zu lösen, daß eine unmißverständliche Leistungsaufforderung nicht genügt, um von einer Erwirkung sprechen zu können.[57] Vielmehr ist zu fordern, daß die betreffende Partei dergestalt deutlich zum Ausdruck bringt, daß sie auf der Befolgung des schiedsrichterlichen Gebotes besteht. Denn erst in einem solchen Verhalten wird nach außen ersichtlich und nachprüfbar kundgetan, daß die vollziehende Partei das Risiko des § 1041 IV 1 eingehen möchte. Im Ergebnis ist zur Begründung der Schadensersatzpflicht aus § 1041 IV 1 somit nicht allein das Erwirken der Vollziehungszulassung und der damit einhergehenden Vollstreckbarerklärung genügend, sondern es muß ein gewisser Vollstreckungsdruck hinzukommen.[58] § 1041 IV 1 2.Alt. stellt des weiteren diesem Fall der Vollziehungserwirkung zudem den Fall der Sicherheitsleistung zur Abwendung der Vollziehung gleichrangig gegenüber. Auch in diesen Fällen greift also die Gefährdungshaftung des § 1041 IV 1 ein.

f) Freiwilligkeit

Fraglich ist in diesem Zusammenhang, ob auch die freiwillige Erfüllung der schiedsrichterlichen Eilmaßnahme aus § 1041 I 1 grundsätzlich die Haftung des § 1041 IV 1 auslöst. Aus grammatikalischer Sicht scheint die diesbezügliche Beantwortung leicht. Denn bei einer freiwilligen Befolgung der auferlegten Maßnahme läßt sich nicht von einer Vollziehungserwirkung im Sinne des Absatzes 4 Satz 1 sprechen. Zudem wäre ein eventuell entstehender Schaden nicht „aus der Vollziehung" der Maßnahme entstanden, sondern ausschließlich auf das Verhalten der geschädigten Partei zurückzuführen.[59] Im Hinblick auf diese Wortauslegung ist es somit gerechtfertigt, in den Fällen, in denen die Schiedspartei zur Vermeidung der Vollziehung freiwillig der schiedsrichterlichen Anordnung gefolgt ist, grundsätzlich eine Anwendung des § 1041 IV 1 abzulehnen.[60] Zumal auch in Anbetracht des § 945 eine

---

[55] Vgl. BGH NJW 1990, 122.
[56] Vgl. zu § 945 *Stein/Jonas/Grunsky* § 945 Rdn. 7; *Ulrich* Ersatz des durch die Vollziehung entstandenen Schadens gemäß § 945 auch ohne Vollziehung WRP 1999, 82ff. jeweils m.w.N.
[57] Vgl. zu § 945 BGH NJW 1993, 1076.
[58] Vgl. zu § 945 BGH WRP 1996, 104, 105.
[59] Vgl. *Musielak/Voit* § 1041 Rdn. 6.
[60] AA. wohl *Schütze* aaO. S. 1653.

Schadensersatzverpflichtung bei freiwilliger Leistung grundsätzlich nicht eingreifen soll.[61] In beiden Vorschriften gilt also, daß sich bei einer Erfüllung, die ohne den beschriebenen konkreten Druck einer drohenden Vollstreckung erfolgt, kein vom Gläubiger geschaffenes Risiko verwirklicht wird, so daß auch die verschuldensunabhängige Risikohaftung nicht gerechtfertigt ist.[62]

2. Umfang des Ersatzanspruches

Der Umfang des Ersatzanspruches richtet sich – wie der Anspruch aus § 945 –[63] aus rechtssystematischen Gründen nach den Vorschriften der §§ 249ff. BGB. In erster Linie ist gemäß § 249,1 BGB also die Schadensersatzverpflichtung des § 1041 IV 1 auf die Wiederherstellung des gleichen wirtschaftlichen Zustandes gerichtet, der bestehen würde, wenn der zum Ersatz verpflichtende Umstand der Vollziehungserwirkung nicht eingetreten wäre, sogenannte Naturalrestitution. Erst in den Fällen einer Unmöglichkeit dieser Wiederherstellung, hat die vollziehungserwirkende Schiedspartei in Ansehung des § 251 I BGB die gegnerischen Partei in Geld zu entschädigen, sogenannte Kompensation.

a) Vollziehungsschaden

Zu ersetzen ist gemäß § 1041 IV 1 1.Alt. der unmittelbare und der mittelbare Vollziehungsschaden, also der Schaden, der adäquat kausal durch die Vollziehung verursacht worden ist.[64] Dazu gehören von daher grundsätzlich sämtliche Vermögensschäden, die beispielsweise darauf beruhen können, daß eine Versteigerung unter dem Verkehrswert erfolgt ist, oder daß in Anbetracht des § 252 BGB ein Gewinn ausblieb, der nach dem gewöhnlichen Lauf der Dinge oder nach den besonderen Umständen mit Wahrscheinlichkeit erwartet werden konnte. Davon zu trennen ist der in diesem Rahmen nicht ersatzfähige Schaden, der aus der bloßen Anordnung der schiedsrichterlichen Maßnahme entstanden ist.[65] Ebenso entfällt eine Ersatzverpflichtung hin-

---

[61] Vgl. BGHZ 120, 73, 82; *Stein/Jonas/Grunsky* § 945 Rdn. 3; *Thomas/Putzo* § 945 Rdn.6.

[62] Vgl. zu § 945 *Schuschke/Walker* § 945 Rdn. 36.

[63] Vgl. *MünchKomm/Heinze* § 945 Rdn. 13; *Stein/Jonas/Grunsky* § 945 Rdn. 8a; *Walker* aaO. Rdn. 470 jeweils m.w.N.

[64] Vgl. zu § 945 *Schellhammer* aaO. Rdn. 2004; *Rosenberg/Gaul/Schilken* aaO. § 80 II jeweils m.w.N.

[65] Siehe unten § 8 V 3.

sichtlich des Schadens, der aus einer freiwilligen Befolgung der Anordnung aus § 1041 I 1 der gegnerischen Partei im Sinne des Absatzes 4 Satz 1 erwuchs.[66] Die erforderlichen freiwilligen Vermögenseinbußen (Aufwendungen) zur Minderung der Schadensfolgen aus zu Unrecht erlassener schiedsrichterlicher Eilmaßnahmen werden im Hinblick auf die Schadensminderungspflicht der gegnerischen Partei gemäß § 254 II 1 2.Alt. jedoch zu restituieren sein.[67] Da sich die Art und Weise der Vollziehungen der einstweiligen Maßnahmen sowohl im gerichtlichen als auch im schiedsgerichtlichen Eilverfahren im übrigen gleichen, ist ferner hinsichtlich des Vorliegens eines Vollziehungsschadens, auf die einschlägige Rechtsprechung und Literatur Bezug zu nehmen.[68]

b) Schaden aus der Sicherheitsleistung

Gemäß § 1041 IV 1 2.Alt. ist zudem der Schaden zu ersetzen, der dadurch entstanden ist, daß die gegnerische Partei Sicherheit geleistet hat, um die Vollziehung abzuwenden. Hinsichtlich dieses Vollziehungsabwendungsschadens gelten die gleichen Erwägungen wie zum Vollziehungsschaden, so daß an dieser Stelle auf das Vorbenannte rekurriert wird.[69]

IV. Geltendmachung gemäß § 1041 IV 2

1. Bedeutung des § 1041 IV 2

§ 1041 IV 2 sieht im Hinblick auf die Geltendmachung des Schadensersatzanspruches aus Satz 1 vor, daß dieser Anspruch im anhängigen schiedsrichterlichen Verfahren geltend gemacht werden kann.

Der Entwurf der Bundesregierung zur Neuregelung des Schiedsverfahrensrechts, BT-Drucks. 13/5274 S. 7, sprach insoweit zwar noch vom *anhängigen Schiedsverfahren*, nach Auffassung des Rechtsausschusses sollte mit der wortveränderten Übernahme in den nunmehr gültigen Gesetzestext jedoch nur eine terminologische und keine sachliche Änderung einhergehen.[70] Der Rechtsausschuß hat genauer aus Gründen einer einheitlichen Terminologie in den § 1025 I,II,III, 1033, 1041 IV, 1056 II Nr. 3 den Begriff „Schiedsverfahren" durch den präziseren – auch im gel-

---

[66] Siehe oben § 8 III 1 lit.f).

[67] Vgl. zu § 945 BGH NJW 1993, 2685, 2687; *Thomas/Putzo* § 945 Rdn. 15.

[68] So zum Beispiel *Schütze* aaO. S. 1653; *Thomas/Putzo* § 1041 Rdn. 4. Vgl. zudem die umfassende Darstellung bei *Münzberg* aaO. S. 610ff.

[69] Vgl. zu § 945 *Zöller/Vollkommer* § 945 Rdn. 15 m.w.N.

[70] Vgl. *Berger* Das neue Recht der Schiedsgerichtsbarkeit S. 225.

tenden zehnten Buch der ZPO verwendeten – Begriff „schiedsrichterliches Verfahren" ersetzt.[71]

Diese auf den ersten Blick recht unproblematisch und rein deklaratorisch anmutende Normierung kann jedoch in ihrem ganzen Bedeutungsgehalt nicht ohne weiteres Ergründen vollinhaltlich verstanden werden. Erst wenn man sich vor Augen führt, in welcher Weise der Anspruch aus § 1041 IV 1 ohne eine solche ausdrückliche Bestimmung geltend zu machen wäre, wächst die Verständlichkeit. So würde im Hinblick dessen die Auslegung der zwischen den Parteien vormals getroffenen Schiedsvereinbarung regelmäßig ergeben, daß der in Rede stehende Schadensersatzanspruch – entgegen der Präsumption des § 1041 IV 2 – gerade nicht der Zuständigkeit der Schiedsgerichtsbarkeit gemäß § 1029 I unterworfen werden sollte.[72]

Auch wenn anzunehmen ist, daß die Parteien den Streit möglichst umfassend der Entscheidung der Schiedsrichter unterwerfen wollten,[73] ist hier entscheidend zu beachten, daß die schadensersatzbegründende Erwirkung der Vollziehung aufgrund der zeitlichen Zäsur zumeist nicht mehr als einheitlicher Lebensvorgang zu der ursprünglichen Streitigkeit im Sinne des § 1029 I gesehen werden kann.

Die Schiedsvereinbarung würde im vorliegenden Fall also mit anderen Worten die zeitlich nachfolgende schädigende Erwirkungshandlung nicht mehr umfassen.[74] Damit wäre aber die geschädigte Schiedspartei gezwungen, ihren Ersatzanspruch aus § 1041 IV 1 vor den staatlichen Gerichten geltend zu machen.

Das wären namentlich die gemäß § 1 i.V.m. §§ 23, 71 GVG sachlich zuständigen Amts- und Landgerichte. Wobei sich die örtliche Zuständigkeit mangels Eingreifens eines ausschließlichen Gerichtsstandes grundsätzlich lediglich an den allgemeinen Gerichtsstand des Wohnsitzes des beklagten Schädigers gemäß §§ 12, 13 orientieren dürfte. Da die Ersatzansprüche aus §§ 302 IV, 600 II, 717 II und § 945 anerkanntermaßen dem besonderen Gerichtsstand der unerlaubten Handlung gemäß § 32 entsprechend unterfallen, würde darüber hinaus auch hier eine analoge Anwendung des

---

[71] Vgl. den Bericht des Rechtsausschusses BT-Drucks. 13/9124 S. 46.
[72] Siehe hierzu oben § 5 IV 3.
[73] Vgl. *Musielak/Voit* § 1025 aF Rdn. 24 m.w.N.
[74] Vgl. *Zöller/Geimer* § 1029 Rdn. 69.

§ 32 im Falle der Geltendmachung des Schadensersatzes gemäß § 1041 IV 1 anzunehmen sein.[75]

2. Modifikation der grundsätzlich staatlichen Zuständigkeit

Den aufgezeigten Grundsatz der staatlichen Zuständigkeit modifiziert nunmehr § 1041 IV 2, indem dieser im Hinblick auf den Ersatzanspruch aus Satz 1 konstitutiv eine Zuständigkeitserweiterung seitens der Schiedsgerichtsbarkeit begründet.[76] Insbesondere im Rahmen einer Klageänderung bzw. -ergänzung wird diese Neuerung relevant. Denn hierdurch wird auf gesetzlichem Wege erreicht, daß für den Fall einer solchen prozessualen Vorgehensweise die Zuständigkeit des Schiedsgerichts für den Anspruch aus § 1041 IV 1 a priori begründet ist. Mit der Normierung des § 1041 IV 2 ist jedoch nicht denknotwendigerweise gleichermaßen klargestellt, daß ein solcher Anspruch immer als zulässige Klageerweiterung zu betrachten ist und demgemäß kein neues Schiedsverfahren begonnen werden muß.[77] Zwar macht die Regelung des § 1041 IV 2 die Auslegung der ursprünglichen Schiedsvereinbarung im Rahmen des § 1046 II, III obsolet, danach soll aber gleichzeitig nicht die Nichtzulassungsmöglichkeit des § 1046 II letzter Halbsatz in Gänze ausgeschlossen werden. So kann es trotz § 1041 IV 2 für das Schiedsgericht immer noch opportun sein, der begehrten Klageänderung die Zulassung wegen ungenügend entschuldigter Verspätung zu versagen. Die ausschließlich zuständigkeitserweiternde Norm des § 1041 IV 2 kann und darf mit anderen Worten nicht die Schiedsparteien in die Lage versetzen, daß Verfahren durch Zurückhaltung der Geltendmachung des fraglichen Schadensersatzanspruches zu verzögern oder gar zu verschleppen. Eine hiervon abweichende Auslegung des § 1041 IV 2 würde somit in Ansehung seines rein auf die Zuständigkeitsregelung begrenzten Wortlauts nicht nur aus grammatikalischer Sicht unhaltbar sein, sondern würde mithin auch dem grundsätzlichen Regelungszweck des § 1046 zuwiderlaufen. Denn dieser drückt sich gerade darin aus, daß das schiedsrichterliche Verfahren durch die Präklusionsvorschrift[78] des Absatzes 2 zügig und umfassend durchgeführt

---

[75] Vgl. RGZ 74, 249; *Rosenberg/Schwab/Gottwald* aaO. § 36 II 8; *Rosenberg/Gaul/ Schilken* aaO. § 15 6 lit.a) m.w.N.; *Schellhammer* Zivilprozeß Rdn. 1439; *Thomas/Putzo* § 32 Rdn. 4; *Zöller/Herget* § 717 Rdn. 13.

[76] So auch *Musielak/Voit* § 1041 Rdn. 13..

[77] So aber *Bredow* Das neue 10. Buch der ZPO BB 1998 (Beilage 2) S. 2, 4.

[78] Vgl. allgemein zur Präklusion im Schiedsverfahren *Musielak/Voit* § 1046 Rdn. 5, § 1034 aF. Rdn. 18.

werden kann:[79] „Haben die Parteien nichts anderes vereinbart, so kann jede Partei im Laufe des schiedsrichterlichen Verfahrens ihre Klage oder die Angriffs- und Verteidigungsmittel ändern oder ergänzen, es sei denn, das Schiedsgericht läßt dies wegen Verspätung, die nicht genügend entschuldigt wird, nicht zu."

3. § 1041 IV 2 im rechtssystematischen Vergleich

Zwar enthält § 945 keine dem § 1041 IV 2 entsprechende Regelung,[80] dennoch ist auch diese schiedsverfahrensrechtliche Kodifizierung dem nationalen Prozeßrecht nicht fremd. Vielmehr zeigen die §§ 717 II 2 1.HS., 302 IV 4 1.HS. mit ihrer Wendung „der Beklagte kann den Anspruch auf Schadensersatz in dem anhängigen Rechtsstreit geltend machen", daß dem deutschen Prozeßrecht die Terminologie des § 1041 IV 2 durchaus geläufig ist. Die Rechtsähnlichkeit der benannten Vorschriften führt insbesondere im Bereich der Geltendmachung des Schadensersatzanspruches dazu, ob dessen einen einheitlichen Regelungswillen der Zivilprozeßordnung hinsichtlich dieses Regelungsbereiches zu vermuten. Aufgrund dessen wird es – vorbehaltlich besonderer Fragestellungen des schiedsrichterlichen Verfahrens – erlaubt sein, zum Zweck der rechtlichen Transparentmachung des § 1041 IV 2 auf die einschlägige Rechtsprechung und Literatur zu den §§ 717 II 2, 302 IV 4 Bezug zu nehmen.[81] Dementsprechend ist insbesondere im Rahmen des § 1041 IV 2 anzunehmen, daß auch hier die zu Schaden gekommene Schiedspartei die Wahl hat, den Schadensersatzanspruch entweder als selbständige Klage oder aber als Klageergänzung im Rahmen des bereits anhängigen schiedsrichterlichen Verfahrens geltend zu machen.[82] Hierbei sind die prozessualen Möglichkeiten, die § 1046 II vorsieht, auszuschöpfen. Es sei denn, die Parteien haben den Katalog des Absatzes 2 durch Vereinbarung beschränkt oder erweitert.

---

[79] Vgl. Baumbach/Lauterbach/Albers § 1046 Rdn. 1.

[80] Vgl. *Bandel* aaO. S. 263.

[81] Vgl. hierzu beispielsweise die umfassende Darstellung bei *Rosenberg/Gaul/Schilken* aaO. § 15.

[82] Vgl. für das gerichtliche Verfahren nur *Thomas/Putzo* § 717 Rdn. 15; *Zöller/Herget* § 717 Rdn. 13.

4. Beschränkung auf das anhängige schiedsrichterliche Verfahren

Ausweislich seines Wortlautes beschränkt § 1041 IV 2 diese privilegierte Form der Geltendmachung des Schadensersatzanspruches aus § 1041 IV 1 auf die Anspruchserhebung im Zuge des anhängigen schiedsrichterlichen Verfahrens. Aus Gründen der Prozeßökonomie ist diese Beschränkung durchaus sinnvoll. Denn nur ein bereits oder noch anhängiges Schiedsgerichtsverfahren garantiert, daß nicht zum wiederholten Male ein zeitaufwendiges, kostenintensives Konstituierungsverfahren stattfinden muß.[83]

5. § 1041 IV 2 und die gerichtliche Geltendmachung

Der intendierte Zweck der Prozeßökonomie des § 1041 IV 2 könnte zudem in der Frage ausschlaggebend sein, ob diese Vorschrift der betreffenden Schiedspartei die Geltendmachung des Schadensersatzanspruches aus § 1041 IV 1 vor den – grundsätzlich zuständigen –[84] staatlichen Gerichten verbietet. In Anbetracht der hier nicht ganz klar differenzierenden Formulierung des § 1041 IV 2, der es bei der Wendung beläßt, daß der Ersatzanspruch „im anhängigen schiedsrichterlichen Verfahren geltend gemacht werden kann", könnte die Zuständigkeit des Schiedsgerichts in diesem Bereich ausschließlich sein.[85] Denn das Schiedsgericht, das die Maßnahme angeordnet hat, sei womöglich der Entscheidung näher und die Geltendmachung im anhängigen Schiedsverfahren könnte somit eher der Prozeßökonomie entsprechen.[86] Zwar ist an diesem Argument der schiedsrichterlichen Nähe zur Entscheidung über den Schadensersatzanspruch richtig, daß § 1041 IV in Satz 2 den Anspruch aus Satz 1 meint, der an die Anordnung des Schiedsgerichts und nicht an die Vollziehbarerklärung durch das staatliche Gericht geknüpft ist, weil der Schaden seinen Ursprung in der Anordnung des Schiedsgerichts hat.[87] Dennoch ist aus grammatikalisch, systematischer Sicht nicht zu verkennen, daß die Zivilprozeßordnung zur Statuierung ausschließlicher Gerichtsstände nicht von „*kann* geltend gemacht" werden spricht, sondern gemäß §§ 24, 29a, 32a den Wortlaut „*ist* das Gericht zuständig" verwendet. Auch wenn es vielleicht sinnvoll wäre, wenn die Zuständigkeit

---

[83]   Vgl. hierzu auch *Bandel* aaO. S.263.
[84]   Siehe oben § 8 IV 1.
[85]   Vgl. *Schütze* aaO. S. 1653.
[86]   Vgl. *Schütze* aaO. S. 1653.
[87]   Vgl. Bericht der Kommission S. 139f.

ausschließlich beim der Sache näher stehenden Schiedsgericht verbliebe, deutet der Wortlaut des § 1041 IV 2 mithin mehr in die Richtung eines Wahlgerichtsstandes.[88] Insbesondere die „Kann-Bestimmung" des Satzes 2 ist wohl dementsprechend in der Weise zu verstehen, daß die Schiedspartei die Wahl haben soll, ob sie ihren Ersatzanspruch im noch anhängigen Schiedsverfahren oder vor den staatlichen Gerichten geltend macht. Dieses Ergebnis der Wahlmöglichkeit läßt ferner keine Rechtsschutzlücken in Ansehung der bisherigen Erwägungen zu. Denn bei konsequenter Einhaltung des Ansatzes, daß der Ersatzanspruch nur im bereits anhängigen Schiedsverfahren geltend gemacht werden dürfe und sich eine Wiederaufnahme verbiete, hätte die jeweilige Schiedspartei außerhalb eines anhängigen Schiedsverfahrens keine Möglichkeit, einen noch so evident bestehenden Anspruch zu erheben. Denn der Weg zu den Schiedsgerichten wäre in dieser Fallkonstellation aufgrund der grammatikalischen Beschränkung des § 1041 IV 2 auf anhängige Schiedsverfahren verschlossen. Die staatlichen Gerichte wären ihrerseits aufgrund der ausschließlichen Zuständigkeit der Schiedsgerichtsbarkeit nicht zu einer Entscheidung berufen. Auch das Fehlen einer Zuständigkeitszuweisung in dem Katalog des § 1062 I Nr. 3 bezüglich der Entscheidung über die Schadensersatzansprüche aus § 1041 IV an das staatliche Gericht erschüttert das gewonnene Ergebnis nicht. Indem der Zweck des § 1041 IV 2 vielmehr (auch) darin gesehen werden muß, den Zuständigkeitsbereich der Schiedsgerichtsbarkeit zu erweitern, ohne die Schiedsparteien durch diese gesetzliche Entscheidung zu benachteiligen, besitzt die Schiedspartei auch aus teleologischen Gesichtspunkten das Recht, den Ersatzanspruch vor den staatlichen Gerichten geltend zu machen. Zudem gewährt § 1041 IV 2 mit dem Offenhalten der Möglichkeit, den Anspruch im laufenden Verfahren erheben zu können, lediglich eine alternative Form der Geltendmachung. Demgemäß besteht aber (nach wie vor) die korrespondierende zweite Alternative in der gerichtlichen Anspruchserhebung.[89] Davon scheint auch die Begründung der Bundesregierung, BT-Drucks. 13/5274, auszugehen, denn da der Anspruch letztlich auf die Anordnung des Schiedsgerichts zurückgehe, könne er *auch* im noch anhängigen Schiedsverfahren geltend gemacht werden.[90]

---

[88] Im Ergebnis auch *Thümmel* aaO. S. 137.

[89] Vgl. *Musielak/Voit* § 1041 Rdn. 13.

[90] Begründung BT-Drucks. 13/5274 S. 46. So auch der Bericht der Kommission S. 140.

6. Form der Entscheidung

Das Schiedsgericht entscheidet in Ansehung der Endgültigkeit der schadensersatzrechtlichen Entscheidung nicht in Form einer vorläufigen oder sichernden Maßnahme im Sinne des § 1041 I 1, sondern in Form eines Schiedsspruches gemäß §§ 1054f.[91] Die Entscheidung der staatlichen Gerichte, die ebenfalls außerhalb eines einstweiligen Rechtsschutzverfahrens angesiedelt ist, erfolgt dementsprechend grundsätzlich in Form eines verfahrensbeendigenden Endurteils, §§ 300, 495 I.

V. Schadensersatz aus materiell-rechtlichen Ansprüchen

1. Anspruchskonkurrenz

Zwar erfaßt der Schadensersatzanspruch aus § 1041 IV 1 lediglich den Schaden, der dem Antragsgegner aus der Vollziehung der vorläufigen oder sichernden Maßnahme nach Absatz 1 Satz 1 oder dadurch entsteht, daß er gemäß Absatzes 1 Satz 2 Sicherheit leistet, um die Vollziehung abzuwenden, dennoch sind durch diesen besonderen schiedsverfahrensrechtlichen Anspruch nicht gleichzeitig eventuelle weitergreifende, materiell-rechtliche Schadensersatzansprüche ausgeschlossen. Die Schäden, die beispielsweise unter den Voraussetzungen der §§ 823ff. BGB gemäß §§ 249ff. BGB von dem Antragsteller zu restituieren oder kompensieren sind, stehen vielmehr konkurrierend neben dem Anspruch aus § 1041 IV 1. Somit gilt nicht nur für die Vorschriften der §§ 717 II 1, 945, sondern auch für die Regelung des § 1041 IV 1, daß deliktische Ansprüche neben diesen geltend gemacht werden können.[92]

2. Geltendmachung

Hinsichtlich der Geltendmachung dieser materiell-rechtlichen Ansprüche ist jedoch zu beachten, daß diese Ansprüche in Ansehung der grammatikalisch, systematischen Auslegung des § 1041 IV 2 als Sonderregelung zu Satz 1 nicht unter diese schiedsverfahrensrechtliche Zuständigkeitserweiterung der Schiedsgerichtsbarkeit fallen. Denn zum einen spricht der Gesetzeswortlaut („Der Anspruch") von einem genau bestimmten Anspruch und zwar von dem, der zuvor in Satz 1 statuiert worden ist. Zum anderen verdeutlicht die

---

[91] Vgl. Baumbach/Lauterbach/Albers § 1041 Rdn. 6.
[92] Vgl. *Bandel* aaO. S.261.

systematische Stellung des Ersatzanspruches aus Satz 1 und die Anordnung der Geltendmachung aus Satz 2, die beide in Absatz 4 zusammengefaßt sind, daß sich Satz 2 ausschließlich auf Satz 1 bezieht.[93] Indem darüber hinaus zumeist eine gesonderte Vereinbarung der Schiedsparteien hierüber fehlen wird, dürften diese materiell-rechtlichen Ansprüche zudem grundsätzlich ausschließlich vor den staatlichen Gerichten geltend zu machen sein. Denn neben einer hier anzunehmenden zeitlichen Zäsur des Lebenssachverhaltes[94] streitet auch das Bestimmtheitserfordernis des § 1029 I für eine derartige ausschließliche gerichtliche Geltendmachung.[95]

3. Ersatzansprüche aus unerlaubter Handlung gemäß §§ 823ff. BGB

Schadensersatzansprüche aus unerlaubter Handlung im Sinne der §§ 823ff. BGB i.V.m. §§ 249 BGB werden für den Antragsgegner – unbeschadet des tatbestandlichen Merkmals der vorsätzlichen oder fahrlässigen Rechts- bzw. Rechtsgutsverletzung – insbesondere in den Fällen interessant sein, in denen er aus § 1041 IV 1 keinen Ersatz der ihm entstandenen Schäden zu erwarten hat. Im einzelnen sind das die über § 1041 IV 1 nicht ersatzfähigen Anordnungsschäden, also die Schäden, die dem Antragsgegner bereits unmittelbar und adäquat kausal durch die bloße Anordnung einer vorläufigen oder sichernden Maßnahme nach Absatz 1 Satz 1 entstanden sind. Der Grund der Ausklammerung dieser Anordnungsschäden dürfte dem Verständnis des § 945 entsprechend dabei darin liegen, daß nicht das Betreiben des gesetzlich zugelassenen Eilverfahrens gemäß § 1041 I, sondern erst die Herbeiführung der Vollziehung der Maßnahme aus einer noch nicht endgültigen, mit besonderen Fehlentscheidungsrisiken belasteten schiedsrichterlichen Entscheidung auf Gefahr des Gläubiger geht.[96] Demgemäß ist auch im Geltungsbereich des § 945 anerkannt, daß ein Anspruchsschaden, der nicht durch die Vollziehung des Arrestes bedingt ist, sondern durch dessen bloßer Anordnung, nicht nach § 945 zu ersetzen ist.[97] Zu diesen Anordnungsschäden werden neben den ent-

---

[93]   Ohne Begründung auch *Bandel* aaO. S.263.

[94]   Siehe oben §§ 5 IV 3, 8 IV 1.

[95]   AA. zur bisherigen Rechtslage *Brinkmann* aaO. S. 82ff; *Lindacher* Einstweilige Verfügungen durch Schiedsgerichte ZGR 1979, 201, 219.

[96]   Siehe oben § 5 IV 3. Vgl. zudem *Schuschke/Walker* § 945 Rdn. 32.

[97]   Vgl. RGZ 143, 118, 123; BGH NJW 1988, 3268, 3269; BGHZ 122, 177; BGHZ 131, 143; *Baumbach/Lauterbach/Hartmann* § 945 Rdn. 15; *Morbach* Einstweiliger Rechtsschutz in Zivilsachen S. 72; *MünchKomm/Heinze* § 945 Rdn. 10; *Rosenberg/Gaul/Schilken* aaO. § 80 II; *Schuschke/Walker* § 945 Rdn. 32; *Stein/Jonas/*

standenen Verfahrenskosten,[98] der eventuellen Kosten eines Privatgutachters[99] und vielleicht hervorgerufenen Gesundheitsschäden[100] insbesondere die Schäden zu zählen sein, die dem Antragsgegner daraus entstanden sind, daß die Anordnung der vorläufigen oder sichernden Maßnahme bekannt geworden ist.[101] Denn gerade das Bekanntwerden einer belastenden einstweiligen Maßnahme kann geeignet sein, die Kreditwürdigkeit des Antragsgegners erheblich herabzusetzen. Dieser „Rufschaden" wäre im konkret nachweisbaren Fall also vom Antragsgegner gemäß §§ 823I, 823 II BGB i.V.m. §§ 185ff. StGB, § 824 BGB grundsätzlich nur vor den staatlichen Gerichten einklagbar.[102] Im konkreten Einzelfall sollte das Schiedsgericht unter Berücksichtigung der besonderen Umstände des vorgetragenen Lebenssachverhaltes dem Antragsteller eine diesbezügliche substantiierte Beweisführungslast auferlegen und nach Beweiswürdigung abschließend darüber befinden, ob ein dergestalter Schaden bereits durch die Anordnung nach § 1041 I 1 entstanden ist.[103] Die Verfahrenskosten, die dem Antragsgegner im schiedsrichterlichen Anordnungsverfahren als der im Eilverfahren unterliegenden Partei entstanden sind, beruhen indessen regelmäßig nicht auf der Vollziehung, sondern wurden bereits durch das Erkenntnisverfahren verursacht und sind mithin unter keinen Umständen innerhalb des § 1041 IV 1 ersatzfähig.[104]

Grunsky § 945 Rdn. 6; *Stolz* Einstweiliger Rechtsschutz und Schadensersatzpflicht S. 103ff.; *Wieczorek/Schütze/Thümmel* § 945 Rdn. 20; *Zöller/Vollkommer* § 945 Rdn. 14 jeweils m.w.N.

[98] Vgl. BGHZ 45, 251, 252; BGH NJW 1993, 2685; LG Darmstadt WM 1979, 90, 91; *Thomas/Putzo* § 945 Rdn. 15; *Wieczorek/Schütze/Thümmel* § 945 Rdn. 20.

[99] Vgl. BGH NJW 1990, 122, 123.

[100] Vgl. BGHZ 85, 115; *Baumbach/Lauterbach/Hartmann* § 717 Rdn. 10; *Rosenberg/Gaul/Schilken* § 15 III 4; *Schuschke/Walker* § 945 Rdn. 32; *Stolz* aaO. S. 114f.

[101] Vgl. BGHZ 96, 1; BGH NJW 1988, 3268, 3269; *Schuschke/Walker* § 945 Rdn. 32; *Stein/Jonas/Grunsky* § 945 Rdn. 6; *Stolz* aaO. S. 107f.; *Wieczorek/Schütze/Thümmel* § 945 Rdn. 20; *Zöller/Vollkommer* § 945 Rdn. 14 jeweils m.w.N.

[102] Vgl. hierzu *Palandt/Thomas* § 824 Rdn. 1 m.w.N.

[103] So im Hinblick auf § 945 auch *Münzberg* aaO. S. 623.

[104] Vgl. zu § 945 BGHZ 122, 172; 45, 251, 252; BGH NJW 1994, 1413; OLG Hamburg WRP 1979, 141, 142; OLG Köln WRP 1991, 507; *Schuschke/Walker* § 945 Rdn. 33.

VI. Rechtsvergleichende Betrachtung am Beispiel der Schweiz

1. Der Schadensersatzanspruch

Zur Ergänzung der bisherigen Ausführungen und zur Reflexion des nationalen Rechts soll im folgenden ein Kurzabriß der Rechtslage der Schweiz vorgenommen werden. Wobei eingangs festzustellen ist, daß die Gesetzeslage der Schweiz eine dem § 1041 IV vergleichbare schiedsverfahrensrechtliche Regelung entbehrt. Sowohl im schweizerischen nationalen Bundesrecht als auch im diesbezüglichen Internationalen Privatrecht fehlt eine ausdrückliche schiedsverfahrensrechtliche Normierung eines Schadensersatzanspruches des Vollziehungsgegners. Indem sich die Schiedsparteien gemäß Art. 26 II des Konkordates über die Schiedsgerichtsbarkeit nur freiwillig den vom Schiedsgericht vorgeschlagenen vorsorglichen Maßnahmen unterziehen können, würde hier auf nationaler Ebene ein der deutschen Rechtslage entsprechender Schadensersatzanspruch mangels der Erfüllung des Tatbestandsmerkmals der Unfreiwilligkeit der Vollziehung ohnehin a priori nicht zur Entstehung gelangen.

2. Art. 183 II IPRG

Dessenungeachtet kommt gemäß Art. 183 II des Bundesgesetzes über das Internationale Privatrecht jedoch im internationalen Schiedsverfahrensrecht der Schweiz zum Ausdruck, daß der staatliche Richter im Rahmen seiner hier positivierten Mitwirkungspflicht „sein eigenes Recht" auch im Hinblick auf eine Schadensersatzverpflichtung zur Anwendung bringen muß. Mit dieser Rechtsgrundverweisung offeriert im Ergebnis auch das schweizerische internationale Schiedsverfahrensrecht – trotz fehlender eigenständiger Regelung im IPRG – dem Vollziehungsgegner die Möglichkeit, im Fall seiner ungerechtfertigten Inanspruchnahme den daraus resultierenden Schaden nach den jeweils einschlägigen staatlich-kantonalen Vorschriften zu liquidieren.[105] Hierbei ist zu beachten, daß die hier einschlägigen Schadensersatznormen in den jeweiligen schweizerischen Kantonen hinsichtlich des Haftungsgrundes unterschiedlich ausgestaltet sind. So besteht in den Kantonen Basel, Bern, Freiburg, Glarus, Jura, Obwalden, Solothurn, Tessin und Zürich eine Kausal-

---

[105] So auch *Walter* Internationale Schiedsgerichtsbarkeit in der Schweiz S. 152f.

haftung, in den Kantonen Aargau und Appenzell I.Rh. hingegen eine Verschuldenshaftung.[106]

3. Geltendmachung

Hinsichtlich der Geltendmachung dieser Schadensersatzansprüche korreliert die Rechtsauffassung in der Schweiz mit dem dargetanen Grundverständnis der deutschen Rechtssituation in Ansehung des § 1041 IV 2. Auch wenn eine Erweiterung der Zuständigkeit des Schiedsgerichts nach der Maßgabe des SchiedsVfG im Rahmen der vorbenannten Vorschrift im Schweizer Recht fehlt, ist der rechtliche Ansatz identisch. Beide Rechtsordnungen gehen im Grunde davon aus, daß die Schadensersatzansprüche des Vollziehungsgegners – auch wenn sie mittelbar durch ein Schiedsverfahren hervorgerufen wurden –[107] grundsätzlich vor einem staatlichen Gericht anhängig zu machen sind.[108] Eine nähere Diversifizierung dieses Grundsatzes findet in der Schweiz hinsichtlich der Geltendmachung dieser Ansprüche vor einem Schiedsgericht, das wie dargetan eine § 1041 IV 2 vergleichbare Regelung nicht für sich in Anspruch nehmen kann, nur aufgrund der Parteiautonomie statt. Lediglich in den Fällen, in denen sich die diesbezügliche Zuständigkeit des Schiedsgerichtes aus der Schiedsabrede ausdrücklich ergibt oder in denen die Parteien nachträglich eine solche Vereinbarung treffen, soll eine Geltendmachung vor dem Schiedsgericht möglich sein.[109]

---

[106] Vgl. *Walter* aaO. S. 153 Fn. 101f. m.w.N. Für eine entsprechende Anwendbarkeit des Art. 273 des Bundesgesetzes über Schuldbeitreibung und Konkurs *Habscheid* Einstweiliger Rechtsschutz durch Schiedsgerichte IPRax 1989, 134, 136; *derselbe* Schweizerisches Zivilprozeß- und Gerichtsorganisationsrecht Nr. 832.

[107] Vgl. Bericht der Kommission S. 140; Begründung BT-Drucks. 13/5274 S. 46.

[108] Vgl. für die Schweiz *Walter* aaO. S. 152.

[109] Vgl. *Walter* aaO. S. 152f.

§ 9 Zusammenfassung der wesentlichen Ergebnisse

I. Gesamtwürdigung

Nachdem nunmehr Ausmaß und Umfang der staatlichen Neuregelung des einstweiligen Rechtsschutzes im schiedsrichterlichen Verfahren dargestellt worden sind, wird in der Gesamtwürdigung deutlich, daß in Ansehung des Ermessensspielraumes des Schiedsgerichtes gemäß § 1041 I 1 auf Rechtserkenntnis- und anordnungsebene eine dem staatlichen einstweiligen Rechtsschutz gleichwertige Eilrechtsschutzform kodifiziert worden ist. Das in der Einleitung angesprochene kompetenzielle Zusammenspiel der Schiedsgerichtsbarkeit mit der staatlichen Gerichtsbarkeit wird unter Geltung der Neuregelung des weiteren – wie gesehen – nur dann relevant, wenn die obsiegende Partei des schiedsrichterlichen einstweiligen Rechtsschutzes mangels freiwilliger Erfüllungsbereitschaft des Antragsgegners auf eine zwangsweise Durchsetzung des ihr zugesprochenen materiellen Rechts angewiesen ist. Das Ineinandergreifen der schiedsrichterlichen Eilanordnung und der Notwendigkeit der gerichtlichen Vollziehung ist jedoch gesetzeskonzeptionell so gelöst worden, daß die staatlichen Gerichte das Normverständnis des nationalen Zwangsvollstreckungsrechts auch auf die Vollziehungszulassung der Eilanordnung nach § 1041 I 1 übertragen. In letzter Konsequenz bedeutet das, daß die schiedsrichterlichen Erwägungen und Vorstellungen – zumindest im Falle der Kollision und des Wertungswiderspruches zum nationalen Vollstreckungsrecht – von diesen Wertungen zurückgedrängt werden. Eine Gleichwertigkeit der Verfahrensarten kann folglich nur in den Bereichen des § 1041 I, IV attestiert werden. Jedoch wird durch die Normierung der Absätze 2 und 3 nicht nur die Gleichwertigkeit aufgehoben, auch die Effektivität des schiedsrichterlichen Eilverfahrens wird hier in Mitleidenschaft gezogen. Nicht genug, daß die zeitaufwendige Konstituierung des Schiedsgerichtes der Rechtzeitigkeit des Erlasses einer Eilanordnung entgegensteht; auch das zusätzliche Vollziehungsverfahren des § 1041 II hindert die Effizienz und Schlagkräftigkeit des schiedsrichterlichen Eilrechtsschutzes. In Anbetracht des Grades der hier ausgeübten staatlichen Kontrolle, ist m.E. mithin in Deutschland nicht von einer Loslösung des Schiedswesens von der national-rechtlichen Verankerung zu sprechen. Der Gesetzgeber hat zwar die Rolle der Schiedsgerichtsbarkeit und der Privatautonomie verhilf des SchiedsVfG gerade in § 1041 I gestärkt, eine vollständige Abkopplung geht damit aber nicht einher.

Die bisherige Rechtssituation hinsichtlich der Eilkompetenzen der Schiedsgerichte ist indessen durch die betrachtete Neufassung der Zivilprozeßordnung eindeutiger geworden. Die Regelungen der §§ 1033, 1041, 1062f. stellen insoweit eine zureichende rechtliche Grundlage dar. Wobei insbesondere die Ungebundenheit der Schiedsgerichte in bezug auf die inhaltliche Ausgestaltung der Eilanordnungen nach § 1041 I 1 eine überaus schiedsfreundliche Normierung darstellt, die über die rechtlichen Grenzen der §§ 916ff. hinweggeht. Komplementiert wird dies durch die Kompetenz des Schiedsgerichtes, gemäß § 1041 I 2 Sicherheitsleistungen anordnen zu können. Darüber hinaus ist es eine wertungsmäßig schiedsfreundliche Entscheidung des Gesetzes, die vollziehungsgegnerschützende Norm des § 945 in das Schiedsverfahrensrecht mit § 1041 IV zu übernehmen. Das Verhältnis der Gerichtsbarkeiten ist jedoch nicht eindeutig zu bestimmen. Die bisher verwandten Kategorien der Konkurrenz, Subsidiarität oder auch der sogenannten „Exklusivkompetenz" sind nicht fähig, die nunmehr getroffene gesetzliche Regelung beschreiben zu können. Vielmehr ist im Grundsatz davon auszugehen, daß gerade in Anbetracht des § 1033 sowohl für das Schiedsgericht als auch für das staatliche Gericht eine originäre Zuständigkeit zur Gewährung einstweiligen Rechtsschutzes begründet worden ist.

II. Praktikabilität

Aus praktischer Sicht ist der Antrag zum Staatsgericht wegen seiner Abänderungsbefugnisse gemäß § 1041 II 2, III und der notwendigen Zulassung der Vollziehung gemäß § 1041 II 1 i.V.m. § 1062 I Nr. 3 jedoch nicht vorzuziehen.[1] Zwar ist an dieser Überlegung richtig, daß das aufwendig ausgestaltete gerichtliche Vollziehungsverfahren einen nicht zu verkennenden Nachteil des Schiedsverfahrens darstellt, weil gerade der einstweilige Rechtsschutz grundsätzlich eine sofortige Vollziehung bedingt. Zumal eine schnelle Entscheidung durch die Notwendigkeit der Vollziehbarerklärung durch das ordentliche Gericht in ihrer Wirksamkeit im Hinblick auf die Notwendigkeit der einstweiligen Regelung erheblich beeinträchtigt wird.[2] Dennoch hat gerade eine auf weiterer geschäftlicher Zusammenarbeit hoffende Schiedspartei – ungeachtet des aufwendigen Weges der zwangsweisen Durchsetzung – die Möglichkeit, eine inhaltlich wesentlich flexiblere Eilanordnung zu erreichen.

---

[1] So aber *Dunkl/Baur* Handbuch des vorläufigen Rechtsschutzes Kapitel A Rdn. 31; *Thomas/Putzo* § 1033 Rdn. 4.

[2] *Möller* Schiedsverfahrensrecht S.56; *Schütze* aaO. S. 1652.

Darüber hinaus ist sie Nutznießerin weiterer, allgemeiner Vorteile, die das Schiedsgerichtsverfahren gewährt. Ob im Einzelfall die höhere Kompetenz, die geringeren Kosten, die flexiblere Möglichkeit der Verfahrensgestaltung, die Nichtöffentlichkeit der Verhandlung etc. diese Nachteile des schiedsrichterlichen Eilverfahrens überwiegen, bleibt also letztlich der jeweiligen Partei anheim gestellt. Das Gesetz erkennt dieses Interesse und schützt es konsequent, indem es gemäß §§ 1033, 1041 der Partei sowohl den gerichtlichen als auch den schiedsgerichtlichen Rechtsschutz offen hält. Die Schiedspartei, die den schiedsgerichtlichen Weg einschlägt, muß jedoch bedenken. das nicht nur eine umfassende gerichtliche Nachprüfungsbefugnis Gemäß § 1041 II 1 besteht, sondern, daß aus dem Blickwinkel der staatlichen Richter auch Anpassungen gemäß Satzes 2 respektive des Absatzes 3 vonnöten sein können. Im Fazit erfüllt die Neuregelung des schiedsverfahrensrechtlichen einstweiligen Rechtsschutzes somit jedoch nicht das Bild eines bloßen Papiertigers,[3] also eine nur dem Scheine nach starke Institution.[4] Um in der rechtlichen Terminologie zu bleiben, stellt das schiedsrichterliche Eilverfahren des § 1041 – unter Ausklammerung der Frage der Vollziehbarkeit – nicht ein minus zum staatlichen Rechtsschutz der §§ 916ff. dar, sondern ein aliud. Eine direkte Vergleichbarkeit ist demzufolge nicht allzu gewinnbringend. Vielmehr wird es in Zukunft der Wertungsentscheidung der Schiedspartei obliegen, welche Verfahrensart in welchem Maße beansprucht wird.

---

[3] Vgl. *Schütze* aaO. S. 1653.
[4] Vgl. Duden Band 5 S. 2480.

Literaturverzeichnis

Aden, Menno „Der einstweilige Rechtsschutz im Schiedsgerichtsverfahren"; BB 1985, 2277-2282.

derselbe, *Internationale Handelsschiedsgerichtsbarkeit*: Kommentar zu den Verfahrensordnungen; Heidelberg: Verlag Recht und Wirtschaft, 1988.

derselbe, „Auf dem Weg zu einer internationalen Kultur der Handelsschiedsgerichtsbarkeit"; NJW 1997, 1493-1498.

Ahrens, Hans-Jürgen „*Der Schadensersatzanspruch nach § 945* im Streite der Zivilsenate"; Festschrift für Henning Piper; Willi Erdmann, Wolfgang Gloy; Rolf Herber (Hrsg.). S. 31-38.

Alexy, Robert „Ermessensfehler"; JZ 1986, 701-716.

Altendorf, Hans Das vorläufige Verfahren; Darmstadt, 1978.

Arens, Peter *Willensmängel bei Parteihandlungen* im Zivilprozeß; Berlin; Zürich: Gehlen, 1968.

derselbe, „Zur Aufklärungspflicht der nicht beweisbelasteten Partei im Zivilprozeß"; ZZP 96 (1983), 1-24.

Baden, Eberhard Zum Regelungsgehalt von Gesetzgebungsmaterialien; Studien zu einer Theorie der Gesetzesauslegung; Jürgen Röhding (Hrsg.).

Bandel, Stefan Einstweiliger Rechtsschutz im Schiedsverfahren: Zulässigkeit und Wirkungen schiedsrichterlicher und gerichtlicher einstweiliger Maßnahmen gemäß den Bestimmungen des SchiedsVfG; München: Beck, 2000. Zugleich: Jur. Diss. München, 2000.

Basedow, Jürgen „Vertragsstatut und Arbitrage nach neuem IPR"; Jahrbuch für die Praxis der Schiedsgerichtsbarkeit, Band 1 (1987), S. 3-22.

Baumbach, Adolf Lauterbach, Wolfgang Zivilprozeßordnung mit Gerichtsverfassungsgesetz und anderen Nebengesetzen; 59. Aufl.; München: Beck, 2001.

Baumgärtel, Gottfried „Die Unverwirkbarkeit der Klagebefugnis"; ZZP 75 (1962), 384-407.

derselbe, Wesen und Begriff der Prozeßhandlung einer Partei im Zivilprozeß; 2. Aufl.; Köln u.a.: Heymann, 1957.

Baur, Fritz „Betriebsjustiz"; JZ 1965, 163-167.

derselbe,	Neuere Probleme der privaten Schiedsgerichtsbarkeit; Berlin; New York: de Gryter, 1980.
derselbe,	Studien zum einstweiligen Rechtsschutz; Tübingen: Mohr, 1967.
Baur, Hansjörg	„Arrest und einstweilige Verfügung"; BB DDR-Report 1990, 3176-3180.
Behr, Johannes	„Sicherheitsleistung und Sicherungsvollstreckung"; JurBüro 1995, 568-570.
Benda, E Weber, A	„Der Einfluß der Verfassung im Zivilprozeß"; ZZP 96 (1983), 285-306.
Berger, Klaus	„Aufgaben und Grenzen der Parteiautonomie in der internationalen Wirtschaftsschiedsgerichtsbarkeit"; RIW 1994, 12-18.
derselbe,	Internationale Wirtschaftsschiedsgerichtsbarkeit: verfahrens- und materiellrechtliche Probleme im Spiegel moderner Schiedsgesetze und Schiedspraxis; Berlin; New York: de Gryter, 1992. Zugleich: Jur. Diss. Köln, 1991.
derselbe,	„Das neue deutsche Schiedsverfahrensrecht"; DZWir 1998, 45-54.
derselbe,	Das neue Recht der Schiedsgerichtsbarkeit; Köln: RWS Verlag, 199
Berges, Anton	*Die Schiedsgerichtsbarkeit als Aufgabe* treuhänderischer Rechtspflege. Die Grundzüge der Handelsschiedsgerichtsbarkeit"; KTS 1960, 97-102.
Beringe, von	„Grenzen der Schiedsgerichtsbarkeit"; DB 1954, 776-778.
Bernstorff, Chr. Graf von	„Einstweiliger Rechtsschutz in England mit Hilfe der Mareva-Injunction" RIW 1983, 160-163.
Bertheau, Theodor R.	Das New Yorker Abkommen vom 10. Juni 1958 über die Anerkennung und Vollstreckung ausländischer Schiedssprüche; Zürcher Beiträge zur Rechtswissenschaft; Zürich: Schulthess, 1965.
Beys, Kostas	„Zum Problem des Streitgegenstandes im Zivilprozeß und den (gegebenenfalls national) zu ziehenden Folgerungen, insbesondere fü die Rechtskraft"; ZZP 105 (1992), 145-181.
Bittmann, Folker	„Treu und Glauben in der Zwangsvollstreckung"; ZZP 97 (1984), 32-46.
Bleckmann, Albert	Allgemeine Grundrechtslehren; Köln u.a.: Heymann, 1979.

derselbe,	„Probleme des Grundrechtsverzichts"; JZ 1988, 57-62.
Blomeyer, Arwed	Zivilpozeßrecht, Erkenntnisverfahren; Berlin: Duncker & Humblot, 1985.
Blomeyer, Karl	„Betrachtungen über die Schiedsgerichtsbarkeit"; Festschrift für Leo Rosenberg; München: Beck, 1949. S. 51-71.
Böckstiegel, Karl- Heinz	„Das UNCITRAL-Modell-Gesetz für die internationale Wirtschafts-schiedsgerichtsbarkeit"; RIW 1984, 670-676.
derselbe,	„Die UNCITRAL-Verfahrensordnung für Wirtschaftsschiedsgerichts-barkeit und das anwendbare nationale Recht"; RIW 1982, 706-711.
Borck, Hans-Günther	„Das rechtliche Gehör im Verfahren auf Erlaß einer einstweiligen Verfügung"; MDR 1988, 908-915.
Bork, Reinhard	„Internationale Schiedsgerichtsbarkeit in Deutschland"; Internationale Schiedsgerichtsbarkeit; Peter Gottwald (Hrsg.). S. 283-314.
Bornhak, Conrad	„Schiedsvertrag und Schiedsgericht nach geschichtlicher Entwicklung und geltendem Rechte"; ZZP 30 (1902), 1-42.
Bosch, Wolfgang	Rechtskraft und Rechtshängigkeit im Schiedsverfahren; Tübingen: Mohr, 1991. Zugleich: Jur. Diss. Konstanz, 1989.
Bredow, Jens	„Das neue 10. Buch der ZPO – ein Überblick"; BB 1998, Beilage 2, S. 2-5.
Brinkmann, Gisbert	Schiedsgerichtsbarkeit und Maßnahmen des einstweiligen Rechts-schutzes; Schriften zum Prozeßrecht, Band 54; Berlin: Duncker & Humblot, 1977. Zugleich: Jur. Diss. Tübingen, 1976.
Broches,	„UNCITRAL Model Law on International Commercial Arbitration: an exercise in international legislation"; in Netherlands Yearbook of International Law, Vol. XVIII, 1987, S. 3-5.
Brodmann, Erich	Recht und Gewalt; Berlin: Vereinigung wissenschaftl. Verleger, 1921.
Brox, Hans Walker, Wolf	Zwangsvollstreckungsrecht; 5. Aufl.; Köln u.a.: Heymann, 1996. (Brox/Walker).
Brugger, Winfried	„Konkretisierung des Rechts und Auslegung der Gesetze"; AöR 1994, 1-34.
Bruns, Rudolf	„Schadensersatz und Rechtskraft des § 945"; ZZP 65 (1952), 67-74.

Bühler, Michael	„Das neue niederländische Gesetz für Schiedsgerichtsbarkeit"; RIW 1987, 901-905.
Bunsen,	„Prozessrechtsgeschäfte"; ZZP 35 (1906), 401-423.
Bydlinski, Franz	Juristische Methodenlehre und Rechtsbegriff; 2. Aufl.; Wien: Springer, 1991.
Calavros, Constantin	*Das UNCITRAL-Modellgesetz* über die internationale Handelsschieds gerichtsbarkeit; Bielefeld: Gieseking, 1988.
Canaris, Claus-Wilhelm	„Theorienrezeption und Theorienstruktur"; Festschrift für Kitagawa; Hans G. Leser, Tamotsu Isomura (Hrsg.); Berlin: Duncker & Humblot, 1992. S. 59-94.
Carl, M. H.	„Arrest und Sicherung von Beweismaterial im englischen Recht"; IPRax 1983, 141-143.
Christmann, Günther	„Arrestvollziehung gegen Sicherheitsleistung"; DGVZ 1991, 109-110
Degenhardt, Christof	„*Allgemeine Handlungsfreiheit* des Art. 2 I GG"; JuS 1990, 161-169.
Deguchi, Masahisa	Die prozessualen Grundrechte im japanischen und deutschen einstwei ligen Rechtsschutz in Zivilsachen; Lang: Frankfurt, 1992. Zugleich: Jur. Diss. Freiburg, 1991.
Depenheuer, Otto	„*Der Wortlaut als Grenze*: Thesen zu einem Topos der Verfassungsinterpretation"; Heidelberg: Decker & Müller, 1988.
Dreier, Horst	Grundgesetz; Art. 1-19; Tübingen: Mohr, 1996.
Duden	Das große Wörterbuch der deutschen Sprache; 2. Aufl.; Mannheim; Leipzig; Wien; Zürich: Dudenverlag, 1992.
Dütz, Wilhelm	„Einstweiliger Rechts- und Interessenschutz in der Betriebsverfassung"; ZfA 1972, 247-270.
derselbe,	*Rechtsstaatlicher Gerichtsschutz* im Privatrecht; Zum sachlichen Umfang der Zivilgerichtsbarkeit; Homburg; Berlin; Zürich: Gehlen, 1970.
derselbe,	„Vorläufiger Rechtsschutz im Arbeitskampf"; BB 1980, 533-543.
Dunkl, Hans	Handbuch des vorläufigen Rechtsschutzes; Deutscher Anwaltsverein (Hrsg.); 2. Aufl.; München: Jehle-Rehm, 1991.
derselbe,	Handbuch des vorläufigen Rechtsschutzes: einstweiliger Rechtsschutz in allen wichtigen Verfahrensarten; 3. Aufl.; München: Beck, 1999. (*Dunkl/Bearbeiter*).

Duve, Christian	„*Was ist eigentlich Alternative Dispute Resolution* (ADR)? Überblick über die außergerichtliche Streitbeilegung in den USA"; BB 1998, Beilage 9, S. 15-20.
Eilers, Elke	Maßnahmen des einstweiligen Rechtsschutzes im europäischen Zivilrechtsverkehr: internationale Zuständigkeit, Anerkennung und Vollstreckung; Bielefeld: Gieseking, 1991. Zugleich: Jur. Diss. Bonn, 1989/90.
Engisch, Karl	Einführung in das juristische Denken; Stuttgart: Kohlhammer, 1971.
derselbe,	Die Einheit der Rechtsordnung; Heidelberg: Winter, 1935.
Enneccerus, Ludwig Nipperdey, Hans Carl	Allgemeiner Teil des bürgerlichen Rechts; 15. Bearbeitung; Tübingen: Mohr, 1974.
Erbe, Walter	„Der Gegenstand der Rechtsvergleichung"; RabelsZ 14 (1942), 220-231.
Erichsen, Hans-Uwe	„Das Grundrecht aus Art. 2 Abs.1 GG"; Jura 1987, 367-373.
Ermann, Walter	„Eilmaßnahmen aus §§ 117, 127 HGB und Schiedsvertrag"; Festschrift für Philipp Möhring; München und Berlin: Beck, 1965. S. 3-21.
Fechner, Erich	„Funktionen des Rechts in der menschlichen Gesellschaft"; Jahrbuch für Rechtssoziologie und Rechtstheorie, Band 1; Bielefeld: Bertelsmann, 1970. S. 91-106.
Fikentscher, Wolfgang	*Methoden des Rechts* in vergleichender Darstellung; Band 4;
Finken, Klaus	Die endgültige Vermögensverschiebung aufgrund einstweiliger Verfügung; Jur. Diss. Bochum, 1970.
Fischer, Gero	„Hat das im einstweiligen Rechtsschutz ergangene rechtskräftige Urteil Bedeutung für den Schadensersatzanspruch aus § 945"; Festschrift für Franz Merz; Walter Gerhardt u.a. (Hrsg.). S. 85-91.
Frohn, Hansgeorg	Rechtliches Gehör und richterliche Entscheidung; Berlin: Duncker & Humblot, 1989.
Gaul, Hans	„Zur Frage nach dem Zweck des Zivilprozesses"; AcP 168 (1986), 27-62.
Gill, William	The Law of Arbitration; 2. Aufl.; London, 1975.

Gloge, Andreas	Die Darlegung und Sachverhaltsuntersuchung im einstweiligen Rechtsschutzverfahren: eine rechtsvergleichende Studie zum deutschen und englischen Zivilprozeß; München: Florentz, 1991. Zugleich: Jur. Diss. Hannover, 1991.
Glossner, Ottoarndt	„Neues Schiedsverfahrensrecht"; ZRP 1995, 70-73.
derselbe,	Das Schiedsgericht in der Praxis; 2. Aufl.; Heidelberg: Verlag Recht und Wirtschaft, 1978.
derselbe,	„Schiedsverfahren oder Zivilprozeßverfahren"; Jahrbuch für die Praxis der Schiedsgerichtsbarkeit; Band 1 (1987); Heidelberg: Verlag Recht und Wirtschaft, 1987. S. 251-259.
Goedeke, Heinz-Dieter	Grundfragen der Sicherheitsleistung im Zivilprozeß; Jur. Diss. Hannover, 1988.
Göppert, Heinrich	„Ist die Vorschrift der C.P.O. § 809 Abs.2 auf einstweilige Verfügungen anwendbar?"; GruchBeitr 38 (1894), 838-891.
Gottwald, Peter	„Das neue deutsche Schiedsverfahrensrecht"; DStR 1998, 1017-1025.
derselbe,	„Die sachliche Kontrolle internationales Schiedssprüche durch staatliche Gerichte"; Festschrift für Nagel; Münster: Aschendorff, 1987; S. 54-69.
Granzow, Joachim	Das UNCITRAL-Modellgesetz über die internationale Handelsschiedsgerichtsbarkeit; Rechtswissenschaftliche Forschung und Entwicklung, Band 177; München: VVF, 1988. Zugleich: Jur. Diss. Hamburg, 1987.
Grimm, Jacob Grimm, Wilhelm	Deutsches Wörterbuch; 12. Band., bearbeitet von Rudolf Meißner; Leipzig: Hirzel, 1951.
Gruber, Joachim	„Die bundesdeutschen Gerichte und der internationale Wirtschaftsverkehr"; ZRP 1990, 172-173.
Grunsky, Wolfgang	„Grundlagen des einstweiligen Rechtsschutzes"; JuS 1976, 277-287.
derselbe,	Grundlagen des Verfahrensrechts; 2.Aufl.; Bielefeld: Gieseking, 1974
Gusy, Christoph	„Freiheitsentziehung und Grundgesetz"; NJW 1992, 457-463.
Haarmeyer, Hans Wutzke, Wolfgang	Handbuch zur Insolvenzordnung; 2. Aufl.; München: Beck, 1998.

Haas, Ulrich — „Die Anerkennung und Vollstreckung ausländischer und internationaler Schiedssprüche"; Schriften zum Prozeßrecht, Band 99; Berlin: Duncker & Humblot, 1991.
Zugleich: Jur. Diss. Regensburg, 1990.

Habscheid, Walther J. — „Der Anspruch auf Rechtspflege"; ZZP 67 (1954), 188-199.

derselbe, — „Aus der höchstrichterlichen Rechtsprechung zur Schiedsgerichtsbarkeit"; KTS 1966, 1-10.

derselbe, — „Parteivereinbarungen über die internationale Zuständigkeit nach deutschem und schweizerischem Recht"; Festschrift für Hans Schima; Wien: Manzsche Universitätsbuchhandlung, 1969. S. 175-204.

derselbe, — „Das Problem der Unabhängigkeit der Schiedsgerichte"; NJW 1962, 5-12.

derselbe, — „Die Rechtsnatur des Schiedsvertrages und ihre Auswirkungen"; KTS 1955, 35-39.

derselbe, — „Schiedsgerichtsbarkeit und Staatsaufsicht"; KTS 1959, 113-117.

derselbe, — „Zur Frage der Kompetenz-Kompetenz der Schiedsgerichte"; Festschrift für Fritz Baur; Wolfgang Grunsky u.a. (Hrsg.); Tübingen: Mohr, 1981. S. 425-442.

Habscheid, Walther — „Das neue Recht der Schiedsgerichtsbarkeit"; JZ 1998, 445-450.

derselbe, — „Das neue schweizerische Recht der internationalen Schiedsgerichtsbarkeit nach dem Bundesgesetz über das internationale Privatrecht"; RIW 1988, 766-772.

derselbe, — „Schiedsgerichtsbarkeit und Europäische Menschenrechtskonvention" Festschrift für Henckel; Berlin; New York: de Gruyter, 1995.

Hantel, Peter — „Das Grundrecht der Freiheit der Person nach Art. 2 II 2, 104 GG"; JuS 1990, 865-872.

Hassold, Gerhard — „Strukturen der Gesetzesauslegung"; Festschrift für Karl Larenz; München: Beck, 1983. S. 211-240.

Hauck, Gerswith — „Schiedshängigkeit" und Verjährungsunterbrechung nach § 220 BGB unter besonderer Berücksichtigung des Verfahrens nach ZPO, ICC-SchO, UNCITRAL-SchO und ZPO-E /UNCITRAL-MG; Tübingen: Mohr, 1996.
Zugleich: Jur. Diss. Tübingen, 1995.

Hausmann, Willi	Der Schiedsrichtervertrag: Probleme der Erfüllung, der Haftung und der kollisionsrechtlichen Anknüpfung; Jur. Diss. Freiburg, 1978.
Heimann, Norbert	Die Schiedsgerichtsbarkeit der politischen Parteien in der Bundesrepublik Deutschland; Bonn- Bad Godesberg: 1977.
Heimann-Trosien, Georg	„Über die Auswahl und Bestellung von Schiedsrichtern"; Festschrift für Bruno Heusinger; Roderich Glanzmann (Hrsg.); München: Beck, 1968. S. 271-288.
Heinze, Meinhard	„Zur Rechtsnatur wettbewerbsbeschränkender Verträge"; Festschrift für Fechner; Tübingen: Mohr, 1973. S. 101-116.
Heiss, Bernhard	Einstweiliger Rechtsschutz im europäischen Zivilrechtsverkehr; Berlin: Duncker & Humblot, 1987.
Hellwig, Konrad	Anspruch und Klagerecht; Jur. Diss. Jena, 1900.
derselbe,	„Prozeßhandlung und Rechtsgeschäft"; Festgabe für Gierke; Band 2; Breslau, 1910. S. 43-64.
Henkel, Heinrich	Einführung in die Rechtsphilosphie; 2. Aufl.; München: Beck, 1977.
Henn, Günter	Schiedsverfahrensrecht, Heidelberg: Verlag Recht und Wirtschaft, 1986.
Hennerkes, Brun- Hagen	„Schiedsgerichtsbarkeit und mittelständische Unternehmen"; BB 1992, 1439-1442.
Herber, Rolf	„Die Vorbereitung eines Gesetzentwurfes innerhalb der Bundesregierung"; Arbeiten zur Rechtsvergleichung, Heft 116; Theorie und Me-thoden der Gesetzgebung; Maihofer u.a. (Hrsg.).
Hirtz, Bernd	„Darlegungs- und Glaubhaftmachungslast im einstweiligen Rechtsschutz"; NJW 1986, 110-113.
Höfling, Wolfram	*Vertragsfreiheit*: eine grundrechtsdogmatische Studie; Heidelberg: Müller, 1991.
Hoffet, Franz	Rechtliche Beziehungen zwischen Schiedsrichtern und Parteien; Zürich: Schulthess, 1991. Zugleich: Jur. Diss. Zürich, 1991.
Hoffmann, Bernd von	*„Die Novellierung des deutschen Schiedsverfahrensrechts* von 1986" IPRax 1986, 337-340.

Holtz, Götz Freiherr vom	Die Erzwingung von Willenseklärungen im einstweiligen Rechtsschutz; Frankfurt a.M.: Lang, 1995. Zugleich: Jur. Diss. Münster, 1995.
Hopt, Klaus J.	Schadensersatz aus unberechtigter Verfahrenseinleitung; München: Beck, 1968.
Hugger, Werner	Gesetze, ihre Vorbereitung, Abfassung und Prüfung; ein Handbuch für Praxis und Studium; 1.Aufl.; Baden-Baden: Nomos, 1983.
Hußlein-Stich, Gabriele	Das UNCITRAL-Modellgesetz über die internationale Handelsschiedsgerichtsbarkeit; Internationales Wirtschaftsrecht; Köln u.a.: Heymann, 1990. Zugleich: Jur. Diss. Regensburg, 1989.
Ihering, Rudolf von	Der Zweck im Recht; Leipzig: Breithopf & Härtel, 1893-1898.
Inderkum, Hans-Heinrich	Der Schiedsrichtervertrag nach dem Recht der internationalen Schiedsgerichtsbarkeit der Schweiz unter Mitberücksichtigung der Schiedsordnung des IPRG; Jur. Diss. Freiburg/Schweiz, 1988.
Jagenburg, Walter	„Schiedsgerichtsbarkeit zwischen Wunsch und Wirklichkeit"; Festschrift für Walter Oppenhoff; München: Beck, 1985. S. 151-179.
Jarass, Hans Pieroth, Bodo	*Grundgesetz* für die Bundesrepublik Deutschland, Kommentar; 2. Aufl.; München: Beck, 1992.
Jauernig, Othmar	„Der zulässige Inhalt einstweiliger Verfügungen" ZZP 79 (1966), 321-347.
derselbe,	Zivilprozeßrecht; 26. Aufl.; München: Beck, 2000.
Jeong-Ha, Sunju	Einstweilige Maßnahmen in der Schiedsgerichtsbarkeit; Prozeßrechtliche Abhandlungen; Heft 83; Hanns Prütting (Hrsg.); Köln u.a.: Heymann, 1991. Zugleich: Jur. Diss. Köln, 1990.
Kerr, Michael	*Arbitration and the Courts*: The UNCITRAL Model Law; I.C.L.Q. 34 (1985), 1-19.
Kersting, Mark	Der Schutz des Wirtschaftsgeheimnisses im Zivilprozeß; Bielefeld: Gieseking, 1995. Zugleich: Jur. Diss. Mainz, 1994.
Kessler, Joachim	Die Bindung des Schiedsgerichtes an das materielle Recht; Trier: Grote´sche Verlagsbuchhandlung, 1964. Zugleich: Jur. Diss. Marburg, 1963.

Kiesow, Bernd-Joachim — „Die Vereinbarkeit des Schiedsgerichtswesens mit dem Grundgesetz" KTS 1962, 224-233.

Kilger, Joachim
Schmidt, Karsten — *Insolvenzgesetze*: KO/VglO/GesO; 17. Aufl.; München: Beck, 1997.

Kisch, Wilhelm — „Einige Bemerkungen zum Wesen des Schiedsvertrages"; ZZP 51 (1926), 321-334.

Kissel, Otto Rudolf — Gerichtsverfassungsgesetz; 2. Aufl.; München: Beck, 1994.

Klose, Bernhard — „Grundrechtsschutz in der Europäischen Union und die Europäische Menschenrechtskonvention"; DRiZ 1997, 122-129.

Koch, Hans-Joachim — *Juristische Begründungslehre*: eine Einführung in Grundprobleme der Rechtswissenschaften; München: Beck, 1982.

Köpe, Karoly — „Strukturelle und dogmatische Überlegungen zu Alternativen Streiterledigungsmethoden"; Zürcher Studien zum Verfahrensrecht, Beiträge zu Grenzfragen des Prozeßrechts; Zürich: Polygraphischer Verlag, 1991. S. 63-81.

Kohl, Berthold J. — Vorläufiger Rechtsschutz in internationalen Handelsschiedsverfahren; Frankfurt a.M.: Lang, 1990.
Zugleich: Jur. Diss. Trier, 1990.

Kohler, Klaus — Die moderne Praxis des Schiedsgerichtswesens in der Wirtschaft; Berlin: de Gruyter, 1967.

Kollmann, Julius — *Die Schiedsgerichte* in Industrie, Gewerbe und Handel; München; Berlin: Oldenbourg, 1914.

Kornblum, Udo — „Aktuelle Probleme der privaten Schiedsrechtsgeschäfte"; JA 1979, 393-401.

derselbe, — „Bemerkungen zur geplanten Neuregelung des deutschen Rechts der privaten Schiedsgerichtsbarkeit"; ZRP 1995, 331-334.

derselbe, — „Zur Übernahme des UNCITRAL-Modellgesetzes über die internationale Handelsschiedsgerichtsbarkeit in das deutsche Verfahrensrecht"; Jahrbuch für die Praxis der Schiedsgerichtskeit, Band 1, Heidelberg: Verlag Recht und Wirtschaft, 1987, S. 35-46.

Kralik, Winfried — „Die internationale Zuständigkeit"; ZZP 74 (1961), 2-48.

Kramer, Ernst — Juristische Metodenlehre; München: Beck, 1998.

Krause, Hermann	Die geschichtliche Entwicklung des Schiedsgerichtswesens in Deutschland; Vereinigung wissenschaftl. Verleger: Berlin: 1930.
Kreindler, Richard	„Das neue deutsche Schiedsverfahrensrecht aus ausländischer Sicht"; NJW 1998, 563-568.
Kronke, Herbert	„Internationale Schiedsverfahren nach der Reform"; RIW 1998, 257, 265.
Kühn, Wolfgang	„Vorläufiger Rechtsschutz und Schiedsgerichtsbarkeit"; Jahrbuch für die Praxis der Schiedsgerichtsbarkeit, Band 1, Heidelberg: Verlag Recht und Wirtschaft, S. 47-62.
derselbe,	Erläuterung zu Artikel 12-23; Übernahme des UNCITRAL-Modellgesetzes über die Internationale Handelsschiedsgerichtsbarkeit in das deutsche Recht; Deutsches Institut für Schiedsgerichtswesen e.V. S. 76-85.
Labes, Hubertus	„Das neue deutsche Recht der Schiedsgerichtsbarkeit"; MDR 1997, S. 420-425.
Lachmann, Jens- Peter	Handbuch für die Schiedsgerichtsbarkeit; Köln: Schmidt, 1998.
Langenscheidt	Enzyklopädisches Wörterbuch der englischen und deutschen Sprache; Teil 1; 10. Aufl.; Berlin; München: Langenscheidt, 1992.
Larenz, Karl	Allgemeiner Teil des Bürgerlichen Rechts; 8. Aufl.; München: Beck, 1997.
derselbe,	Lehrbuch des Schuldrechts; Band 1; Allgemeiner Teil; 14. Aufl.; München: Beck, 1987.
derselbe, Canaris, Claus-Wilhelm	Lehrbuch des Schuldrechts; Band 2; Halbband 2; Besonderer Teil; 13. Aufl.; München:Beck, 1994.
Laschet, Franz	„Schiedsgerichtsbarkeit und einstweiliger Rechtsschutz"; ZZP 99 (1986), 271-290.
Leipold, Dieter	*Grundlagen des einstweiligen Rechtsschutzes* im zivil-, verfassungs- und verwaltungsgerichtlichen Verfahren; Beck: München, 1971.
Lichtenstein, Egon	„Fälle der Unzulässigkeit der Schiedseinrede nach deutschem Recht"; NJW 1957, 570-572.
Lidl, Günter	„Der Bereitschaftsdienst der Patentstreitkammer Braunschweig während der Hannover-Messen", GRUR 1978, 93-96.

Lindacher, Walter	„Schiedsgerichtliche Kompetenz zur vorläufigen Entziehung der Ge-schäftsführungs- und Vertretungsbefugnis bei Personengesellschaften"; ZGR 1979, 201-221.
Lionnet, Klaus	Handbuch der internationalen und nationalen Schiedsgerichtsbarkeit; Stuttgart: Boorberg, 1996.
derselbe,	„Ziel des Modellgesetzes"; in DIS-Schriften zur Übernahme des UNCITRAL-Modellgesetzes über die Internationale Handelsschiedsgerichtsbarkeit in das deutsche Recht, 1989.
Lörcher, Gino	„Das neue Recht der Schiedsgerichtsbarkeit"; DB 1998, 245-248.
derselbe,	*Das Schiedsverfahren* – national/international – nach neuem Recht; München: Jehle-Rehm, 1998.
derselbe,	„Schiedsgerichtsbarkeit: Übernahme des UNCITRAL-Modellgesetzes?"; ZRP 1987, 230-232.
Lorenz, Dieter	„Der grundrechtliche Anspruch auf effektiven Rechtsschutz"; AöR 105 (1980), 623-649.
Loritz, Karl-Georg	„Probleme der Rechtskraft von Schiedssprüchen im deutschen Zivilprozeßrecht"; ZZP 105 (1992), 1-19.
Lüke, Gerhard	„Die Prozeßführungsbefugnis"; ZZP 76 (1963), 1-31.
Ly, Filip de	„International Arbitration – The Netherlands"; Internationale Schiedsgerichtsbarkeit: Generalbericht und Nationalberichte; Peter Gottwald Peter F. Schlosser (Hrsg.); Bielefeld: Gieseking, 1997.
Maier, Hans Jakob	Handbuch der Schiedsgerichtsbarkeit; Herne; Berlin: Verlag Neue Wirtschafts-Briefe, 1979.
Maihofer, Werner	„Die gesellschaftliche Funktion des Rechts"; Jahrbuch für Rechtssoziologie und Rechtstheorie, Band. 1, Bielefeld: Bertelsmann, 1970, S. 11-90.
Mandelkow, Dieter	„Schiedsgerichtsverfahren in Bausachen"; BauR 1997, 785-793.
Mantzourani-Tschaschnig, Maria-Martissia	Die Befriedigungsverfügung nach deutschem und griechischem Recht unter besonderer Berücksichtigung des Wettbewerbsrechts; Frankfurt a.M.: Lang, 1986.
Martens, Klaus-Peter	„Rechtsgeschäft und Drittinteressen", AcP 177 (1977), 113-188.

Massuras, Konstadinos	Dogmatische Strukturen der Mehrparteienschiedsgerichtsbarkeit; Frankfurt a.m.: Lang, 1998. Zugleich: Jur. Diss. Hannover, 1998.
Matscher, Franz	„Schiedsgerichtsbarkeit und EMRK"; Festschrift für Heinrich Nagel; Münster: Aschendorff, 1987. S. 227-245.
derselbe,	„Zur Versagung der Anerkennung eines ausländischen Schiedsspruchs wegen behaupteter Verletzung des rechtlichen Gehörs"; IPRax 1992, 335.
Matsuura, Kaoru	„Schiedsgerichtsbarkeit und einstweiliger Rechtsschutz"; Festschrift für Schwab; München: Beck, 1990. S. 321-335.
Maunz, Theodor Dürig, Günther	Grundgesetz; Kommentar; München: Beck, 1994. (*Maunz/Dürig/Bearbeiter*).
Meier-Hayoz, Arthur	Der Richter als Gesetzgeber, 1951.
Melissinos, Gerasimos	Die Bindung des Gerichts an die Parteianträge nach § 308 I ZPO; Berlin: Duncker & Humblot, 1982.
Merten, Detlef	Rechtsstaat und Gewaltmonopol; Recht und Staat in Geschichte und Gegenwart, Eine Sammlung von Vorträgen und Schriften aus dem Gebiet der Gesamten Staatswissenschaften; Heft 442f.; Tübingen: Mohr, 1975.
Mes, Peter	Der Rechtsschutzanspruch; Köln u.a.: Heymann, 1970. Zugleich: Jur. Diss. Köln, 1969/70.
Minnerop, Manfred	Materielles Recht und einstweiliger Rechtsschutz; Köln u.a.: Heymann, 1973. Zugleich: Jur. Diss. Würzburg, 1973.
Mittenzwei, Ingo	Teleologisches Rechtsverständnis; Berlin: Duncker & Humblot, 1988.
Möller, Kathrin	*Schiedsverfahrensrecht*: Leitfaden für die betriebliche Praxis; Berlin: Schmidt, 1998.
Mönnikes, Ralf	Die Reform des deutschen Schiedsverfahrens: das neue 10.Buch der ZPO; Hamburg: Dr. Kovac, 2000. Zugleich: Jur. Diss. Osnabrück, 2000.
Morbach, Bertram	*Einstweiliger Rechtsschutz in Zivilsachen*: eine rechtsvergleichende Untersuchung; Frankfurt a.M.: Lang, 1988. Zugleich: Jur. Diss. Regensburg, 1988.

Münch, Ingo von	Grundgesetz-Kommentar; bearbeitet von Ekkehard Bauer; 3. Aufl.; München: Beck, 1996.
Münchener Kommentar	Kommentar zur Zivilprozeßordnung: mit Gerichtsverfassungsgesetz und Nebengesetzen; Gerhard Lüke, Alfred Walchshöfer (Hrsg.); Band 3; München: Beck, 1992. (*MünchKomm/Bearb.*).
Münzberg, Reinhard	Die Schranken der Parteivereinbarung in der privaten internationalen Schiedsgerichtsbarkeit; Berlin: Duncker & Humblot, 1970. Zugleich: Jur. Diss. Erlangen-Nürnberg, 1969.
Münzberg, Wolfgang	„Der Schutzbereich der Normen §§ 717 Abs.2, 945 ZPO"; in Festschrift für Hermann Lange; Stuttgart; Berlin; Köln: Kohlhammer, 1992. S. 599-623.
Musielak, Hans-Joachim	Kommentar zur Zivilprozeßordnung mit Gerichtsverfassungsgesetz; München: Vahlen, 2000. (*Musielak/Bearbeiter*, 2. Aufl.).
Nagel, Heinrich	Durchsetzung von Vertragsansprüchen im Auslandsgeschäft; Duncker & Humblot: Berlin, 1978.
derselbe,	„Gedanken über die Beschleunigung des Schiedsverfahrens"; Festschrift für Karl Firsching; München: Beck, 1985, S. 131-163.
Neukirchner, Simon	Der vertragliche Ausschluß der Klagbarkeit eines privatrechtlichen Anspruches; Jur. Diss. Erlangen, 1942.
Neumann, Hans-Adolf	Der vertragliche Ausschluß der Klagbarkeit eines privatrechtlichen Anspruches im deutschen und im deutschen internationalen Recht; Jur. Diss. München, 1967.
Nicklisch, Fritz	„Instrumente der Internationalen Handelsschiedsgerichtsbarkeit zur Konfliktregelung bei Langzeitverträgen"; RIW 1978, 633-642.
derselbe,	„Schiedsgerichtsverfahren mit intergrierter Schlichtung"; RIW 1998, 169-173.
Niese, Werner	Prozeßhandlungen und Verträge über Prozeßhandlungen; Borna-Leipzig: Noske, 1931.
Nöcker, Thomas	„Gesetzgebungstechnische Aspekte bei einer Übernahme des UNCITRAL-Modellgesetzes"; RIW 1990, 28-31.
Obermüller, Manfred Hess, Harald	*InsO*: eine systematische Darstellung des neuen Insolvenzrechts; 3. Aufl.; Heidelberg: Müller, 1999.

Ochmann, Richard

„Das schiedsrichterliche Verfahren unter Berücksichtigung der gewerblichen Schutzrechte und seine Vor- und Nachteile gegenüber dem staatlichen Gerichtsverfahren"; GRUR 1993, 255-260.

Osterthun, Birthe

„Das neue deutsche Recht der Schiedsgerichtsbarkeit"; TranspR 1998, 177-187.

Palandt, Otto

Bürgerliches Gesetzbuch; 60. Aufl.; München: Beck, 2001. (*Palandt/Bearbeiter*).

Paulus, Christoph

Zivilprozeßrecht: Erkenntnisverfahren und Zwangsvollstreckung; Berlin; Heidelberg: Springer, 1996.

Pawloski, Hans

„Aufgabe des Zivilprozesses"; ZZP 80 (1967), 345-391.

Peukert, Wolfgang

„Die Garantie des „fair trial" in der Straßburger Rechtsprechung"; EuGRZ 1980, 247-269.

Pfeiffer, Gerd

Grundfragen der Rechtskontrolle im Kartellverfahren; Schwerpunkte des Kartellrechts, FIW-Schriftenreihe; Heft 91; 1980, S. 1-16.

Pieroth, Bodo
Schlink, Bernhard

Grundrechte Staatsrecht II; 12. Aufl.; Heidelberg: Müller, 1996.

Pietzcker, Rolf

„Die Gefahr analoger Ausdehnung der Haftung nach § 945 ZPO"; GRUR 1980, 442-444.

Pohle, Rudolf

„Zur Lehre vom Rechtsschutzbedürfnis"; Festschrift für Friedrich Lent; München: Beck, 1957. S. 195-236.

Prütting, Hanns

„Schlichten statt Richten?"; JZ 1985, 261-271.

Quaritsch, Helmut

Staat und Souveränität; Band 1, Frankfurt: Athenäum, 1970.

Radbruch, Gustav

Einführung in die Rechtswissenschaft; 9. Aufl.; Stuttgart: Koehler, 1958.

derselbe,

Rechtsphilosophie; 8. Aufl.; Stuttgart: Koehler, 1973.

Raeschke-Kessler, Hilmar

„Sollen/dürfen Bundesrichter Schiedsrichter sein ?"; Festschrift für Rudolf Nirk; München: Beck, 1992. S. 915-928.

Rahmann, Detlef

Ausschluß staatlicher Gerichtszuständigkeit: eine rechtsvergleichende Unters. d. Rechts d. Gerichtsstands- und Schiedsvereinbarungen in d. Bundesrepublik Deutschland und den USA; Köln u.a.: Heymann, 1984.

Raisch, Peter	Juristische Methoden: vom antiken Rom bis zur Gegenwart; Heidelberg: Müller, 1995.
Ramm, Thilo	„Schiedsgerichtsbarkeit, Schlichtung und Rechtsprechungslehre"; ZRP 1989, 136-145.
Real, Gustav	Der Schiedsrichtervertrag; Beck: München, 1983.
derselbe,	„UNCITRAL-Modellgesetz über die internationale Handelsschiedsgerichtsbarkeit"; ZvglRWiss 89 (1990), 407-440.
Reichel, Hans	„Unklagbare Ansprüche"; ZZP 44 (1914), 162-166.
Reimer, Ernst Mußfeld, Richard	Die kaufmännischen Schiedsgerichte Deutschlands; Ihre Gestaltung und Verfahren; Berlin: Heymann, 1931.
Retemeyer, Alexander	Sicherheitsleistung durch Bankbürgschaft; Berlin: Duncker & Humblot, 1995. Zugleich: Jur. Diss. Osnabrück, 1994.
Robbers, Gerhard	„Der Grundrechtsverzicht"; JuS 1985, 925-931.
Röhl, Klaus	Allgemeine Rechtslehre; 2. Aufl.; Köln u.a.: Heymann, 1995.
derselbe,	„Das rechtliche Gehör"; NJW 1964, 273-279.
Rosenberg, Leo	Zivilprozeßrecht; 15. Aufl.; München: Beck, 1993.
derselbe,	Zwangsvollstreckungsrecht; 11. Aufl.; München: Beck, 1997.
Rüede, Thomas Hadenfeldt, Reimer	Schweizerisches Schiedsgerichtsrecht nach Konkordat und IPRG; 2. Aufl.; Zürich: Schulthess, 1993.
Saenger, Ingo	Einstweiliger Rechtsschutz und materiellrechtliche Selbsterfüllung; Tübingen: Mohr Siebeck, 1998. Zugleich: Jur. Habil.-Schr. Jena, 1996.
Sanders, Peter	„The Introduction of UNCITRAL´s Model Law on International Arbitration into German legislation"; Jahrbuch für die Praxis der Schiedsgerichtsbarkeit, Heidelberg: Verlag Recht und Wirtschaft, 1990. S. 121-130.
Sandrock, Otto Nöcker, Thomas	„Einstweilige Maßnahmen internationaler Schiedsgerichte: bloße Papiertiger?"; Jahrbuch für die Praxis der Schiedsgerichtsbarkeit, Band 1; Heidelberg: Verlag Recht und Wirtschaft, 1987. S. 74-93.

Schäfer, Ulrike	„Die Einrede der Kompetenz-Kompetenz des Schiedsgerichtes"; Festschrift für Wolfram Henckel; Walther Gerhardt u.a. (Hrsg.); Berlin; New York: de Gruyter, 1995. S. 723-738-
Scheef, Hans-Claudius	*Der einstweilige Rechtsschutz* und die Stellung der Schiedsrichter bei dem Abschluß von Schiedsvergleichen nach dem deutschen und englischen Schiedsverfahrensrecht: eine rechtsvergleichende Untersuchung; Frankfurt a.M.: Lang, 2000. Zugleich: Jur. Diss. Köln, 1999.
Schellhammer, Kurt	*Zivilprozeß*: Gesetz-Praxis-Fälle; 6. Aufl.; Heidelberg: Müller, 1994.
Schelsky, Helmut	„Systemfunktionaler, anthropologischer und personfunktionaler Ansatz der Rechtssoziologie"; Jahrbuch für Rechtssoziologie und Rechtstheorie, Band 1, Bielefeld: Bertelsmann, 1970. S. 37-90.
Scherer, Inge	Das Beweismaß bei der Glaubhaftmachung; Köln u.a.: Heymann, 1996.
Schiedermair, Gerhard	Vereinbarungen im Zivilprozeß; Jur. Diss. Bonn, 1935.
Schiffczyk, Klaus	Das „freie Ermessen" des Richters im Zivilprozeß; Jur. Diss. Erlangen-Nürnberg, 1980.
Schilken, Eberhard	Gerichtsverfassungsrecht; 2. Aufl.; Berlin; Köln u.a.: Heymann, 1994.
Schlosser, Peter	„Auf dem Weg zu neuen Dimensionen des Einstweiligen Rechtsschutzes"; Festschrift für Walter Odersky; Böttcher, Hueck, Jähnke (Hrsg.); Berlin; New York: de Gruyter, 1996.
derselbe,	„Einstweiliger Rechtsschutz durch staatliche Gerichte im Dienste der Schiedsgerichtsbarkeit"; ZZP 99 (1986), 241-270.
derselbe,	„Das Internationale an der internationalen privaten Schiedsgerichtsbarkeit"; RiW 1982, 857-867.
derselbe,	„Das neue deutsche Recht der Schiedsgerichtsbarkeit"; Revision des EUGVÜ – Neues Schiedsverfahrensrecht; Veröffentlichungen der Wissenschaftlichen Vereinigung für Internationales Verfahrensrecht e.V.; Gottwald u.a. (Hrsg.); Bielefeld: Gieseking-Verlag. S. 164-207.
derselbe,	Vereins- und Verbandsgerichtsbarkeit; München: Goldmann, 1972.
Schmalz, Dieter	Methodenlehre für das juristische Studium; 4. Aufl.; Baden-Baden: Nomos, 1998.

Schmidt, Karsten   „Neues Schiedsverfahrensrecht und Gesellschaftsrechtspraxis";
ZHR 162 (1998), 265-289.

derselbe,   „Präklusion und Einlassung auf die schiedsgerichtliche Verhandlung zur Hauptsache"; Festschrift für Heinrich Nagel; Münster: Aschendorff, 1987. S. 373-391.

Schmidt-Aßmann, Eberhard   Verwaltungsgerichtsordnung; Kommentar; 1996.

Schmidt-Bleibtreu, Bruno   Kommentar zum Grundgesetz; 7. Aufl.; Neuwied: Luchterhand, 1990
Klein, Franz

Schmidt-Ernsthausen,   „Unverzichtbare Vorschriften im Sinne des § 1042 II"; ZZP 51 (1926), 352-373.

Schmidt-Salzer, Joachim   „Vertragsfreiheit und Verfassungsrecht"; NJW 1970, 8-15.

Schmitt, Hermann   Die Einrede des Schiedsvertrages im Verfahren des einstweiligen Rechtsschutzes; Jur. Diss. Gießen, 1987.

Schneider, Hans   *Gesetzgebung*: ein Lehrbuch; 2. Aufl.; Heidelberg: Müller, 1991

Schönke, Adolf   *Das Schiedsgerichtsverfahren* nach dem heutigen deutschen Recht. Ein Handbuch für Schiedsrichter und Schiedsparteien; Köln u.a.: Heymann, 1954.

Schottelius, D. J.   „Die Organisation des internationalen Schiedsgerichtswesens"; KTS 1955, 97-102.

Schreiber, Klaus   „Der Dispositionsgrundsatz im Zivilprozeß"; Jura 1988, 190-197.

Schütze, Rolf   „Zur Bedeutung der Anerkennungsfähigkeit der Entscheidung des prorogierten Gerichts für die Wirksamkeit einer internationalen Gerichtsstandsvereinbarung" AWD/BB 1973, 368-371.

derselbe,   „Einstweiliger Rechtsschutz im Schiedsverfahren"; BB 1998, 1650-1653.

derselbe,   *Handbuch des Schiedsverfahrens*: Praxis der deutschen und internationalen Schiedsgerichtsbarkeit; 2. Aufl.; Berlin: de Gryter, 1990.

derselbe,   Schiedsgericht und Schiedsverfahren; Schriftenreihe zu: Neue Juristische Wochenschrift; Heft 54; 2. Aufl.; München: Beck, 1998.

Schumacher, Klaus   *Das neue 10. Buch der Zivilprozeßordnung* im Vergleich zum UN-CITRAL-Modellgesetz über die internationale Handelsschiedsgerichtsbarkeit"; BB 1998, Beilage 2, S. 6-16.

Schumann, Ekkehard „Bundesverfassungsgericht, Grundgesetz und Zivilprozeß; ZZP 96 (1983), 137-253.

Schuschke, Winfried
Walker, Wolf-Dietrich
Vollstreckung und vorläufiger Rechtsschutz: Kommentar zum achten Buch der Zivilprozeßordnung; Köln u.a.: Heymann, 1995. (*Schuschke/Walker*).

Schwab, Karl Heinz „Einstweiliger Rechtsschutz und Schiedsgerichtsbarkeit"; Festschrift für Fritz Baur; Tübingen: Mohr, 1981. S. 627-645.

derselbe, *„Die Entscheidung des Schiedsgerichts über seine eigene Zuständigkeit*; Eine Stellungnahme zum Verhältnis von Hauptvertrag und Schiedsvereinbarung und zur sog. Kompetenz-Kompetenz des Schiedsgerichts"; KTS 1961, 17-25.

derselbe, „Kollisionsrechtliche Fragen des Deutschen Internationalen Schiedsverfahrensrechts"; Festschrift für Luther; München: Beck, 1976. S. 162-178.

derselbe, „Das Uncitral-model law und das deutsche Recht"; Festschrift für Heinrich Nagel; Münster: Aschendorff, 1987. S. 427-445.

derselbe,
Walter, Gerhard
Schiedsgerichtsbarkeit: Systematischer Kommentar zu den Vorschriften der Zivilprozeßordnung; 6. Aufl.; München: Beck, 2000.

Schwytz, Ingo „Kosten und Kostenentscheidung im schiedsgerichtlichen Verfahren"; BB 1974, 673-676.

Semler, Franz-Jörg „Einstweilige Verfügungen bei Gesellschaftsauseinandersetzungen"; BB 1979, 1533-1536.

Sieg, Karl *„Die Vollstreckbarerklärung von Schiedssprüchen*, die den Streit nicht endgültig erledigen"; JZ 1959, 752-758.

Smid, Stefan „Schiedsgericht und Rechtserkenntnis"; DZWir 1995, 397-404.

Solomon, Dennis *„Das vom Schiedsgericht in der Sache anzuwendende Recht* nach dem Entwurf eines Gesetzes zur Neuregelung des Schiedsverfahrensrechts"; RIW 1997, 981-990.

Sommer, D. „Kann man den Rechtsweg durch Vereinbarung ausschließen?"; LeipzZ 1932, 740-742.

Sonnauer, Heinz Die Kontrolle der Schiedsgerichte durch die staatlichen Gerichte; Köln u.a.: Heymann, 1992.
Zugleich: Jur. Diss., Regensburg, 1991.

Staff, U. von — *Das Schiedsgerichtsverfahren* nach dem heutigen deutschen Recht. Ein Handbuch für Schiedsrichter und Schiedsparteien; Berlin: Heymann, 1926.

Stadler, Astrid — „Der Schutz von Unternehmensgeheimnissen im Zivilprozeß"; NJW 1989, 1202-1206.

Staudinger, Julius von — Kommentar zum Bürgerlichen Gesetzbuch mit Einführungsgesetz und Nebengesetzen; Erstes Buch, Allgemeiner Teil; §§ 164-240. (*Staudinger/Bearbeiter*).

derselbe, — Kommentar zum Bürgerlichen Gesetzbuch mit Einführungsgesetz und Nebengesetzen; § 826 (*Staudinger/Bearbeiter*).

Stech, Jürgen — „Unklagbare Ansprüche im heutigen Recht"; ZZP 77 (1964), 161-29

Stein, Friedrich — Kommentar zur Zivilprozeßordnung; Band 7; Teilband 1; §§ 946-1048; 21. Aufl.; Tübingen: Mohr, 1994. (*Stein/Jonas/Bearbeiter*).

Stern, Jaques — Arrest und einstweilige Verfügung nach der deutschen Zivilprozeßordnung; Berlin: Vahlen, 1912.

Stern, Klaus — Das *Staatsrecht* der Bundesrepublik Deutschland; 2. Aufl.; München Beck, 1984.

Stober, Rolf — „Staatsgerichtsbarkeit und Schiedsgerichtsbarkeit"; NJW 1979, 2001 2008.

Stolz, Thomas — *Einstweiliger Rechtsschutz und Schadensersatzpflicht*: der Schadensersatzanspruch nach § 945 der Zivilprozeßordnung; Köln u.a.: Heymann, 1989. Zugleich: Jur. Diss. Tübingen, 1988.

Strieder, Joachim — Rechtliche Einordnung und Behandlung des Schiedsrichtervertrages; Köln u.a.: Heymann, 1984.

Strupp, Karl — Die internationale Schiedsgerichtsbarkeit; Berlin und Leipzig: Rothschild, 1914.

Stumpf, Herbert — „Vor- und Nachteile des Verfahrens vor Schiedsgerichten gegenüber dem Verfahren vor Ordentlichen Gerichten"; Festschrift für Arthur Bülow, 1981. S. 217-227.

Sturm, Gerd — „Probleme eines Verzichts auf Grundrechte"; Menschenwürde und freiheitliche Rechtsordnung; Festschrift für Willi Geiger. S. 173-198.

| Teplitzky, Otto | „Zur Bindungswirkung gerichtlicher Vorentscheidungen im Schadens-ersatzprozeß nach § 945"; NJW 1984, 850-852. |

Thomas, Will — *Das privatrechtliche Schiedsgerichtsverfahren*; Ein praktischer Wegweiser für Laien und Juristen; Berlin: Heymann, 1935.

Thomas, Heinz
Putzo, Hans — Zivilprozeßordnung mit Gerichtsverfassungsgesetz u.a.; 23. Aufl.; München: Beck, 2001. *(Thomas/Putzo)*.

Thümmel, Roderich — „*Einstweiliger Rechtsschutz im Schiedsverfahren* nach dem Entwurf zum Schiedsverfahrens-Neuregelungsgesetz"; DZWir 1997, 133-137.

Tilmann, Winfried — „*Das Haftungsrisiko* der Verbraucherverbände"; NJW 1975, 1913-1919.

Triebel, Volker — „Die Bundesrepublik wird als Schiedsort in internationalen Schieds-verfahren gemieden"; AnwBl. 1985, 296.

Troßmann, Hans — Parlamentsrecht des Deutschen Bundestages; München: Beck, 1977.

Ulrich, Gustav-Adolf — „Die Befolgung und Vollziehung einstweiliger Unterlassungsver-fügungen sowie der Schadensersatzanspruch gemäß § 945 ZPO"; WRP 1991, 361-368.

derselbe, — „Ersatz des durch die Vollziehung entstandenen Schadens gemäß § 945 auch ohne Vollziehung"; WRP 1999, 82-85.

Verbist, Herman — „Reform des belgischen Rechts der Schiedsgerichtsbarkeit"; BB 1998, Beilage 9, S. 4-9.

Vogel, Joachim — Juristische Methodik; Berlin; New York: de Gruyter, 1998.

Vogg, Stefan — Einstweiliger Rechtsschutz und vorläufige Vollstreckbarkeit; Berlin: Duncker & Humblot, 1991. Zugleich: Jur. Diss. Augsburg, 1991.

Voit, Wolfgang — „Privatisierung der Gerichtsbarkeit"; JZ 1997, 120-125.

Vollkommer, Max — „Zum Lizenzerteilungsstreit im Bundesligafußball"; NJW 1983, 726-727.

derselbe, — „Zum Rechtsschutz von Lizenzspielern und Lizenzvereinen durch staatliche Gerichte gegenüber der sog. Sportgerichtsbarkeit des Deut-schen Fußball-Bundes"; RdA 1982, 16-37.

Waldner, Wolfram — Der Anspruch auf rechtliches Gehör; Köln u.a.: Heymann, 1989.

Walker, Wolf-Dietrich — *Der einstweilige Rechtsschutz* im Zivilprozeß und im arbeitsgericht-lichen Verfahren; Tübingen: Mohr, 1993.

Walter, Gerhard	„Dogmatik der unterschiedlichen Verfahren zur Streitbeilegung" ZZP 103 (1990), 141-170.
derselbe,	*Internationale Schiedsgerichtsbarkeit in der Schweiz*; Kommentar zu Kapitel 12 des IPR – Gesetzes; Bern: Stämpfli+Cie, 1991.
Walther, Dorothee	*Die Mareva-Injunction*; zu einer neuen Entwicklung des einstweiligen Rechtsschutzes im englischen Zivilprozeß; Schriften zum deutschen und ausländischen Geld-, Bank-, und Börsenrecht; Band 10; Frankfurt a.M.: Knapp, 1986. Zugleich: Jur. Diss. Passau, 1986.
Werthauer, Kurt	„Zur Kompetenz-Kompetenz der Schiedsgerichte"; NJW 1953, 1416-1417.
Westermann, Harry	„Gesellschaftsrechtliche Schiedsgerichte"; Festschrift für Fischer; Berlin: de Gruyter, 1979; S. 853-865.
Weth, Stephan	„Die Justiz – ein ungeliebtes Kind"; NJW 1996, 2467-2473.
Wichard, Christian	„*Die Anwendung der UNIDROIT-Prinzipien* für internationale Handelsverträge durch Schiedsgerichte und staatliche Gerichte"; RabelsZ 60 (1996), 269-302.
Wieczorek, Bernhard	Zivilprozeßordnung und Nebengesetze: Großkommentar; Rolf A. Schütze; Band 5; 3. Aufl.; Berlin; New York: de Gryter, 1995. (*Wieczorek/Schütze/Bearbeiter*).
Winkler, Rolf Weinand, Armin	„Deutsches internationales Schiedsverfahrensrecht"; BB 1998, 597-604.
Wolf, Christian	„Zwischen Schiedsverfahrensfreiheit und notwendiger staatlicher Kontrolle"; RabelsZ 57 (1993), 643-663.
Zeiss, Walter	Zivilprozeßrecht; 9. Aufl.; Tübingen: Mohr, 1997.
Zimmermann, Walter	„Der Zins im Zivilprozeß"; JuS 1991, 583, 588.
Zippelius, Reinhold	*Juristische Methodenlehre*: eine Einführung; 6. Aufl.; München: Beck, 1994.
derselbe,	*Rechtsphilosophie*: ein Studienbuch; 3. Aufl.; München: Beck, 1994.
Zöller, Richard	Zivilprozeßordnung; 22. Aufl.; Köln: Schmidt, 2001. (*Zöller/Bearbeiter*)
Zweigert, Konrad Kötz, Hein	Einführung in die Rechtsvergleichung auf dem Gebiete des Privatrechts; Band 1; 2. Aufl.; Tübingen: Mohr, 1984.

Ziegler, Karl-Heinz   Das private Schiedsgericht im antiken römischen Recht; München: Beck, 1971.
Zugleich: Jur. Habil.-Schr. Frankfurt a.M., 1970.

Zweigert, Konrad   „Rechtsvergleichung als universale Interpretationsmethode"; RabelsZ, 1949/50, 5-21.

www.ingramcontent.com/pod-product-compliance
Lightning Source LLC
Chambersburg PA
CBHW020834210326
41598CB00019B/1896